उत्तर प्रदेश में शैक्षिक प्रशासन

NIEPA

राष्ट्रीय शैक्षिक योजना एवं प्रशासन संस्थान

उत्तर प्रदेश में शैक्षिक प्रशासन

NIEPA

राष्ट्रीय शैक्षिक योजना एवं प्रशासन संस्थान

उत्तर प्रदेश में शैक्षिक प्रशासन

संरचनाएँ, प्रक्रियाएँ और भावी संभावनाएँ

शरदिन्दु
आर.एस. त्यागी

वाणी प्रकाशन

वाणी प्रकाशन

4695, 21-ए, दरियागंज, नयी दिल्ली 110 002

शाखा

अशोक राजपथ, पटना 800 004

फ़ोन : +91 11 23273167 फ़ैक्स : +91 11 23275710

www.vaniprakashan.in
vaniprakashan@gmail.com
sales@vaniprakashan.in

Uttar Pradesh Mein Shaikshik Prashasan
by Shardindu, R.S. Tyagi

ISBN : 978-81-7055-996-2
Social Science

संस्करण 2002
आवृत्ति 2017
मूल्य : ₹495

रजौरिया प्रिंटर्स, दिल्ली-110 093 में मुद्रित

वाणी प्रकाशन का लोगो मक़बूल फ़िदा हुसेन की कूची से

दो शब्द

विगत दशकों में शैक्षिक विस्तार, गुणात्मक सुधार की चुनौतियाँ, भारतीय परिवेश को लेकर अन्तर्राष्ट्रीय परिप्रेक्ष्य, सूचना और तकनीक के क्षेत्र में ऐतिहासिक उपलब्धि और अन्तर्राष्ट्रीय बाजार निर्देशित परिवर्तन और प्रबन्धन विज्ञान की कमोत्तर सफल भूमिका की पृष्ठभूमि में शैक्षिक प्रशासन और प्रबन्ध की विभिन्न विधाओं में शोध अध्ययन और समन्वित अधिगम का विकास हो रहा है। यह शैक्षिक प्रशासन की गुणवत्ता और समाज को अधिकतम शैक्षिक लाभ प्रदान करने के लिए आवश्यक है।

राष्ट्रीय शैक्षिक योजना और प्रशासन संस्थान (नीपा) ने राज्यों के शिक्षा विभागों के सहयोग से शैक्षिक प्रशासन सम्बन्धी द्वितीय अखिल भारतीय सर्वेक्षण अध्ययन हाल ही में पूरा किया है। भारतीय शिक्षा पद्धति के सम्बन्ध में गठित विभिन्न समितियों, आयोगों और राष्ट्रीय शिक्षा नीति 1968, तथा 1986 के शैक्षिक प्रबन्धन सम्बन्धी तत्वों को समाहित करते हुए नवीन भूमिका विकसित और अंगीकृत करने का यह एक प्रयास है।

इसी अनुक्रम में नीपा द्वारा उत्तर प्रदेश के शैक्षिक प्रशासन की सर्वेक्षण व्याख्या अंग्रेजी भाषा में प्रकाशित हुई है। शोध अध्ययन और सन्दर्भित बिन्दुओं की पृष्ठभूमि में प्रदेश स्तर से विद्यालय तक शैक्षिक प्रशासन की सतत् पुनर्रचना और सहभागिता लाने के लिए अध्ययन निष्कर्ष और सुझावों की प्रत्येक स्तर पर उपलब्ध करने की आवश्यकता अनुभूत की गई। यह पुस्तक इसी की परिणति है।

यद्यपि प्रस्तुत हिन्दी संस्करण उत्तरांचल के गठन से पूर्व सम्पूर्ण उत्तरप्रदेश के शैक्षिक प्रशासन का अध्ययन है जिसमें उत्तरांचल भी सम्मिलित है, तथापि हिन्दी संस्करण में (अंग्रेजी संस्करण के अतिरिक्त) उत्तर प्रदेश से नव सृजित राज्य, उत्तरांचल के शैक्षिक परिदृश्य का संक्षिप्त विवरण भी सम्मिलित है। इसी के साथ कतिपय कार्यक्रमों/गतिविधियों में हुए परिवर्तनों से सम्बन्धित वर्तमान व्यवस्था को पुस्तक के अन्त में "अद्यतन तथ्यात्मक स्थिति" शीर्षक के अन्तर्गत दिया गया है। हिन्दी संस्करण के प्रकाशन में उत्तर प्रदेश शिक्षा विभाग विशेष रूप से राज्य शैक्षिक अनुसंधान और प्रशिक्षण परिषद्, उत्तर प्रदेश की सक्रिय सहभागिता रही है। हिन्दी

संस्करण का उद्देश्य यह है कि इसका लाभ विभिन्न स्तरों के अभिकरणों से जुड़े सभी शैक्षिक प्रबन्धकों को सहज रूप से सुलभ हो जाए।

नीपा द्वारा मूल रूप में प्रकाशित पुस्तक को हिन्दी संस्करण लाने में राज्य स्तर पर, शैक्षिक अनुसंधान और प्रशिक्षण परिषद् के निदेशक, श्री शरदिन्दु, वरिष्ठ विशेषज्ञ, राज्य परियोजना कार्यालय श्री सर्वेन्द्र विक्रम बहादुर सिंह एवं प्रवक्ता, राज्य शैक्षिक अनुसंधान और प्रशिक्षण परिषद् डॉ. स्नेह प्रभा सिंह का विशेष अवदान रहा है, जिसके लिए वे धन्यवाद के पात्र हैं। श्री गोविन्द बल्लभ पन्त, निदेशक (सेवानिवृत्त) राज्य शैक्षिक अनुसंधान और प्रशिक्षण परिषद, का इस कार्य में विशेष योगदान है। राष्ट्रीय स्तर पर इस कार्य को सम्पन्न करने में नीपा के डॉ. आर. एस. त्यागी, सह अध्येता, प्रादेशिक प्रणाली एकक, श्री सुभाष शर्मा, हिन्दी सम्पादक तथा श्री पी. एन. त्यागी, विशेष कार्य अधिकारी नीपा का सहयोग प्रशंसनीय रहा है।

आशा है कि प्रस्तुत पुस्तक शैक्षिक प्रशासकों, नीति-निर्माताओं, शोध अध्येताओं तथा शिक्षा व्यवस्था से जुड़े अन्य सहयोगियों के लिए एक उपयोगी एवं मार्गदर्शक कृति सिद्ध होगी।

बी. पी. खण्डेलवाल
निदेशक, नीपा

परियोजना दल

राष्ट्रीय स्तर

परियोजना सह अध्येता	:	डॉ. आर. एस. त्यागी
परियोजना सह अध्येता	:	डॉ. श्रीलेखा मजूमदार
परामर्शी	:	श्री बलदेव महाजन

राज्य स्तर

परियोजना अधिकारी	:	श्री शरदिन्दु निदेशक राज्य शैक्षिक अनुसन्धान और प्रशिक्षण परिषद, उत्तर प्रदेश

प्राक्कथन

उत्तर प्रदेश में शैक्षणिक प्रशासन की सर्वेक्षण रिपोर्ट को प्रकाशित करने में यह संस्था गौरव अनुभव करती है। यह प्रकाशन राष्ट्रीय शैक्षिक योजना और प्रशासन संस्थान द्वारा द्वितीय अखिल भारतीय शैक्षिक प्रशासन सर्वेक्षण, जो देश के सभी राज्यों और केंद्र शासित प्रदेशों को आच्छादित करती हैं, की आख्याओं के प्रकाशन की शृंखला की एक कड़ी के रूप में है।

राष्ट्रीय शिक्षा नीति ने शैक्षिक योजना और प्रबंधन के पुनर्गठन को प्राथमिकता प्रदान की है। शिक्षा तंत्र में वांछित परिवर्तन लाने हेतु यह जानना आवश्यक है कि वर्तमान में यह तंत्र किस प्रकार कार्य कर रहा है। यह सर्वेक्षण रिपोर्ट उत्तर प्रदेश में शैक्षिक प्रशासन के विभिन्न पक्षों को विस्तारपूर्वक समाहित करती है। शिक्षा के विधिक आधार संबंधी सामान्य सूचनाओं के अतिरिक्त यह आख्या शैक्षिक नीतियों, कार्यक्रमों, संगठन और शैक्षिक प्रशासन, गैर-सरकारी अभिकरणों तथा स्थानीय निकायों के कार्य, कार्मिक प्रबंधन, वित्तीय प्रबंधन, सूचना तंत्र, शैक्षिक नियोजन प्रक्रिया, निरीक्षण एवं पर्यवेक्षण तथा शैक्षिक अनुसमर्थन तंत्र से संबंधित जानकारी भी प्रदान करती है। इस आख्या में निरीक्षण अधिकारियों एवं संस्थाध्यक्षों के कार्यकलापों से संबंधित जानकारी भी इंगित की गयी है, जो शिक्षा अधिकारियों हेतु आयोजित सेवापूर्व एवं सेवारत् कार्यक्रमों को अधिक प्रभावपूर्ण बनाने में सहायक सिद्ध होगी। यहाँ वर्तमान मुद्दों और समस्याओं की भी, जो शैक्षिक प्रबंधन में बाधक हैं, विवेचना की गई है। ये भविष्य के विकास के लिए दिशा प्रदान करेंगे।

राज्य तथा केंद्र शासित प्रदेश के शैक्षिक प्रशासन संबंधी आकार, क्षमता और कार्य-निष्पादन के विस्तृत आँकड़े उपलब्ध नहीं हैं। इस सर्वेक्षण द्वारा सूचना संबंधी इस कमी को पूरा करने की कोशिश की गई है। शैक्षिक विकास के सूचक, जो इस आख्या में समाहित किए गए हैं, समय-समय पर राज्य का राष्ट्र के सापेक्ष चित्रण प्रस्तुत करते हैं।

संस्थान की ओर से मैं परियोजना समूह द्वारा किए गए कार्यों की हार्दिक प्रशंसा करना चाहूँगा, विशेष रूप से श्री अनिल सिन्हा, पूर्व संयुक्त निदेशक, राष्ट्रीय शैक्षिक योजना और प्रशासन संस्थान की, जिन्होंने नवंबर, 1996 तक परियोजना

समूह को नेतृत्व एवं निर्देशन प्रदान किया। मैं प्रशंसा करना चाहूँगा श्री बलदेव महाजन, पूर्व परियोजना निदेशक और संयुक्त निदेशक, राष्ट्रीय शैक्षिक योजना और प्रशासन संस्थान की, जिन्होंने इस आख्या को पूरा करने में अपना अमूल्य सहयोग प्रदान किया तथा स्व. श्री एम.एम. कपूर की, जो दिसंबर, 1993 तक परियोजना निदेशक तथा वरिष्ठ विशेषज्ञ एवं अध्यक्ष, (सब-नेशनल सिस्टम यूनिट, नीपा) थे। यद्यपि इस सर्वेक्षण की प्रारम्भिक आख्या तैयार करने का श्रेय राज्य स्तरीय परियोजना समूह को जाता है, जिन्होंने श्री शरदिन्दु, निदेशक, राज्य शैक्षिक अनुसंधान और प्रशिक्षण परिषद के निर्देशन में कार्य किया, तथापि इसकी मुख्य जिम्मेदारी डॉ. आर.एस. त्यागी, राष्ट्रीय शैक्षिक योजना और प्रशासन संस्थान की थी। मैं अत्यधिक आभारी हूँ राष्ट्रीय सलाहकार समिति के सदस्यों का, जिन्होंने परियोजना के हर स्तर पर अपनी विशेष सलाह और निर्देशन प्रदान किया। मैं विशेष रूप से आभारी हूँ उत्तर प्रदेश शासन का, जिसने स्वेच्छा से इस सर्वेक्षण आख्या को पूरा करने में आवश्यक संसाधन उपलब्ध कराए।

मैं आशा करता हूँ कि यह प्रकाशन शैक्षिक नियोजकों, प्रशासकों और नीति-निर्माणकर्ताओं तथा विद्यार्थियों, अध्यापकों और शोधकर्ताओं की आवश्यकता पूरी करने में सहायक सिद्ध होगा।

नई दिल्ली
जुलाई-1999

बी.पी. खण्डेलवाल
निदेशक
राष्ट्रीय शैक्षिक योजना और
प्रशासन संस्थान
नई दिल्ली।

आमुख

प्रथम राष्ट्रीय शैक्षिक प्रशासन सर्वेक्षण, जो कि राष्ट्रीय शैक्षिक योजना और प्रशासन संस्थान द्वारा सन् 1973 में संपादित किया गया था, सभी राज्यों और केंद्र शासित प्रदेशों के शैक्षिक संगठन और प्रशासन के अध्ययन का एक प्रयास था। इस क्रम में वर्तमान द्वितीय सर्वेक्षण शैक्षिक प्रशासन और विशेष रूप से विद्यालयीय शिक्षा की संरचना, संगठन, प्रक्रिया के साथ ही साथ चुनौतियाँ तथा नवाचार, जो शिक्षातंत्र और इसके विकास को विगत वर्षों से प्रभावित कर रहे हैं, का विस्तृत चित्र प्रस्तुत करने का प्रयत्न है।

क्षेत्रीय अध्ययन द्वारा निर्मित उपकरणों के माध्यम से इस निमित्त आधारभूत आँकड़े एकत्र किए गए। अनेक प्रकार के द्वितीयक स्रोतों, जैसे–राज्य और केंद्र सरकार के आलेख, जनगणना, राज्य का बजट, योजना प्रस्ताव, शैक्षणिक शोध अध्ययन आदि राष्ट्र की पृष्ठभूमि में राज्य के शैक्षिक तंत्र का विश्लेषण करने में अत्यधिक सहायक सिद्ध हुए हैं।

यह अध्ययन उत्तर प्रदेश राज्य के शिक्षा विभाग और राष्ट्रीय शैक्षिक योजना और प्रशासन संस्थान के सम्मिलित प्रयास का परिणाम है। इस अध्ययन से प्राप्त सूचनाएँ, विश्लेषण और निष्कर्ष आदि का श्रेय निश्चित ही लेखकों को जाता है, न कि संस्थान या राज्य सरकार को।

हमें यह सौभाग्य मिला है कि हम अपनी हार्दिक कृतज्ञता राज्य के शिक्षा विभाग के अधिकारियों, विशेष रूप से श्री आर.रमणी, प्रमुख सचिव शिक्षा और श्री वी.के. मित्तल (पूर्व प्रमुख सचिव शिक्षा) के प्रति ज्ञापित करें।

हम आभारी हैं टीम के उन सभी सदस्यों के जिन्होंने राज्य, जनपद, विकास खंड व संस्था स्तर पर इस कार्य को पूरा करने में अपना सक्रिय सहयोग प्रदान किया।

राज्य और राष्ट्र स्तरीय सलाहकार समिति के द्वारा प्रदत्त विशेष मार्गदर्शन हेतु हम अत्यन्त आभारी हैं। हम अत्यधिक कृतज्ञ हैं श्री बी.पी. खण्डेलवाल, निदेशक नीपा और प्रो. कुलदीप माथुर (पूर्व निदेशक, राष्ट्रीय शैक्षिक योजना और प्रशासन संस्थान) के, उनके द्वारा प्रदत्त उदार सहयोग और प्रोत्साहन हेतु। हम समान रूप

से आभारी हैं डॉ. पी.डी. शुक्ला, डॉ. टी.एन. धर, डॉ. आर.पी. सिंघल और श्री जे.के. कल्याणकृष्णन के, जिन्होंने इस सर्वेक्षण के विभिन्न स्तरों पर अपनी अमूल्य सलाह प्रदान की। हम श्री पी.आर.आर. नायर, राजिस्ट्रार, राष्ट्रीय शैक्षिक योजना और प्रशासन संस्थान के इस अध्ययन में अपना सहयोग और समर्थन प्रदान करने हेतु आभारी हैं।

हम हृदय से कृतज्ञता ज्ञापित करते हैं श्री अनिल सिन्हा, पूर्व संयुक्त निदेशक, राष्ट्रीय शैक्षिक योजना और प्रशासन संस्थान और परियोजना निदेशक, सर्वेक्षण के प्रति, श्री बलदेव महाजन, पूर्व संयुक्त निदेशक, राष्ट्रीय शैक्षिक योजना और प्रशासन संस्थान और पूर्व परियोजना निदेशक सर्वेक्षण के प्रति और स्व. श्री एम.एम. कपूर, पूर्व परियोजना निदेशक के प्रति, जिन्होंने इतनी महत्त्वपूर्ण परियोजना प्रारम्भ की और 11 दिसंबर 1993 तक परियोजना समूह को निर्देशन और परामर्श प्रदान किया। इस सर्वेक्षण को पूरा करने में राष्ट्रीय शैक्षिक योजना और प्रशासन संस्थान के सुश्री निर्मल मल्होत्रा, पुस्तकालयाध्यक्ष, और श्री काण्डपाल, प्रलेख (डॉक्यूमेंटेशन) अधिकारी को उनके द्वारा दिए गए सहयोग हेतु हम धन्यवाद देते हैं। श्री पी.एन. त्यागी, मानचित्रकार (संगणक अनुप्रयोग) के भी उनके द्वारा प्रदत्त अमूल्य सहयोग हेतु आभारी हैं। हम अपने पूर्व सहयोगी श्री अरविन्द सिन्हा को शैक्षिक विकास के संसूचक तैयार करने हेतु, सुश्री शीला एम.टी. और सुश्री शशि सोलंकी को वर्ड प्रोसेसिंग के लिए और अनेक अन्य सदस्यों को उनके प्रशासकीय, सचिवीय, संगणक और मानचित्रण संबंधी सहयोग देने हेतु अपनी कृतज्ञता ज्ञापित करना चाहते हैं।

हम श्री एम.एम. अजवानी, उप-प्रकाशन अधिकारी और श्री अमित सिंघल, प्रकाशन सहायक, नीपा के इस कार्य के प्रकाशन में सहयोग प्रदान करने हेतु आभारी हैं।

नई दिल्ली
जुलाई-1999

शरदिन्दु
आर.एस.त्यागी

विषय सूची

दो शब्द v

परियोजना दल vii

प्राक्कथन ix

आमुख xi

विषयसूची xiii

सारणियों की सूची xix

चित्रों की सूची xxiii

संक्षेपाक्षर xxv

उत्तर प्रदेश और उत्तरांचल xxix

1. भूमिका **1**

सर्वेक्षण के उद्देश्य ● विषय-क्षेत्र और आच्छादन ● सर्वेक्षण के आधारभूत तथ्यों और आंकड़ों का संकलन ● कार्यविधि ● प्रतिदर्श ● उपकरण ● सलाहकार समिति

2. उत्तर प्रदेश राज्य **5**

प्राकृतिक विशेषताएँ ● जनांकिकीय स्वरूप ● सामाजिक-आर्थिक स्वरूप ● साक्षरता ● शिक्षा प्रणाली ● शिक्षा की प्रगति ● माध्यमिक शिक्षा ● शैक्षिक विकास के संकेतक ● उच्च शिक्षा

3. शिक्षा का विधिक आधार **33**

उत्तर प्रदेश माध्यमिक शिक्षा अधिनियम, 1921 ● उत्तर प्रदेश हाईस्कूल

और इण्टरमीडिएट कॉलेज (अध्यापकों और अन्य कर्मचारियों का वेतन का भुगतान) अधिनियम, 1971 • उत्तर प्रदेश बेसिक शिक्षा अधिनियम, 1972 • उत्तर प्रदेश शैक्षिक संस्थाएँ (आस्तियों का अपव्यय निवारण) अधिनियम, 1974 • उत्तर प्रदेश जूनियर हाईस्कूल (अध्यापक और अन्य कर्मचारियों के वेतन का भुगतान) अधिनियम, 1978 • उत्तर प्रदेश पाठ्य-पुस्तक अधिनियम, 1979 • उत्तर प्रदेश माध्यमिक शिक्षा सेवा आयोग और चयन बोर्ड अधिनियम, 1982 • उत्तर प्रदेश सार्वजनिक परीक्षाएँ (अनुचित साधनों का निवारण) अधिनियम, 1992/1998 • नियमावलियाँ • उत्तर प्रदेश शिक्षा संहिता 1958

4. शिक्षा नीति और कार्यक्रम 42

प्राथमिक (वरीयता) क्षेत्र • प्रारम्भिक शिक्षा • उत्तर प्रदेश बेसिक शिक्षा परियोजना • ऑपरेशन ब्लैकबोर्ड • विद्यालय भवन • बालिका शिक्षा के लिए सुविधा • विज्ञान शिक्षा में सुधार • गुणवत्ता सुधार • संस्कृत पाठशालाएँ और अरबी मदरसे • शैक्षिक तकनीकी • विज्ञान किट कार्यशाला • अनौपचारिक शिक्षा • प्रौढ़ शिक्षा • माध्यमिक शिक्षा • व्यावसायिक शिक्षा • शिक्षक-शिक्षा • उच्च शिक्षा • तकनीकी शिक्षा • शैक्षिक विकास के मुद्दे

5. संगठन एवं प्रशासन 51

शिक्षा विभाग का संक्षिप्त इतिहास • वर्तमान व्यवस्था • जिला शिक्षा सलाहकार समिति • शैक्षिक प्रशासकों की संख्या

6. स्थानीय निकायों, अशासकीय संगठनों और समुदाय की भूमिका 67

स्थानीय निकाय • अशासकीय संस्थाएँ • सामुदायिक सहभागिता • अभिभावक शिक्षक संघों का अध्ययन • समस्याएँ और सुझाव

7. अपवंचित वर्गों के लिए शैक्षिक कार्यक्रम 73

अनुसूचित जातियों की शिक्षा • अनुसूचित जनजातियों की शिक्षा • बालिकाओं की शिक्षा • विकलांगों की शिक्षा • अल्पसंख्यकों की शिक्षा • केंद्र पुरोनिधानित योजना • अनुसूचित जाति और अनुसूचित जनजाति छात्रों के लिए प्रोत्साहन • छात्रवृत्तियाँ • नि:शुल्क शिक्षा • प्रवेश में

आरक्षण • छात्रावासों का निर्माण • आश्रम पद्धति विद्यालयों की स्थापना • कोचिंग केंद्र • सुझाव

8. कार्मिक प्रबंधन 82

भर्ती एवं चयन • पदस्थापन और स्थानांतरण • वेतनमान • कल्याण और प्रोत्साहन योजनाएँ • सेवा शर्तें • पदोन्नति के अवसर • आचार संहिता • कठिनाइयों का निवारण • न्यायिक मामले • शिक्षकों के लिए आवासीय सुविधाएँ • कार्य-निष्पादन का मूल्यांकन • कैरियर (भविष्य) का विकास • प्रशिक्षण • समस्याएँ और सुझाव

9. वित्तीय प्रबंधन 91

आय-व्ययक व्यवस्था • सहायता अनुदान और वेतन संवितरण व्यवस्था • संपरीक्षा और लेखा • शैक्षिक वित्त का स्रोत • विद्यालयों की शुल्क संरचना • शिक्षा पर व्यय • विकास व्यय की प्रवृत्ति • प्रति विद्यार्थी शिक्षा पर व्यय •

10. सूचना प्रबंधन 102

सांख्यिकीय प्रणाली • आँकड़ा संकलन प्रणाली • प्रकाशन • कम्प्यूटर का प्रयोग • समस्याएँ एवं सुझाव

11. शैक्षिक नियोजन 110

संगठनात्मक व्यवस्थाएँ • नियोजन प्रक्रिया • शैक्षिक सुविधाओं का विस्तार • केंद्रपुरोनिधानित योजनाएँ • योजना परिव्यय • समस्याएँ और सुझाव

12. निरीक्षण तथा पर्यवेक्षण 116

निरीक्षण का मानक • जिला विद्यालय निरीक्षक/प्रति उप-विद्यालय निरीक्षकों के लिए निर्धारित विद्यालयों की संख्या • जिला बेसिक शिक्षा अधिकारी की कार्यविधि • प्रति उप विद्यालय निरीक्षकों का कार्य विवरण • विषय पर्यवेक्षण • समस्याएँ और सुझाव

13. अकादमिक सहायता प्रणाली 125

राज्य शैक्षिक अनुसंधान और प्रशिक्षण परिषद (एस.सी.ई.आर.टी.) •

प्रारंभिक शिक्षा विभाग (राज्य शिक्षा संस्थान, इलाहाबाद) • भारतीय भाषाएँ विभाग (राज्य हिंदी संस्थान, वाराणसी) • मॉनविकी तथा सामाजिक विज्ञान विभाग (राजकीय सेंट्रल पैडागॉजिकल इंस्टीट्यूट, इलाहाबाद) • विज्ञान तथा गणित शिक्षा विभाग (राज्य विज्ञान शिक्षा संस्थान, इलाहाबाद) • दृश्य-श्रव्य शिक्षा विभाग (शिक्षा प्रसार विभाग, इलाहाबाद) • मनोविज्ञान और निर्देशन विभाग (मनोविज्ञानशाला), इलाहाबाद • विदेशी भाषाएँ विभाग (आंग्ल भाषा शिक्षण संस्थान उ.प्र, इलाहाबाद) • राज्य शैक्षिक तकनीकी संस्थान, उ.प्र., लखनऊ • जिला शिक्षा और प्रशिक्षण संस्थान (डायट) • हाईस्कूल तथा इण्टरमीडिएट शिक्षा परिषद, उत्तर प्रदेश • पत्राचार शिक्षा संस्थान • राज्य शैक्षिक प्रबंधन और प्रशिक्षण संस्थान (सीमेट) • संवर्ग आधारित • विषय आधारित • क्षेत्र स्तरीय प्रशिक्षण • सेवापूर्वागम प्रशिक्षण • शोध कार्य • क्षमता संवर्द्धन हेतु नवाचार • नेटवर्किंग • शैक्षिक सूचना प्रबंधन प्रणाली (ईएमआईएस) • प्रकाशन • सीमेट क्षेत्रीय शोध और संसाधन केंद्र के रूप में • पाठ्य पुस्तक उत्पादन प्रणाली • राष्ट्रीय प्रतिभा खोज परीक्षा • विद्यार्थियों की प्रगति के मूल्यांकन की प्रणाली

14. संस्थागत नियोजन एवं प्रबंधन 141

शिक्षकों की संख्या निश्चित करना • संस्था प्रधानों का कार्य विवरण • विद्यालयों के प्रधान : सामान्य प्रोफाइल • शिक्षक प्रबंधन • स्कूल प्लांट का प्रबंधन • पाली योजना • बहुकक्षा शिक्षण • छात्र सेवाओं का प्रबंधन • समस्याएँ एवं सुझाव

15. प्रयोग और नवाचार 151

सपुस्तक परीक्षा प्रणाली • रुचिपूर्ण शिक्षा • संपूर्ण साक्षरता अभियान • सामुदायिक विद्यालय (भवन) निर्माण कार्यक्रम • निजी प्रबंधित विद्यालयों की गुणवत्ता का सुधार • उत्तर प्रदेश बेसिक शिक्षा परियोजना • संस्थागत क्षमता संवर्धन • गुणवत्ता-सुधार और कार्य संपन्नता • पहुँच का विस्तार • महिला समाख्या

16. भविष्य के लिए संभावनाएँ 161

वर्तमान स्थिति • अपर्याप्त सुविधाएँ • भावी कार्य • प्रशासनिक तंत्र • स्थानिक स्तरीय समर्थन का सुदृढ़ीकरण • नियोजन प्रक्रिया •

अशासकीय प्रयासों को गुरुतर करना • वित्तीय संसाधनों का संघटन • निरीक्षण–पर्यवेक्षण • सूचना प्रवंधन तंत्र

परिशिष्ट

I परियोजना सलाहकार समिति **171**

II शैक्षिक विकास हेतु चयनित सूचक **173**

III जनपदवार जनसंख्या, लैंगिक अनुपात, साक्षरता, वृद्धि दर और जनसंख्या घनत्व **189**

IV उत्तर प्रदेश शिक्षा विभाग के विभिन्न श्रेणियों के पदों पर भर्ती हेतु योग्यता, वेतनमान एवं चयन का स्रोत **194**

V शैक्षणिक एवं अशैक्षणिक कर्मचारी तथा लेखा संगठन वर्ग का वेतनमान **206**

संदर्भिका **210**

अनुक्रमणिका **212**

अद्यतन तथ्यात्मक स्थिति **216**

सारणियों की सूची

क्र.सं. विवरण

1.1 उत्तर प्रदेश में चयनित प्रतिदर्श

2.1 लिंग अनुपात, जनघनत्व और दशकीय वृद्धि दर

2.2 मानव विकास के सूचक

2.3 साक्षरता दर

2.4 प्राथमिक और उच्च प्राथमिक विद्यालयों की संख्या

2.5 उत्तर प्रदेश में (1990-91) जनपदवार प्रति लाख जनसंख्या पर विद्यालयों की संख्या

2.6 प्राथमिक एवं उच्च प्राथमिक स्तरों पर छात्र नामांकन

2.7 प्राथमिक तथा उच्च प्राथमिक स्तर पर जनपदवार छात्र नामांकन (30 सितम्बर, 1997)

2.8 प्राथमिक तथा उच्च प्राथमिक स्तर पर सकल नामांकन अनुपात

2.9 प्राथमिक और उच्च प्राथमिक विद्यालयों में शिक्षकों की संख्या

2.10 हाईस्कूल एवं इंटरमीडिएट कालेजों की संख्या

2.11 हाईस्कूल एवं इंटरमीडिएट कालेज स्तर पर नामांकन

2.12 हाईस्कूल एवं इंटरमीडिएट कालेजों में शिक्षकों की संख्या

2.13 जनपदवार महाविद्यालय/परास्नातक कालेज, छात्रों और शिक्षकों की संख्या

2.14 उत्तर प्रदेश में विश्वविद्यालय/मानद विश्वविद्यालय

4.1 अनौपचारिक शिक्षा की प्रगति

4.2 प्रौढ़ शिक्षा की वर्षवार प्रगति

4.3 शिक्षक-शिक्षा की संस्थाएँ एवं उनमें नामांकन (1996-97)

5.1 शिक्षा निदेशालय में अधिकारियों की संख्या

6.1 विद्यालय प्रबंधन में अभिभावको की सहभागिता के क्षेत्र

7.1 अनुसूचित जाति के बच्चों का नामांकन

7.2 अनुसूचित जाति के बच्चों का कुल नामांकन अनुपात

7.3 नामांकन एवं परीक्षा में उत्तीर्ण अल्पसंख्यक छात्रों की संख्या

8.1 आवासीय सुविधा के आधार पर स्थानीय शिक्षक

9.1 विभिन्न संस्थाओं हेतु आवर्ती आय

9.2 विभिन्न प्रकार की संस्थाओं हेतु स्रोतवार अनावर्तक मद

9.3 विद्यालयों में शुल्क ढाँचा

9.4 विभिन्न प्रकार की संस्थाओं द्वारा मदवार आवर्तक व्यय विवरण

9.5 आवर्तक मदों पर व्यय विवरण (1979-80 और 1988-89)

9.6 शिक्षा पर आयोजनागत प्राविधानित व्यय (1985-90, 1990-91, 1991-92)

9.7 प्रति विद्यार्थी शिक्षा पर व्यय

10.1 शिक्षा निदेशकों द्वारा अधीनस्थ अधिकारियों से
प्राप्त की जानेवाली सावधिक सूचनाएँ एवं विवरणिकाएँ

10.2 शिक्षा निदेशकों से उच्चाधिकारियों को प्राप्त साविधिक/प्रपत्र

11.1 आपेरेशन ब्लैक बोर्ड योजना में आच्छादित विद्यालय

11.2 निर्मित विद्यालय भवनों की संख्या

11.3 केंद्र पुरोनिधानित योजना के अंतर्गत प्रदत्त सहायता

11.4 सातवीं और आठवीं योजना का परिव्यय

12.1 1990-91 की अवधि में निरीक्षित प्रतिदर्श विद्यालयों का प्रतिशत

12.2 निरीक्षण में लगा समय

12.3 निरीक्षण हेतु जिला विद्यालय निरीक्षकों/सह जिला विद्यालय निरीक्षकों के
निरीक्षण हेतु प्रति अधिकारी विद्यालयों की संख्या

12.4 प्रति उप विद्यालय निरीक्षक के निरीक्षण हेतु विद्यालयों की संख्या

12.5 बेसिक शिक्षा अधिकारी का कार्य विवरण

12.6 प्रति उप विद्यालय निरीक्षक की एक्टिविटी प्रोफाइल

12.7 वार्षिक निरीक्षण के बारे में विद्यालय प्रधानों के सुझाव

12.8 निरीक्षण में सुधार हेतु सुझाव

13.1 डायट में पद और वेतनमान

13.2 परिषद का कार्यभार

13.3 राष्ट्रीय प्रतिभा खोज परीक्षाओं में विद्यार्थियों का प्रदर्शन (1983 और 1993)

14.1 संस्था प्रधानों का कार्य विवरण

14.2 संस्था प्रधानों की शैक्षिक योग्यताएँ

14.3 संस्था प्रधानों की व्यावसायिक योग्यता

14.4 विद्यालय के प्रबंध तंत्र और लिंग के अनुसार संस्थाओं के प्रधान

14.5 अनुसूचित जाति, अनुसूचित जनजाति और अन्य से संबंधित संस्थाओं के प्रधान

14.6 संस्था प्रधानों की शैक्षिक समस्याएँ

14.7 शैक्षणिक कर्मचारियों के रिक्त पदों का प्रतिशत

14.8 पदों के रिक्त रहने का कारण

14.9 विद्यालयों में भवन, फर्नीचर और उपकरण की पर्याप्तता

15.1 प्रशिक्षित शिक्षकों का आच्छादन

15.2 वर्षवार टी.एल.सी. और पी.एल.सी. के अंतर्गत आच्छादित जनपद

15.3 प्राथमिक विद्यालय भवनों के निर्माण की प्रगति (31.03.1998 के अनुसार)

चित्रों की सूची

चित्र संख्या	विवरण
2.1	भारतवर्ष के मानचित्र में उत्तर प्रदेश की स्थिति
2.2	उत्तर प्रदेश और उत्तरांचल के प्रशासनिक मण्डल
2.3	उत्तर प्रदेश का सामान्य प्रशासनिक ढाँचा
2.4	मानव विकास के संकेतक
2.5	उत्तर प्रदेश : शैक्षिक तंत्र
5.1	सचिवालय स्तर पर शैक्षणिक प्रशासन तंत्र
5.2	शिक्षा निदेशालय (बेसिक)
5.3	शिक्षा निदेशालय (माध्यमिक)
5.4	उच्च शिक्षा निदेशालय
5.5	प्रौढ़ शिक्षा निदेशालय
5.6	उर्दू एवं प्राच्य भाषा निदेशालय
5.7	शिक्षा निरीक्षणालय (बेसिक)
5.8	शिक्षा निरीक्षणालय (माध्यमिक)
5.9	उर्दू शिक्षा निरीक्षणालय
7.1	अनुसूचित जाति बच्चों का नामांकन
7.2	अनुसचित जाति बच्चों की समग्र नामांकन दर
12.1	उत्तर प्रदेश जिला बेसिक शिक्षा अधिकारी के क्रियाकलाप
12.2	उप विद्यालय निरीक्षकों के क्रियाकलाप
13.1	उत्तर प्रदेश : राज्य शैक्षिक अनुसंधान और प्रशिक्षण परिषद
13.2	हाईस्कूल एवं इंटरमीडिएट शिक्षा परिषद
14.1	उत्तर प्रदेश संस्थाध्यक्षों के क्रियाकलाप

संक्षेपाक्षर

AE	Adult Education	प्रौढ़ शिक्षा
AEC	Adult Educatin Centre	प्रौढ़ शिक्षा केंद्र
BE	Bachelor of Engineering	अभियंत्रण स्नातक
B.Ed	Bachelor of Education	शिक्षा शास्त्र में स्नातक
BEO	Basic Education Officer	बेसिक शिक्षा अधिकारी
BTC	Basic Teacher's Certificate	प्राथमिक शिक्षक प्रमाणपत्र
CABE	Central Advisory Board of Education	केंद्रीय शिक्षा सलाहकार परिषद
CBSE	Central Board of Secondary Education	केंद्रीय माध्यमिक शिक्षा परिषद
DDO	Drawing and Disbursing Officer	आहरण-वितरण अधिकारी
DEO	District Education Officer	जिला शिक्षा अधिकारी
DM	Drawing Master	ड्राइंग मास्टर
DPEd	Diploma in Physical Education	शारीरिक शिक्षा में डिप्लोमा
DPEP	District Primary Education Programme	जिला प्राथमिक शिक्षा कार्यक्रम
EFA	Education for All	सबके लिए शिक्षा
EFAPB	Education for All Project Board	सबके लिए शिक्षा परियोजना परिषद
GER	Gross Enrolment Rate	समग्र नामांकन दर
GP	Gram Panchayat	ग्राम पंचायत
ICDS	Integrated Child Development Scheme	समेकित बाल विकास योजना
ITI	Industrial Training Institute	औद्योगिक प्रशिक्षण संस्थान
JBT	Junior Basic Training	जूनियर बेसिक प्रशिक्षण

LLB	Bachelor of Law	विधि स्नातक
LT	Licentiates in Teaching	लाईसेंसिएट इन टीचिंग
LLM	Master of Law	विधि स्नातकोत्तर
MD	Doctorate of Medicine	डाक्टरेट इन मेडिसिन
ME	Master in Engineering	अभियंत्रण में स्नातकोत्तर उपाधि
M.Ed.	Master in Education	शिक्षा शास्त्र में स्नातकोत्तर उपाधि
M.Phil.	Master of Philosophy	दर्शन में स्नातकोत्तर
MHRD	Ministry of Human Resources Development	मानव संसाधन विकास मंत्रालय
MIS	Management and Information System	सूचना एवं प्रबंधन तंत्र
MOU	Memorundum of Understanding	सहमति ज्ञापन
NCERT	National Council of Educational Research & Training	राष्ट्रीय शैक्षिक अनुसंधान एवं प्रशिक्षण परिषद
NCTE	National Council for Teacher Education	राष्ट्रीय अध्यापक शिक्षा परिषद
NFE	Non-Formal Education	अनौपचारिक शिक्षा
NGO	Non-Governmental Organization	गैर सरकारी संगठन
NIEPA	National Institute of Educational	राष्ट्रीय शैक्षिक योजना और
	Planning and Administration	प्रशासन संस्थान
NLM	National Literacy Mission	राष्ट्रीय साक्षरता मिशन
NOS	National Open School	राष्ट्रीय मुक्त विद्यालय
NPE	National Policy of Education	राष्ट्रीय शिक्षा नीति
NSS	National Service Scheme	राष्ट्रीय सेवा योजना
OB	Operation Blackboard	आपेरेशन ब्लैक बोर्ड
Ph.D.	Doctor in Philosophy	वाचस्पति
POA	Programme of Action	कार्ययोजना
PS	Panchayat Samiti	पंचायत समिति
SABE	State Advisory Board of Education	राज्य शिक्षा सलाहकार समिति
SC	Scheduled Caste	अनुसूचित जाति
SCERT	State Council of Educational Research and Training	राज्य शैक्षिक प्रबंधन एवं प्रशिक्षण संस्थान

SIEMAT	State Institute of Educational Management and Training	राज्य शैक्षिक प्रबंधन एवं प्रशिक्षण संस्थान
ST	Scheduled Tribe	अनुसूचित जनजाति
TLC	Total Literacy Compaign	संपूर्ण साक्षरता अभियान
UEE	Universalization of Elementary Educational	प्राथमिक शिक्षा का सार्वजनीकरण
UPBEP	Uttar Pradesh Basic Education Project	उत्तर प्रदेश बेसिक शिक्षा परियोजना
UT	Union Territory	केंद्र शासित
VEC	Village Education Committee	ग्राम शिक्षा समिति
ZP	Zila Panchayat	जिला पंचायत

उत्तर प्रदेश और उत्तरांचल

उत्तर प्रदेश के 13 जनपदों–उत्तरकाशी, चमोली, रुद्रप्रयाग, टिहरी, देहरादून, गढ़वाल, पिथौरागढ़, बागेश्वर, अल्मोड़ा, चम्पावत, नैनीताल, ऊधमसिंह नगर और हरिद्वार की सीमाओं को सम्मिलित करते हुए 9 नवम्बर, 2000 को देश का 27वाँ राज्य उत्तरांचल अस्तित्व में आया। इस प्रदेश की राजधानी सम्प्रति देहरादून में है। उत्तर प्रदेश तथा उत्तरांचल राज्यों के आधारभूत आँकड़े निम्नवत् हैं :

क्र.सं.	मद/विषय	उत्तर प्रदेश	उत्तरांचल
1.	क्षेत्रफल (वर्ग कि.मी.)	2,40,928	53,483
2.	मंडल	17	2
3.	जनपदों की संख्या	70	13
4.	तहसील	298	49
5.	विकास खंड	809	95
6.	न्याय पंचायत	8,814	676
7.	नगर एवं नगर समूह	631	71
8.	आबाद ग्राम	97,134	15,669
9.	नगर निगम	11	1
10.	ग्राम सभा	51,826	6,805
11.	कुल जनसंख्या (लाख में)	1660.52	84.79
	महिला	785.86	41.63
	पुरुष	874.66	41.16
12.	जनसंख्या वृद्धि (1991-2001) प्रतिशत	25.80	19.20
	वास्तविक संख्या (लाख में)	340.54	13.66
13.	जनसंख्या का घनत्व (प्रतिवर्ग कि.मी.)	689	159
14.	लिंग अनुपात (महिलाएं प्रति हजार पुरुष)	898	964
15.	साक्षरता दर	57.36	72.28
	महिला	42.98	60.26

	पुरुष	70.23	84.01
16.	प्राथमिक विद्यालय	1,05,304	12,882
17.	उच्च प्राथमिक विद्यालय	36,866	3,988
18.	माध्यमिक विद्यालय (हाईस्कूल/इंटरमीडिएट)	11,524	1,494
19.	महाविद्यालय	758	42
20.	विश्वविद्यालय	23	6

स्रोत : (i) भारत की जनगणना 2001 (उत्तर प्रदेश)

(ii) भारत की जनगणना 2001 (उत्तरांचल)

(iii) सूचना डायरी, 2001, सूचना एवं जनसंपर्क विभाग, उ.प्र.

(iv) उत्तरांचल : एक संदर्भ, उत्तरांचल सभी के लिये शिक्षा परिषद, 2001

(v) उ.प्र. उच्च शिक्षा विभाग का कार्यपूर्ति दिग्दर्शक, 2001-2002

भारत की जनगणना 2001 के अंतर्गत उत्तर प्रदेश के प्रारंभिक आँकड़ों के अनुसार जनपदवार पुरुष तथा महिलाओं की संख्या एवं उनकी साक्षरता दर निम्नांकित सारणी में दी गई है :

क्र.सं.	जनपद/राज्य	कुल जनसंख्या			साक्षरता दर (%)		
		योग	पुरुष	महिला	योग	पुरुष	महिला
(1)	(2)	(3)	(4)	(5)	(6)	(7)	(8)
1.	सहारनपुर	2,848,152	1,525,096	1,323,056	62.61	72.26	51.42
2.	मुजफ्फनगर	3,541,952	1,891,937	1,650,015	61.68	73.11	48.63
3.	बिजनौर	3,130,586	1,651,275	1,479,311	59.37	70.18	47.28
4.	मुरादाबाद	3,749,630	1,988,801	1,760,829	45.74	56.66	33.32
5.	रामपुर	1,922,450	1,021,501	900,949	38.95	48.62	27.87
6.	ज्योतिबाफुलेनगर	1,499,193	795,439	703,754	50.21	63.49	35.07
7.	मेरठ	3,001,636	1,604,103	1,397,533	65.96	76.31	54.12
8.	बागपत	1,164,388	630,244	534,144	65.65	78.60	50.38
9.	गाजियाबाद	3,289,540	1,768,215	1,521,325	70.89	81.04	59.12
10.	गौतमबुद्धनगर	1,191,263	646,554	544,709	69.78	82.56	54.56
11.	बुलंदशहर	2,923,290	1,553,711	1,369,579	60.19	75.55	42.82
12.	अलीगढ़	2,990,388	1,607,222	1,383,166	59.70	73.22	43.88
13.	हाथरस	1,333,372	718,288	615,084	63.38	77.17	47.16
14.	मथुरा	2,069,578	1,123,984	945,594	62.21	77.60	43.77
15.	आगरा	3,611,301	1,949,775	1,661,526	64.97	79.32	48.15

16.	फिरोजाबाद	2,045,737	1,105,203	940,534	66.53	77.81	53.02
17.	एटा	2,788,270	1,509,491	1,278,779	56.15	69.13	40.65
18.	मैनपुरी	1,592,875	858,531	734,344	66.51	78.27	52.67
19.	बदायूँ	3,069,245	1,667,499	1,401,746	38.83	49.85	25.53
20.	बरेली	3,598,701	1,922,833	1,675,868	47.99	59.12	35.13
21.	पीलीभीत	1,643,788	876,006	767,782	50.87	63.82	35.84
22.	शाहजहाँपुर	2,549,458	1,387,424	1,162,034	48.79	60.53	34.68
23.	खीरी	3,200,137	1,706,830	1,493,307	49.39	61.03	35.89
24.	सीतापुर	3,616,510	1,941,933	1,674,577	49.12	61.02	35.08
25.	हरदोई	3,397,414	1,843,395	1,554,019	52.64	65.08	37.62
26.	उन्नाव	2,700,426	1,422,965	1,277,461	55.72	67.62	42.40
27.	लखनऊ	3,681,416	1,946,973	1,734,443	69.39	76.63	61.22
28.	रायबरेली	2,872,204	1,473,690	1,398,514	55.09	69.03	40.44
29.	फर्रूखाबाद	1,577,237	848,088	729,149	62.27	72.40	50.35
30.	कन्नौज	1,385,227	741,380	643,847	62.57	73.38	49.99
31.	इटावा	1,340,031	721,913	618,118	70.75	81.15	58.49
32.	औरैया	1,179,496	635,527	543,969	71.50	81.18	60.08
33.	कानपुर देहात	1,584,037	853,566	730,471	66.59	76.84	54.49
34.	कानपुर नगर	4,137,489	2,213,955	1,923,534	77.63	82.08	72.50
35.	जालौन	1,455,859	788,264	667,595	66.14	79.14	50.66
36.	झांसी	1,746,715	934,118	812,597	66.69	80.11	51.21
37.	ललितपुर	977,447	518,928	458,519	49.93	64.45	33.25
38.	हमीरपुर	1,042,374	562,911	479,463	58.10	72.76	40.65
39.	महोबा	708,831	379,795	329,036	54.23	66.83	39.57
40.	बांदा	1,500,253	806,543	693,710	54.84	69.89	37.10
41.	चित्रकूट	800,592	427,705	372,887	66.06	78.75	51.28
42.	फतेहपुर	2,305,847	1,218,892	1,086,955	59.74	73.07	44.62
43.	प्रतापगढ़	2,727,156	1,375,610	1,351,546	58.67	74.61	42.63
44.	कौशाम्बी	1,294,937	683,673	611,264	48.18	63.49	30.80
45.	इलाहाबाद	4,941,510	2,625,872	2,315,638	62.89	77.13	46.61
46.	बाराबंकी	2,673,394	1,417,213	1,256,181	48.71	60.12	35.64
47.	फैजाबाद	2,087,914	1,076,000	1,011,914	57.48	70.73	43.35
48.	अम्बेडकरनगर	2,025,373	1,024,712	1,000,661	59.06	71.93	45.98
49.	सुलतानपुर	3,190,926	1,611,936	1,578,990	56.90	71.85	41.81

50.	बहराइच	2,384,239	1,278,253	1,105,986	35.79	46.32	23.27
51.	श्रीवस्ती	1,175,428	632,452	542,976	34.25	47.27	18.75
52.	बलरामपुर	1,684,567	888,559	796,008	34.71	46.28	21.58
53.	गोण्डा	2,765,754	1,456,460	1,309,294	42.99	56.93	27.29
54.	सिद्धार्थनगर	2,038,598	1,047,573	991,025	43.97	58.68	28.35
55.	बस्ती	2,068,922	1,079,971	988,951	54.28	68.16	39.00
56.	संत कबीरनगर	1,424,500	720,028	704,472	51.71	67.85	35.45
57.	महाराजगंज	2,167,041	1,120,800	1,046,241	47.72	65.40	28.64
58.	गोरखपुर	3,784,720	1,931,762	1,852,958	60.96	76.70	44.48
59.	कुशीनगर	2,891,933	1,474,884	1,417,049	48.43	65.35	30.85
60.	देवरिया	2,730,376	1,363,250	1,367,126	59.84	76.31	43.56
61.	आजमगढ़	3,950,808	1,949,827	2,000,981	56.15	70.50	42.44
62.	मऊ	1,849,294	932,142	917,152	64.86	78.97	50.86
63.	बलिया	2,752,412	1,409,866	1,342,546	58.88	73.15	43.92
64.	जौनपुर	3,911,305	1,935,576	1,975,729	59.98	77.16	43.53
65.	गाजीपुर	3,049,337	1,544,496	1,504,841	60.06	75.45	44.39
66.	चन्दौली	1,639,777	853,016	786,761	61.11	75.55	45.45
67.	वाराणसी	3,147,927	1,650,138	1,497,789	67.09	83.66	48.59
68.	संत रविदासनगर भदोही	1,352,056	704,800	647,256	59.14	77.99	38.72
69.	मिर्जापुर	2,114,852	1,115,112	999,740	56.10	70.51	39.89
70.	सोनभद्र	1,463,468	771,817	691,651	49.96	63.79	34.26
	उत्तर प्रदेश	**166,052,859**	**87,466,301**	**78,586,558**	**57.36**	**70.23**	**42.98**

स्रोत : भारत की जनगणना 2001 (उत्तर प्रदेश)

जनगणना, 2001 के अनंतिम आँकड़ें यह प्रदर्शित करते हैं कि 1991-2001 के दशक में उत्तर प्रदेश में 340.54 लाख व्यक्तियों की वृद्धि हुई है। यह वृद्धि दर 25.80 है जबकि इसके पूर्व के दशक में वृद्धि दर 25.55 थी। देश की जनसंख्या वृद्धि दर (21.34) की तुलना में उत्तर प्रदेश (25.80) की वृद्धि दर 4.46 प्रतिशत बिंदु अधिक है। मोटे तौर पर देश की कुल जनसंख्या का सर्वाधिक 16.17 प्रतिशत उत्तर प्रदेश का है, इसके बाद महाराष्ट्र, बिहार तथा पश्चिम बंगाल का क्रमशः 9.42, 8.07 तथा 7.81 प्रतिशत है। उत्तर प्रदेश में सबसे अधिक जनसंख्या वृद्धि दर 47.47 प्रतिशत गाजियाबाद में रही तथा इसके बाद सोनभद्र में, जहाँ पर जनसंख्या वृद्धि दर 36.13 प्रतिशत है। प्रदेश के 32 जनपद ऐसे हैं जहाँ राज्य की औसत वृद्धि दर

(25.80) से अधिक दर से जनसंख्या वृद्धि हुई है।

उत्तर प्रदेश में लिंग अनुपात (महिलाएँ, प्रति हजार पुरुषों पर) 898 हैं। प्रदेश के देवरिया (1,003), जौनपुर (1,021) तथा आजमगढ़ (1,026) ऐसे जनपद हैं, जहाँ पर महिलाओं की संख्या प्रति हजार पुरुषों से अधिक है। शेष सभी जनपदों में लिंग अनुपात प्रतिकूल है। प्रदेश में सबसे कम लिंग अनुपात 838 महिलाएँ प्रति हजार पुरुष शाहजहाँपुर में है।

सन 2001 की जनगणना के अनुसार साक्षरता के दृष्टिकोण से उत्तर प्रदेश देश के उन 5 प्रदेशों (जम्मू कश्मीर, उत्तर प्रदेश, बिहार, अरुणाचल प्रदेश तथा झारखंड) में है, जिनकी साक्षरता दर 60 प्रतिशत से कम है। वर्ष 1991 से 2001 की अवधि में उत्तर प्रदेश की साक्षरता दर में 16.65 प्रतिशत की वृद्धि हुई है। इस वृद्धि में प्रदेश की महिलाओं की साक्षरता दर में 18.61 प्रतिशत की वृद्धि हुई, जो पुरुष साक्षरता दर की वृद्धि 15.41 प्रतिशत से 3.2 प्रतिशत अधिक है। जनपदवार साक्षरता दर से यह स्पष्ट है कि राज्य के औसत 57.36 प्रतिशत से 39 जनपदों की साक्षरता दर अधिक है। दूसरी ओर प्रदेश के 5 जनपद–श्रावस्ती, बलरामपुर, बहराइच, बदायूँ तथा रामपुर ऐसे हैं, जहाँ पर साक्षरता दर का प्रतिशत 40 से कम है। उत्तर प्रदेश के 8 जनपद (श्रावस्ती, बलरामपुर, बहराइच, बदायूँ, रामपुर, गोण्डा, सिद्धार्थनगर तथा महाराजगंज) ऐसे हैं, जिनमें महिलाओं की साक्षरता दर 30 प्रतिशत से भी कम है। महिलाओं में सबसे कम साक्षरता दर श्रावस्ती (18.75 प्रतिशत) जनपद में है तथा श्रावस्ती जनपद में ही प्रदेश की सबसे कम साक्षरता दर (34.25 प्रतिशत) है, कानपुर नगर प्रदेश का ऐसा जनपद है, जिसमें साक्षरता दर अन्य सभी जनपदों से अधिक है। कानपुर नगर जनपद में महिलाओं की साक्षरता दर 72.05 तथा पुरुषों का 82.08 प्रतिशत है तथा कुल साक्षरता दर 77.06 प्रतिशत है।

उत्तरांचल राज्य से संबंधित जनगणना, 2001 के प्रारंभिक आँकड़ों के अनुसार जनपदवार पुरुषों तथा महिलाओं की संख्या एवं उनकी साक्षरता दर निम्नवत है :

क्र.सं.	जनपद/राज्य	कुल जनसंख्या			साक्षरता दर (%)		
		योग	पुरुष	महिला	योग	पुरुष	महिला
1.	उत्तरकाशी	294179	151599	142580	66.58	84.52	47.48
2.	चमोली	369198	183033	186165	76.23	89.89	63.00
3.	रुद्रप्रयाग	227461	107425	120036	74.23	90.73	59.98
4.	टिहरी गढ़वाल	604608	294842	309766	67.04	85.62	49.76
5.	देहरादून	1279083	675549	603534	78.96	85.87	71.22
6.	गढ़वाल	696851	331138	365713	77.99	91.47	66.14
7.	पिथौरागढ़	462149	227592	234557	76.48	90.57	63.14

8.	चम्पावत	224461	110916	113545	71.11	88.13	54.75
9.	अल्मोड़ा	630446	293576	336870	74.53	90.15	61.43
10.	बागेश्वर	249453	118202	131251	71.94	88.56	57.45
11.	नैनीताल	762912	400336	362576	79.60	87.39	70.98
12.	ऊधमसिंह नगर	1234548	649020	585528	65.76	76.20	54.16
13.	हरिद्वार	1444213	773173	671040	64.60	75.06	52.60
	उत्तरांचल	**8479562**	**4316401**	**4163161**	**72.28**	**84.01**	**60.26**

स्रोत : भारत की जनगणना 2001 (उत्तरांचल)

उत्तरांचल जनपदों की जनसंख्या की वृद्धि दर गत दशक में 19.20 प्रतिशत रही है, जबकि इसके पूर्व के दशक में वृद्धि दर 24.23 प्रतिशत थी। उत्तरांचल राज्य के अल्मोड़ा (3.14 प्रतिशत) तथा गढ़वाल (3.87 प्रतिशत) दो ऐसे जनपद हैं, जिनकी जनसंख्या वृद्धि दर 5 प्रतिशत से भी कम रही है। प्रदेश के 13 जनपदों में से 8 जनपदों में लिंग अनुपात महिलाओं के पक्ष में है, अर्थात प्रति हजार पुरुषों पर महिलाओं की संख्या अधिक है। न्यूनतम लिंग अनुपात हरिद्वार जनपद में 868 महिला प्रति हजार पुरुष हैं। साक्षरता के दृष्टिकोण से उत्तरांचल राज्य में नैनीताल जनपद की साक्षरता दर सबसे अधिक 79.60 प्रतिशत है तथा हरिद्वार जनपद की साक्षरता दर न्यूनतम 64.60 प्रतिशत है, किंतु यह साक्षरता दर उत्तर प्रदेश की औसत साक्षरता दर 57.36 प्रतिशत से अधिक है। महिलाओं में न्यूनतम साक्षरता दर उत्तरकाशी जनपद में 47.48 प्रतिशत है तथा महिलाओं की अधिकतम साक्षरता दर देहरादून में 71.22 प्रतिशत है। पुरुषों में गढ़वाल जनपद की साक्षरता दर सर्वाधिक 91.47 प्रतिशत तथा सबसे कम हरिद्वार 75.06 प्रतिशत है। समग्र रूप से उत्तरांचल राज्य की साक्षरता दर 72.28 प्रतिशत है, जिसमें महिलाओं की साक्षरता दर 60.28 प्रतिशत तथा पुरुष साक्षरता दर 84.01 प्रतिशत है।

उत्तर प्रदेश तथा उत्तरांचल राज्यों के प्रशासनिक जनपदों को क्रमशः चित्र 0.1 तथा चित्र 0.2 में दर्शाया गया है।

विद्यालयीय शिक्षा क्षेत्र में उल्लेखनीय कार्यक्रम

जिला प्राथमिक शिक्षा कार्यक्रम

अक्टूबर, 2000 तक प्रदेश के 83 जनपदों में से 78 जनपदों को उ.प्र. बेसिक शिक्षा परियोजना/जिला प्राथमिक शिक्षा कार्यक्रम/जनशाला से आच्छादित किया गया। कानपुर नगर, देहरादून, अल्मोड़ा, चमोली तथा रुद्रप्रयाग पाँच ऐसे जनपद हैं, जहाँ पर महिलाओं में साक्षरता दर राज्य के औसत से अधिक होने के कारण उनका आच्छादन जिला प्राथमिक शिक्षा कार्यक्रम से नहीं हो सका। उत्तरांचल राज्य के सृजन के उपरांत

भारत के महासर्वेक्षक की अनुज्ञानुसार भारतीय सर्वेक्षण विभाग के मानचित्र पर आधारित
इस मानचित्र में दर्शित अक्षरविन्यास विभिन्न सूत्रों द्वारा प्राप्त किया है।
आन्तरिक विवरणों को सही दर्शाने का दायित्व प्रकाशक का है।

चित्र 0.1

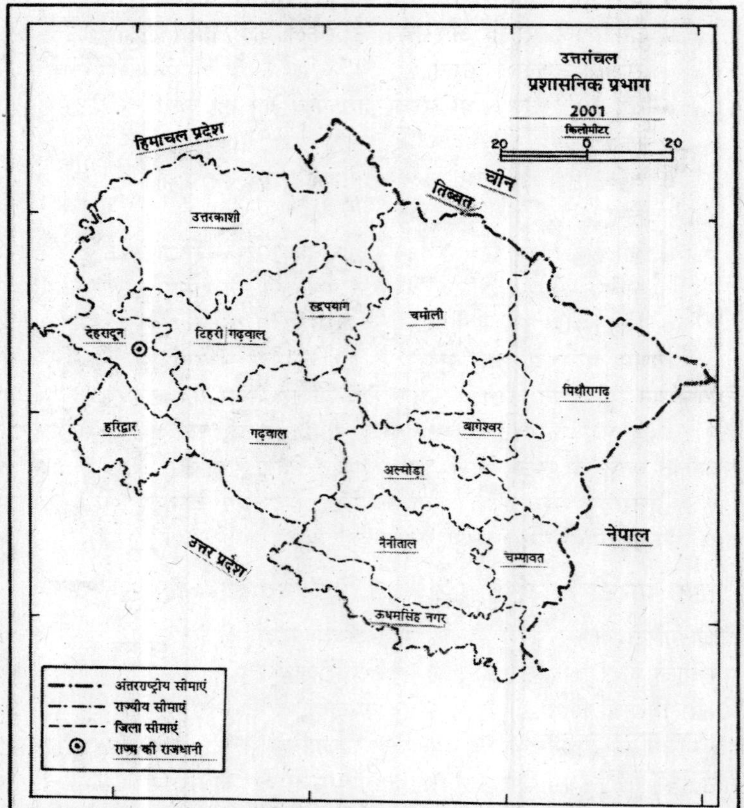

भारत के महासर्वेक्षक की अनुज्ञानुसार भारतीय सर्वेक्षण विभाग के मानचित्र पर आधारित
इस मानचित्र में दर्शित अक्षरविन्यास विभिन्न सूत्रों द्वारा प्राप्त किया है।
आन्तरिक विवरणों को सही दर्शाने का दायित्व प्रकाशक का है।

चित्र 0.2

कानपुर नगर उत्तर प्रदेश में है तथा शेष चार जनपद उत्तरांचल राज्य में हैं।

सर्व शिक्षा अभियान

केंद्र पुरोनिधानित कार्यक्रम सर्व शिक्षा अभियान का क्रियान्वयन निम्नांकित लक्ष्यों की पूर्ति हेतु किया जा रहा है :-

- वर्ष 2003 तक 6-14 वय वर्ग के सभी बच्चों को शिक्षा गारंटी केंद्रों, वैकल्पिक स्कूलों और 'बैक टू स्कूल कैंप' द्वारा शिक्षा की पहुँच की सुविधा उपलब्ध कराना,
- वर्ष 2007 तक सभी बच्चों द्वारा पाँच वर्ष की प्राथमिक शिक्षा पूरी कर लेना,
- वर्ष 2010 तक सभी बच्चों द्वारा आठ वर्ष की प्राथमिक शिक्षा पूरी कर लेना,
- वर्ष 2007 तक प्राथमिक स्तर और वर्ष 2010 तक प्रारंभिक स्तर पर सभी लैंगिक और सामाजिक श्रेणी के अंतरालों को समाप्त करना और
- वर्ष 2010 तक सभी बच्चों को स्कूल में बनाए रखना।

प्रथम चरण में उत्तर प्रदेश के 17 जनपदों में सर्व शिक्षा अभियान का क्रियान्वयन सुनिश्चित करने के लिए कार्य योजना तैयार कर ली गई है। प्रदेश के शेष 53 जनपदों में वित्तीय वर्ष 2001-2002 में ही सर्व शिक्षा अभियान को संचालित करने का लक्ष्य प्रदेश द्वारा निर्धारित किया गया है।

उत्तरांचल राज्य के 7 जनपद-चमोली, रूद्रप्रयाग, देहरादूर, पौड़ी, ऊधमसिंह नगर और अल्मोड़ा प्रथम चरण में आच्छादित हैं।

शिक्षा गारंटी योजना/वैकल्पिक एवं नवाचार शिक्षा

शिक्षा गारंटी योजना प्रदेश के ऐसे गाँव अथवा मजरों के लिए, जहाँ 1 कि.मी. की परिधि के अंदर कोई परिषदीय प्राथमिक विद्यालय नहीं है और जहाँ 6-11 वयवर्ग के 30 विद्यार्थी शिक्षा ग्रहण करने हेतु उपलब्ध हैं, वर्ष 1999 से लागू की गई है। इस योजना के संचालनार्थ जिला स्तर पर जिलाधिकारी की अध्यक्षता में एक समिति गठित की गई है। इस योजना के अंतर्गत गाँव/मजरे के स्तर पर शिक्षा प्रदान करनेवाले व्यक्तियों को आचार्य जी के नाम से संबोधित किया जाता है। चयनित आचार्य जी को रु. 1000/- प्रतिमाह का मानदेय अनुमन्य है। चयनित आचार्य जी को शिक्षा कार्य आरंभ करने के पूर्व एक माह का आवासीय प्रशिक्षण जिला शिक्षा और प्रशिक्षण संस्थान स्तर पर प्रदान किया जाता है।

शिक्षा मित्र योजना

प्रदेश में प्राथमिक शिक्षा के सार्वभौमीकरण के लक्ष्य की ओर अग्रसर होने के लिए

शिक्षित युवाओं की सहभागिता हेतु शिक्षा मित्र योजना का क्रियान्वयन सत्र 2000-2001 से प्रभावी रूप में किया जा रहा है। शिक्षा मित्र की आवश्यकता का आकलन करने के लिए प्रत्येक जिले में अध्यापक-छात्र अनुपात 1 : 40 का अनुसरण करते हुए पूर्णकालिक अध्यापक तथा शिक्षा मित्र का अनुपात 3 : 2 का रखा गया है। एक जिले में कुल रखे जानेवाले शिक्षा मित्रों में 50 प्रतिशत महिलाओं के रखे जाने की व्यवस्था की गई है। शिक्षा मित्र को रु. 2,250/- प्रतिमाह का नियत मानदेय अनुमन्य किया गया है। ग्राम पंचायत द्वारा चयनित एवं जिला समिति द्वारा अनुमोदित शिक्षा मित्र को एक माह का आवासीय प्रशिक्षण संबंधित जिला शिक्षा और प्रशिक्षण संस्थान में प्रदान किया जाता है। इसके पश्चात ही ग्राम शिक्षा समिति द्वारा पारित प्रस्तावानुसार शिक्षा मित्र को संबंधित जिले में शिक्षा प्रदान करने की अनुमति दी जाती है। इस कार्यक्रम के अंतर्गत उत्तर प्रदेश में लगभग 38 हजार शिक्षा मित्र रखे गए हैं।

गुणवत्ता सुधार कार्यक्रम

पाठ्यक्रम निर्धारण

- प्राथमिक स्तर पर कक्षा 1-5 के लिए शिक्षाविदों/अध्यापकों की सहायता से जनवरी, 1999 में पाठ्यक्रम पुनरीक्षण पूर्ण कर पाठ्यक्रम की प्रति प्रत्येक अध्यापक को वितरित की गई।
- उच्च प्राथमिक स्तर पर कक्षा 6-8 का पाठ्यक्रम पुनरीक्षण जनवरी, 2000 में पूर्ण किया गया।
- बी.टी.सी. पाठ्यक्रम वर्ष 2000 में पुनरीक्षित कर प्रदेश के सभी जिला शिक्षा और प्रशिक्षण संस्थानों में लागू किया गया है।

पाठ्यपुस्तकों का पुनरीक्षण

- प्राथमिक स्तर पर कक्षा 1-5 की सभी विषयों की पाठ्यपुस्तकों का पुनरीक्षण कर अधिक आकर्षक, बाल केंद्रित, रुचिपूर्ण नवीन पाठ्यपुस्तकों का निर्माण किया गया।
- कक्षा 1-5 की नवीन पाठ्यपुस्तकें शैक्षिक सत्र जुलाई 2000 से पूरे प्रदेश में प्रयोग में लाई जा रही हैं।
- उच्च प्राथमिक स्तर पर कक्षा 6-8 की सभी विषयों की पाठ्यपुस्तकों का पुनरीक्षण का कार्य गतिमान है तथा नवीन पाठ्यपुस्तकें जुलाई 2002 से आरंभ होनेवाले शैक्षिक सत्र में लागू की जाएंगी।
- प्राथमिक स्तर की सभी पाठ्यपुस्तकों पर आधारित शिक्षक-संदर्शिकाएँ विकसित की गई हैं तथा इन्हें शैक्षिक सत्र 2001-2002 से अध्यापकों को

उपलब्ध कराया गया है।

- कक्षा 9 से 12 तक की राष्ट्रीयकृत पाठ्यपुस्तकों की व्यवस्था समाप्त कर दी गई है। पाठ्यपुस्तकों के लेखन तथा प्रकाशन का कार्य निजी हाथों में दे दिया गया है। इसके फलस्वरूप स्वस्थ प्रतिस्पर्धा की भावना के साथ ही और अच्छी तथा सस्ती पाठ्यपुस्तकें उपलब्ध हुई हैं तथा जाली पाठ्यपुस्तकों के प्रचलन पर भी अंकुश लग सका है।

शिक्षक प्रशिक्षण

- अध्यापकों के लिए शिक्षा कार्यक्रम के अंतर्गत प्रति वर्ष प्राथमिक स्तर के प्रत्येक अध्यापक हेतु 8 दिवसीय सेवारत प्रशिक्षण सुनिश्चित किया जाता है।
- पुनरीक्षित पाठ्यक्रम पर आधारित नवीन पाठ्यपुस्तकों के अनुरूप प्रशिक्षण माड्यूल पर शिक्षकों का प्रशिक्षण कराया जा रहा है।
- जिला शिक्षा और प्रशिक्षण संस्थानों में दो वर्षीय सेवापूर्व प्रशिक्षण कार्यक्रम संचालित है।
- शिक्षा गारण्टी/वैकल्पिक केंद्रों के आचार्य जी/अनुदेशकों के सेवापूर्व एवं सेवारत प्रशिक्षण की भी व्यवस्था सुनिश्चित की गयी है।

अकादमिक पर्यवेक्षण

- जिला स्तरीय एवं विकास खण्ड शिक्षा अधिकारियों के लिए राज्य शैक्षिक प्रबंधन एवं प्रशिक्षण संस्थान (सीमेट), इलाहाबाद द्वारा समय-समय पर पुनर्बोधात्मक प्रशिक्षण कार्यक्रम आयोजित कराया जाता है।
- नव-नियुक्त जिला बेसिक शिक्षा अधिकारियों एवं समकक्षीय अधिकारियों के लिए उ.प्र. प्रशासनिक अकादमी और सीमेट, इलाहाबाद में आधारभूत प्रशिक्षण कराए जाने की व्यवस्था की गयी है।
- जिला शिक्षा और प्रशिक्षण संस्थान, विकास खण्ड संसाधन केंद्र तथा न्याय पंचायत संसाधन केंद्रों की सक्रिय शृंखला के माध्यम से विद्यालयों/शिक्षकों के लिए सतत अकादमिक सपोर्ट तथा अकादमिक पर्यवेक्षण की विकेंद्रीकृत व्यवस्था क्रियाशील है।
- विकास खण्ड संसाधन केंद्र समन्वयकों एवं न्याय पंचायत संसाधन केंद्र समन्वयकों को 'मास्टर ट्रेनर' तथा 'अकादमिक पर्यवेक्षक' के रूप में अपने दायित्वों के निर्वहन में सक्षम बनाने हेतु प्रति वर्ष प्रशिक्षण की व्यवस्था का क्रियान्वयन सुनिश्चित कराया जाता है।

सतत व्यापक मूल्यांकन

प्रदेश में मूल्यांकन की नवीन अवधारणाओं के अनुरूप प्राथमिक स्तरीय शैक्षिक मापन और मूल्यांकन की सुव्यवस्थित कार्य-योजना तैयार कर इसका क्षेत्र-परीक्षण वाराणसी, गाजियाबाद तथा अल्मोड़ा (संप्रति उत्तरांचल में) जनपदों के एक-एक विकास खंड के सभी परिषदीय प्राथमिक स्कूलों में किया गया। क्षेत्र परीक्षण से प्राप्त तथ्यों एवं परिणामों के संदर्भ में अपेक्षित संशोधन/परिवर्द्धन करने के लिए माह जून, 2001 में राज्य स्तर पर दो दिवसीय कार्यशाला आयोजित की गई। कार्यशाला के दौरान यह सामान्य रूप से पाया गया कि क्षेत्र-परीक्षण में इस कार्य-योजना के प्रति शिक्षकों की सक्रिय सहभागिता रही और सहयोग मिला। क्षेत्र-परीक्षण से संबद्ध कार्यशाला में उपस्थित प्रतिभागियों ने यह भी अवगत कराया कि बच्चों के अभिभावकों ने प्रगति पत्र की सराहना की। प्राथमिक स्तर (कक्षा 1 से 5 तक) के विद्यार्थियों के लिए सतत व्यापक मूल्यांकन की व्यवस्था शैक्षिक सत्र 2001-2002 से लागू की गई है। इस व्यवस्था को लागू करने के लिए कार्य-योजना, अध्यापक हस्त-पुस्तिका, प्रगति अभिलेख पंजिका कक्षा 1 से 2 तथा कक्षा 3 से 5 के लिए पृथक-पृथक एवं छात्र परिचयात्मक विवरण और प्रगति पत्र को अंतिम रूप देकर विद्यालयों को उपलब्ध कराया जा रहा है। सतत व्यापक मूल्यांकन के निम्नांकित तीन प्रमुख आधार हैं :

1. बच्चों द्वारा किए जानेवाले पाठों से संबंधित अभ्यास (कक्षा कार्य, दत्त कार्य एवं अन्य विषयगत क्रियाकलापों की जांच और अवलोकन)।
2. अध्यापक द्वारा इकाइयों पर आधारित कक्षा-परीक्षण (टेस्ट)।
3. छमाही और वार्षिक परीक्षाएँ (इन्हें क्रमशः संयुक्त इकाई परीक्षण और समग्र इकाई परीक्षण भी कह सकते हैं)।

इसमें विद्यार्थी के व्यक्तित्व के समग्र मूल्यांकन के लिए संज्ञानात्मक पक्ष के साथ ही संज्ञान-सहगामी पक्ष के भी मूल्यांकन की व्यवस्था की गई है। इस व्यवस्था के प्रभावी क्रियान्वयन के अनुश्रवण के लिए राज्य, जनपद तथा विकास खण्ड स्तरीय समितियों की भी आवश्यकता को रेखांकित किया गया है।

प्राथमिक तथा उच्च प्राथमिक स्तर की सार्वजनिक परीक्षाएँ

प्रदेश के बेसिक शिक्षा के परिषदीय/राजकीय प्राथमिक/उच्च प्राथमिक विद्यालयों व अनौपचारिक रूप से शिक्षा प्राप्त कर रहे कक्षा 5 के विद्यार्थियों के लिए शैक्षिक सत्र 1999-2000 से सार्वजनिक परीक्षा की व्यवस्था लागू की गई है। अशासकीय विद्यालयों के विद्यार्थियों को भी विकल्प के आधार पर इन परीक्षाओं में सम्मिलित करने की अनुमति प्रदान की गई है। इन परीक्षाओं के सफल संचालन हेतु मण्डलीय परीक्षा समिति तथा जनपदीय परीक्षा समितियों का भी गठन किया गया है। शैक्षिक

सत्र 2000-2001 में पाठ्यक्रम आधारित प्रश्न बैंक भी तैयार कराए गए हैं तथा उन्हें सभी परिषदीय स्कूलों को उपलब्ध कराया गया है।

सार्वजनिक परीक्षा की गुणवत्ता

कक्षा 10 की सार्वजनिक परीक्षा की गुणवत्ता अभिवृद्धि के लिए वर्ष 2000 से कक्षा 9 की परीक्षा अनिवार्य कर दी गई है। जनपद स्तर से संचालित होने वाली परीक्षा में कक्षा 9 की परीक्षा उत्तीर्ण परीक्षार्थी ही कथा 10 की सार्वजनिक परीक्षा में सम्मिलित हो सकते हैं।

राष्ट्रीय स्तर पर 10 वर्षीय सामान्य शिक्षा के पाठ्यक्रम की संकल्पना को अपनाते हुए वर्ष 1998 से हाईस्कूल स्तर पर 10 वर्षीय सामान्य पाठ्यक्रम को लागू किया गया है। इस व्यवस्था में सभी विद्यार्थियों के लिए 6 विषय अनिवार्य किए गए हैं तथा मात्र एक सातवां विषय विकल्प के रूप में रखा गया है। विज्ञान विषय बालिकाओं सहित सभी विद्यार्थियों के लिए अनिवार्य किया गया है। हाईस्कूल स्तर पर विभिन्न वर्गों की व्यवस्था भी समाप्त कर दी गई है। विद्यार्थियों पर पाठ्यक्रम के बोझ को कम करने के दृष्टिकोण से कक्षा 9 तथा 10 के पाठ्यक्रम का विभाजन कर वर्ष 2000 में पहली बार इस नवीन पाठ्यक्रम के अनुसार सार्वजनिक परीक्षा का आयोजन किया गया।

प्रदेश में वर्ष 2000 की सार्वजनिक परीक्षाओं से परीक्षा प्रमाण पत्रों पर परीक्षार्थी के पिता के नाम के साथ ही माता का नाम भी अंकित किया जाने लगा है।

उत्तर प्रदेश माध्यमिक संस्कृत शिक्षा परिषद

राज्य में माध्यमिक संस्कृत शिक्षा परिषद की स्थापना और उससे संबंधित अथवा अनुषंगिक विषयों की व्यवस्था करने के लिए उत्तर प्रदेश माध्यमिक संस्कृत शिक्षा परिषद अधिनियम-2000, 30 सितम्बर 2000 को अस्तित्व में आया। इस परिषद का मुख्यालय लखनऊ में है। निदेशक, माध्यमिक शिक्षा, उ.प्र. की अध्यक्षता में प्रदेश शासन की अधिसूचना दिनांक 17 फरवरी, 2001 के द्वारा उ.प्र. माध्यमिक संस्कृत शिक्षा परिषद का गठन कर दिया गया है। इस परिषद में संयुक्त शिक्षा निदेशक स्तर का अधिकारी सदस्य-सचिव है तथा इस परिषद में 24 अन्य शासकीय तथा गैर शासकीय सदस्य हैं।

शिक्षक शिक्षा

शिक्षक शिक्षा की गुणवत्ता सुनिश्चित करने हेतु संप्रति उत्तर प्रदेश में 56 तथा उत्तरांचल राज्य में 9 जिला शिक्षा और प्रशिक्षण संस्थान हैं। उत्तर प्रदेश तथा उत्तरांचल राज्य के क्रमशः संत रविदास नगर (भदोही) और ऊधमसिंह नगर जनपदों के जिला

शिक्षा और प्रशिक्षण संस्थान की स्वीकृति भारत सरकार से प्राप्त हो गई है। ऐसे जनपदों, जहाँ पर जिला शिक्षा और प्रशिक्षण संस्थान नहीं हैं, के शिक्षकों के प्रशिक्षण (सेवापूर्व तथा सेवारत) की व्यवस्था समीपस्थ अथवा पुराने जनपद में स्थापित जिला शिक्षा और प्रशिक्षण संस्थान में की जाती है।

प्रदेश के तीन प्रशिक्षण महाविद्यालयों–राजकीय रचनात्मक प्रशिक्षण महाविद्यालय, लखनऊ, राजकीय बेसिक ट्रेनिंग कालेज, वाराणसी तथा राजकीय महिला गृहविज्ञान प्रशिक्षण महाविद्यालय, इलाहाबाद को उच्चीकृत कर शिक्षक-शिक्षा महाविद्यालय (कॉलेज ऑफ टीचर एजूकेशन) के रूप में वित्तीय वर्ष 2000-2001 में स्वीकृत किया गया।

राजकीय सी.पी.आई. इलाहाबाद को उच्चीकृत कर उच्च अध्यापन शिक्षा संस्थान (आई.ए.एस.ई.) की स्थापना की गई है। इसे क्रियाशील किया जा रहा है।

उत्तर प्रदेश पुनर्गठन अधिनियम, 2000 की अनुसूची 71 में राज्य शैक्षिक अनुसंधान और प्रशिक्षण परिषद, उ.प्र. को उन 55 संस्थाओं की सूची में रखा गया है, जिनकी सुविधाएँ राज्य के गठन के बाद भी 1.12.2001 तक दोनों राज्य के व्यक्तियों को उपलब्ध रहीं थी।

शिक्षकों को पंचम केन्द्रीय वेतनमान

उत्तर प्रदेश की प्राथमिक तथा माध्यमिक शिक्षण संस्थाओं के शिक्षकों को पंचम केन्द्रीय वेतन आयोग की संस्तुतियों पर केन्द्र में समकक्ष स्तर के शिक्षकों के समान वेतनमान दि. 1.7.2001 से संशोधित करते हुए लागू किए गए हैं। बेसिक तथा माध्यमिक शिक्षा के विभिन्न स्तर के शिक्षकों, प्रधानाध्यापकों तथा प्रधानाचार्यों को देय संशोधित वेतनमानों का विवरण निम्नांकित है–

पदनाम	दिनांक 1.1.1996 से लागू वेतनमान (रु.)	दिनांक 1.7.2001 से संशोधित वेतनमान
1. बेसिक शिक्षा		
(क) साधारण वेतनमान	3600-85-4450-100-5350	4500-125-7000
(ख) चयन वेतनमान	4000-85-4680-100-5780	5000-150-8000
2. प्रधानाध्यापक प्राथमिक/ अध्यापक उच्च प्राथमिक		
(क) साधारण वेतनमान	4250-100-5150-125-6400	5500-175-9000
(ख) चयन वेतनमान	4625-125-6750	6500-200-10500
3. प्रधानाध्यापक उच्च प्राथमिक		
(क) साधारण वेतनमान	4625-125-7000	6500-200-10500

(ख) चयन वेतनमान	4800-150-7650	7500-250-12000
माध्यमिक शिक्षा		
1. एल.टी. शिक्षक		
(क) साधारण वेतनमान	4500-125-7000	5500-175-9000
(ख) चयन वेतनमान	5500-175-8650	6500-200-10500
(ग) प्रोन्नत वेतनमान	6500-200-10500	7500-250-12000
2. प्रवक्ता		
(क) साधारण वेतनमान	5500-175-8650	6500-200-10500
(ख) चयन वेतनमान	6500-200-10500	7500-250-12000
(क) प्रोन्नत वेतंनमान	8000-275-13500	8000-275-13500
3. प्रधानाध्यापक हाईस्कूल		
(क) साधारण वेतनमान	6500-200-10500	7500-250-12000
(ख) चयन वेतनमान	8000-275-13500	8000-275-13500
4. प्रधानाचार्य		
(क) साधारण वेतनमान	8000-275-13500	10000-325-15200
(ख) चयन वेतनमान	10000-325-15200	—

बेसिक शिक्षा के अन्तर्गत प्राथमिक शिक्षकों को साधारण वेतनमान में 10 वर्ष की सन्तोषजनक सेवा पूर्ण करने पर चयन वेतनमान अनुमन्य होगा और चयन वेतनमान में 12 वर्ष की सन्तोषजनक सेवापूर्ण करने के उपरान्त प्रोन्नत वेतनमान के पदधारकों की संख्या के 20 प्रतिशत की सीमा तक देय होगा। माध्यमिक शिक्षा के अधीन माध्यमिक शिक्षण संस्थाओं के शिक्षकों/प्रवक्ताओं को साधारण वेतनमान में 10 वर्ष की सन्तोषजनक सेवा पूर्ण करने पर चयन वेतनमान स्वीकृत किया जाएगा तथा चयन वेतनमान में 12 वर्ष की सन्तोषजनक सेवा पूर्ण करने पर प्रोन्नति वेतनमान स्वीकृत किया जाएगा। हाईस्कूल के प्रधानाध्यापक को साधारण वेतनमान में 10 वर्ष की सन्तोषजनक सेवा पूर्ण करने पर चयन वेतनमान स्वीकृत किया जाएगा।

इस प्रकार शिक्षकों का 1.1.1996 से स्वीकृत वेतनमानों को 1.7.2001 से संशोधित करते हुए स्वीकृत किया गया है।

अध्याय-1

भूमिका

सर्वेक्षण के उद्देश्य

राष्ट्रीय शैक्षिक योजना और प्रशासन संस्थान (नीपा) द्वारा प्रथम अखिल भारतीय शैक्षिक प्रशासन सर्वेक्षण वर्ष 1973-74 में कराया गया था। लगभग 20 वर्ष की मध्यवर्ती अवधि में, संगठनात्मक ढाँचे और प्रशासनिक व्यवस्था में संशोधन के अलावा राष्ट्रीय शिक्षा नीति और कार्ययोजना (1986) के क्रियान्वयन के फलस्वरूप नई नीतियों और कार्यक्रमों का अंगीकरण और राज्यस्तरीय शिक्षा आयोगों, समितियों इत्यादि के प्रतिवेदनों ने शैक्षिक परिदृश्य में बहुत परिवर्तन किए हैं। शैक्षिक प्रशासन में इन परिवर्तनों का निहितार्थ देखना आवश्यक है। फलस्वरूप द्वितीय अखिल भारतीय शैक्षिक प्रशासन सर्वेक्षण को संपादित करने का निर्णय निम्नांकित प्रमुख उद्देश्यों को ध्यान में रखकर लिया गया :

(अ) विभिन्न स्तर की संरचना, पद्धतियों और प्रक्रियाओं के परिप्रेक्ष्य में शैक्षिक प्रशासन की वर्तमान प्रस्थिति को समझना,

(ब) विभिन्न प्रयोगों, नवाचारों और परिवर्तनों का अध्ययन, और

(स) शैक्षिक नियोजन और प्रबंधन हेतु प्रमुख चुनौतियों और भावी कार्यों को चिह्नित करना।

विषय-क्षेत्र और आच्छादन

यह सर्वेक्षण शिक्षा विभाग के सचिवालय, निदेशालय और निरीक्षणालय स्तरीय संगठनात्मक संरचना, भूमिकाओं, कृत्यों और गतिविधियों, विभिन्न प्रबंधकीय शैक्षिक संस्थाओं और शिक्षा विभाग के अतिरिक्त अन्य विभागों को आच्छादित करता है। यह प्रथमतः स्कूली शिक्षा प्रशासन को संबोधित करता है। परिणामस्वरूप तकनीकी, व्यावसायिक और उच्च शिक्षा के संबंध में विस्तार से विचार नहीं किया गया है,

यद्यपि प्रसंगानुसार विशिष्ट अवसरों पर इनका यदा-कदा संदर्भ लिया गया है। इस सर्वेक्षण की एक मुख्य विशेषता यह है कि इसमें विभिन्न शैक्षिक प्रबंधनकर्मियों, जैसे-जिला/विकासखण्ड शिक्षा अधिकारियों और संस्थाओं के अध्यक्षों के क्रियाकलापों का पार्श्व चित्र तैयार कर प्रस्तुत किया गया है। इसके परिशिष्ट में इस सर्वेक्षण में संदर्भित शैक्षिक प्रशासन से संबंधित अध्ययनों/पुस्तकों को एक चयनित ग्रंथसूची में सम्मिलित किया गया है।

सर्वेक्षण के आधारभूत तथ्यों और आँकड़ों का संकलन

इस अध्ययन के प्रारम्भिक तथ्य और आँकड़े वर्ष 1991 से संबंधित हैं और जो गौण स्रोत से लाए गए हैं, वे अद्यतन हैं।

कार्यविधि

सर्वेक्षण की कार्यविधि में सूचनाओं का संकलन सम्मिलित है जिसे राज्य के शिक्षा विभाग, इसके विभिन्न निदेशालयों और मण्डलीय, क्षेत्रीय, जिला, विकास खण्ड और संस्थान स्तरीय संगठनों से लिया गया है। विभिन्न तथ्य एवं आँकड़ों का संकलन प्रतिनिधानात्मक प्रतिदर्श से किया गया है। इस हेतु गौण स्रोतों का भी उपयोग किया गया है।

प्रतिदर्श

प्रतिदर्श के चयन हेतु बहु-स्तरीय सोद्देश्य प्रतिदर्श तकनीक का एक ढाँचा तैयार किया गया, जिसमें देश के प्रत्येक प्रदेश/केन्द्रशासित क्षेत्र के कम से कम 10 प्रतिशत जनपदों का उपयुक्त प्रदर्शन हो सके। समय और साध्यता के विभिन्न पहलुओं को ध्यान में रखते हुए प्रत्येक प्रदेश/केन्द्रशासित क्षेत्र के प्रति 15 जनपदों में से 1 ऐसे जनपद का चयन किया गया, जो मुख्यतः प्रतिनिधित्व निरूपक हो। इस प्रकार प्रत्येक चयनित जनपद के 2 प्रतिनिधि विकास खण्डों अथवा उप-शैक्षिक जनपद, जिनमें से एक ग्रामीण क्षेत्र और दूसरा नगर क्षेत्र का हो, को अध्ययन में सम्मिलित किया गया। इसी प्रकार विभिन्न प्रकार के स्कूलों के प्रतिनिधि प्रतिदर्श का चयन प्रत्येक चयनित प्रतिदर्श विकास खण्ड में से किया गया।

उत्तर प्रदेश में बुलंदशहर, झाँसी, नैनीताल और वाराणसी जनपदों का चयन सर्वेक्षण हेतु किया गया। इन जनपदों में से यादृच्छिक (Random) आधार पर नगरीय एवं ग्रामीण क्षेत्रों में से कुल 263 विद्यालयों का चयन किया गया। इनका विवरण सारणी 1.1 में दिया गया है।

सारणी 1.1

उत्तर प्रदेश में चयनित प्रतिदर्श

स्कूल के प्रकार	जनपदवार विद्यालयों का प्रतिदर्श								
	बुलंदशहर		झाँसी		नैनीताल		वाराणसी		योग
	ग्रामीण	शहरी	ग्रामीण	शहरी	ग्रामीण	शहरी	ग्रामीण	शहरी	
प्राथमिक विद्यालय	18	9	6	4	16	10	10	23	96
उच्च प्राथमिक विद्यालय	5	9	4	5	9	7	13	11	63
हाईस्कूल	5	6	5	3	13	5	3	2	42
इण्टरमी डिएट	4	7	4	7	5	9	8	18	62
योग	32	31	19	19	43	31	34	54	263

स्रोत: क्षेत्रीय सर्वेक्षण

उपकरण

तथ्यों एवं आँकड़ों के संकलन हेतु तीन प्रकार की प्रश्नावलियों को तैयार किया गया था। ये प्रश्नावलियाँ निम्नवत् हैं :

1. राज्य स्तरीय प्रश्नावली (रा.स्त.प्र.) : आधारभूत स्रोतों, जैसे कि शिक्षा विभाग के निदेशालयों और अन्य संबंधित अधिकारियों से सूचनाओं के संकलन हेतु इसे तैयार किया गया है।

2. क्षेत्र स्तरीय प्रश्नावली (क्षे.स्त.प्र.) : क्षेत्र स्तर के संबंधित प्रभारी अधिकारियों से शिक्षा के संगठन और प्रशासन की मण्डलीय/क्षेत्रीय, जिला, विकास खण्ड अथवा क्षेत्र स्तरीय सूचनाओं के संकलन के लिए तैयार किया गया, और

3. संस्थागत स्तरीय प्रश्नावली (सं.स्त.प्र.) : संस्थाओं और उनके अध्यक्षों से सूचनाओं के संकलन हेतु इन प्रश्नावलियों का प्रयोग किया गया। इन प्रश्नावलियों के माध्यम से संकलित किए गए तथ्यों एवं आँकड़ों के अतिरिक्त अनुपूरक सूचनाएँ राष्ट्रीय, राज्य और क्षेत्र स्तरों से भी संकलित की गई हैं।

- गौण स्रोत, जैसे–राजकीय प्रकाशनों, विधायी दस्तावेजों अध्यादेशों, राज्य योजनाओं, नियमों और अधिनियमों, आय–व्ययकों और सांख्यकीय प्रकाशनों से
- साक्षात्कार और विचार-विमर्श, जैसे–सौपानिक व्यवस्था में विभिन्न स्तर के अधिकारियों के साथ ही संस्थाओं के अध्यापकों और उनके अध्यक्षों के साथ भी,
- राष्ट्रीय, राज्य, जनपद और आधारिक स्तरों पर संबंधित समस्याओं और चुनौतियों पर आयोजित गोष्ठियों, कार्यशालाओं आदि में वाद-विवाद द्वारा
- विभिन्न अभिकरणों द्वारा शैक्षिक संगठन और प्रबंधन पर प्रकाशित चयनित साहित्य

सलाहकार समिति

परियोजना अभिकल्पना में राष्ट्रीय और राज्य सलाहकार समिति (परिशिष्ट-1) के गठन का प्रावधान था, जो नीपा तथा राज्य स्तर पर सर्वेक्षण से संबंधित विषयों पर परियोजना दल को मार्गदर्शन प्रदान करे।

इस अध्ययन आख्या का प्रारंभिक कार्य राज्य स्तर पर किया गया। एक सामान्य रूप-रेखा के आधार पर इसे नीपा द्वारा विशेषज्ञों के परामर्श से संशोधित कर अंतिम रूप दिया गया, जिससे कि अंतर्राज्यीय तुलना में सुगमता हो सके।

अध्याय-2

उत्तर प्रदेश राज्य

उत्तर प्रदेश राज्य उत्तर वैदिक काल में आर्यावर्त ब्रह्मर्षि देश या मध्य देश के नाम से जाना जाता था। सन् 1764 और 1856 के मध्य ब्रिटिश द्वारा वर्तमान राज्य का संपूर्ण क्षेत्र अधिकृत कर लिया गया था, जो उस समय उत्तर पश्चिम प्रांत आगरा और अवध के संयुक्त प्रांत के नाम से जाना जाने लगा। राज्य का नाम 1935 में संक्षिप्त कर संयुक्त प्रांत कर दिया गया। सन् 1950 में राज्य का पुनः नामकरण कर उत्तर प्रदेश किया गया।

प्राकृतिक विशेषताएँ

राज्य 2,94,411 वर्ग कि.मी. क्षेत्रफल को आच्छादित करता है जो देश के कुल क्षेत्रफल का 9 प्रतिशत है। यह उत्तर में तिब्बत और नेपाल से, उत्तर-पश्चिम में हिमाचल प्रदेश से, पश्चिम मं हरियाणा, दक्षिण-पश्चिम में राजस्थान, दक्षिण में मध्य प्रदेश और पूर्व में बिहार से सीमाबद्ध है। चित्र 2.1 द्वारा भारत के मानचित्र में उ.प्र. राज्य की स्थिति दर्शाई गई है। राज्य को तीन पृथक क्षेत्रों में विभाजित किया जा सकता है। (अ) उत्तरी पहाड़ या हिमालय श्रेणियाँ (ब) दक्षिणी पहाड़ी पठारी-मैदानी क्षेत्रों के दक्षिण में स्थित यमुना पार के भूभाग को आच्छादित करनेवाला पठारी क्षेत्र है और (स) गंगा का मैदान। गंगा के मैदान में गंगा-यमुना और उनकी सहायक नदियों के जलोढ़ मैदानी क्षेत्र सम्मिलित हैं। इसे और आगे पूर्व, मध्य और पश्चिमी मैदानों में उप विभाजित किया जा सकता है, क्योंकि प्रत्येक की अपनी विशिष्टताएँ और स्वरूप हैं जो इसके सामाजिक, आर्थिक और साँस्कृतिक जीवन को विभिन्न रूपों में निर्धारित करता है।

1991 में राज्य के 13 प्रशासनिक मण्डल थे जिनमें 63 राजस्व जनपद थे, जैसा कि चित्र 2.2 में दर्शाया गया है। वर्तमान में (1999) राज्य में 83 जनपद, 19 मण्डल, 294 तहसीलें, 897 विकास खण्ड, 1,12,661 गाँव और 710 साविधिक

नगर हैं। इसका सामान्य प्रशासनिक ढाँचा (राजस्व और ग्रामीण विकास) चित्र 2.3 में दिया गया है। राज्य में राजस्व मण्डल, जनपद और विकास खण्ड, शिक्षा मण्डलों, जनपदों और विकास खण्ड के समानुरूप हैं।

जनांकिकीय स्वरूप

7.40 करोड़ पुरुषों और 6.51 करोड़ महिलाओं को सम्मिलित करते हुए राज्य की जनसंख्या 1991 में 13.91 करोड़ थी, जो देश की संपूर्ण जनसंख्या का 16.59 प्रतिशत थी। ग्रामीण जनसंख्या का प्रतिशत, शहरी जनसंख्या के प्रतिशत 19.84 के सापेक्ष 80.16 (11.15 करोड़) था। सन् 1981 में राज्य की कुल जनसंख्या 11.1 करोड़ थी। जनसंख्या की दशकीय वृद्धि दर राज्य में 1981-91 में, कुछ कम अर्थात 1971-81 के दौरान 25.49 प्रतिशत की तुलना में 25.48 प्रतिशत थी, जैसा कि सारणी 2.1 में दर्शाया गया है। राज्य में जनसंख्या घनत्व भी, राष्ट्रीय औसत 273 व्यक्ति प्रति वर्ग कि.मी. की तुलना में 473 व्यक्ति प्रति वर्ग कि. मी. है, जो कि अधिक है। राज्य में लिंग अनुपात 1000 पुरुषों पर 879 महिलाएँ, 1991 में राष्ट्रीय स्तर पर 1000 पुरुषों पर 927 महिलाएँ से काफी कम है।

सारणी 2.1

लिंग अनुपात, जनघनत्व और दशकीय वृद्धि दर

राज्य/	लैंगिक अनुपात		घनत्व		बढ़ोत्तरी दर	
अखिल भारत	1981	1991	1981	1991	1971-81	1981-91
उत्तर प्रदेश	885	879	377	473	+25.49	+25.48
अखिल भारत	935	927	230	273	+24.66	+23.85

स्रोतः भारत की जनगणना, 1991

जहाँ तक राज्य में जनपदवार जनसंख्या का संबंध है (परिशिष्ट-।।।), इलाहाबाद की जनसंख्या 49.21 लाख व्यक्ति सर्वाधिक है और इसके उपरान्त वाराणसी (48.61 लाख) और देवरिया (44.40 लाख) है। जनसंख्या की दृष्टि से उत्तरकाशी सबसे छोटा जनपद है जहाँ 2.40 लाख व्यक्ति हैं। यह उल्लेखनीय है कि इलाहाबाद और उत्तरकाशी 1981 में भी इसी स्थान पर थे, अर्थात् वे जनसंख्या की दृष्टि से सबसे बड़े और छोटे जनपद थे। लिंग अनुपात राज्य में 1981 में 1000 पुरुषों पर 885 महिलाओं से घटकर 1991 में 1000 पुरुषों पर 879 महिलाएँ हो गया है।

सर्वाधिक लिंग अनुपात 1087 महिलाएँ प्रति हजार पुरुष पिथौरागढ़ जनपद में था जबकि बदायूँ जनपद में न्यूनतम लिंग अनुपात 810 महिलाएँ प्रति हजार

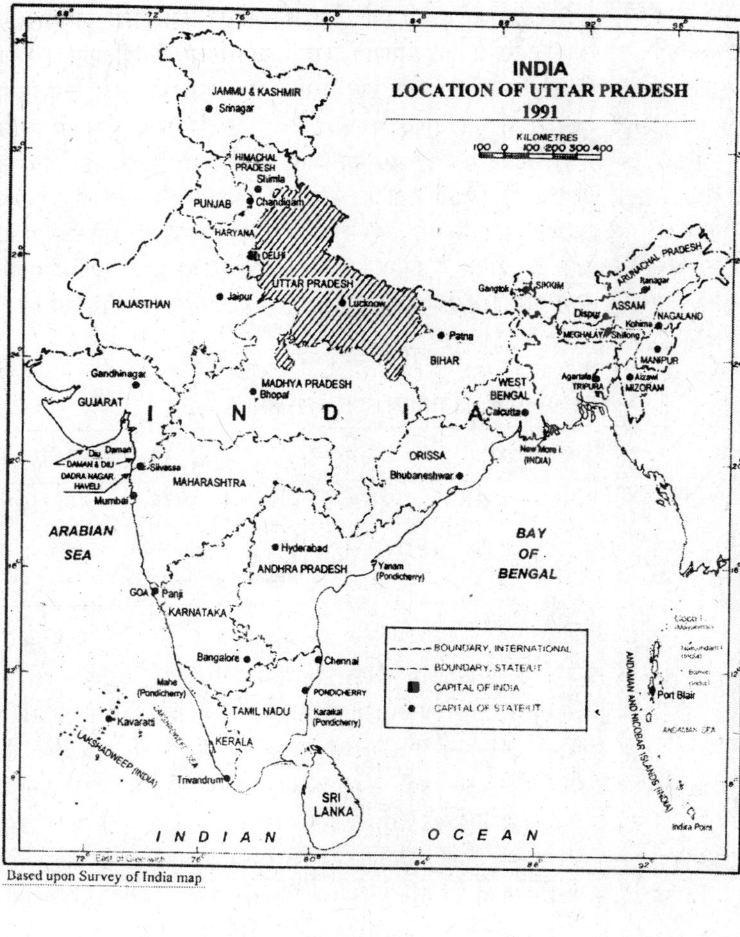

Based upon Survey of India map

चित्र 2.1

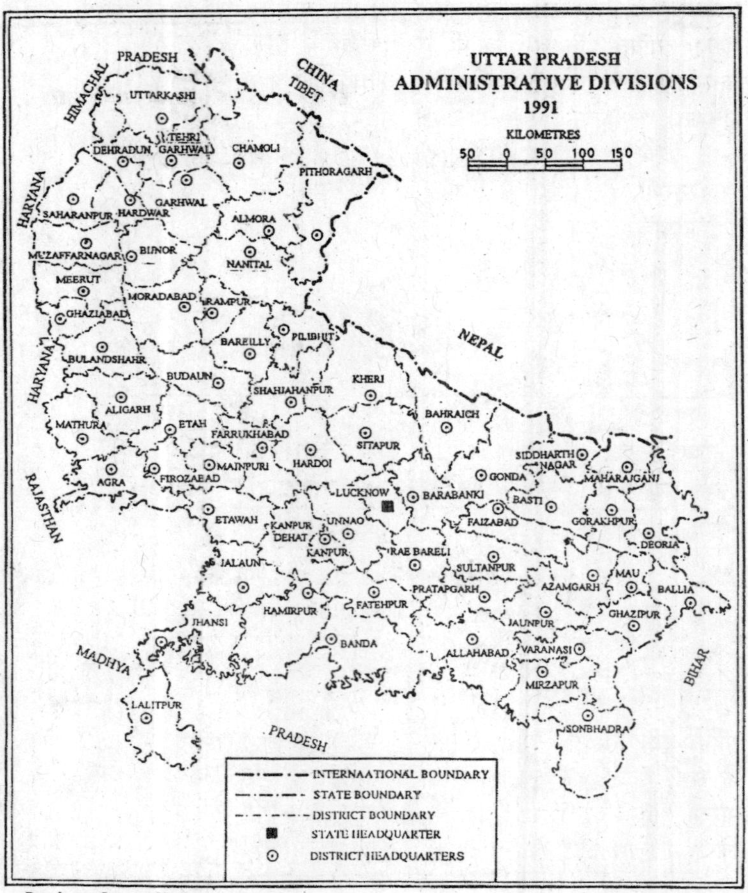

Based upon Survey of India map

चित्र 2.2

पुरुष था। 1991 में 23 जनपद ऐसे थे जिनमें लिंग अनुपात राज्य औसत 879 महिलाएँ प्रति हजार पुरुषों से अधिक था। चमोली जनपद का क्षेत्रफल 9126 वर्ग कि.मी. सबसे अधिक है और परिणामतः जनपद में जनसंख्या घनत्व राज्य में द्वितीय न्यूनतम था, अर्थात् 50 व्यक्ति प्रतिवर्ग कि.मी.। राज्य में सबसे कम जनसंख्या घनत्व 30 व्यक्ति प्रति वर्ग कि.मी. उत्तरकाशी जनपद में है। दूसरी ओर जनपद कानपुर (नगर) का सबसे कम क्षेत्रफल 1065 वर्ग कि.मी. और सर्वाधिक जनघनत्व 2271 व्यक्ति प्रति वर्ग कि.मी. था। राज्य में तीन जनपद ऐसे हैं जहाँ शहरी जनसंख्या का आकार 50 प्रतिशत से अधिक है। ये जनपद हैं कानपुर नगर (84.2 प्रतिशत), लखनऊ (62.7 प्रतिशत) और देहरादून (50.3 प्रतिशत)।

उत्तर प्रदेश में मानव विकास के सूचक अर्थात् जन्म, मृत्यु और शिशु मृत्यु दर (सारणी 2.2) सदैव राष्ट्रीय औसत से उच्च रहे हैं जैसा कि चित्र 2.4 द्वारा प्रदर्शित किया गया है।

सारणी-2.2

मानव विकास के सूचक

(प्रति हजार)

राज्य/	जन्म दर		मृत्यु दर		शिशु मृत्यु दर	
अखिल भारत	1988	1991	1988	1991	1988	1991
उत्तर प्रदेश	37.1	31.5	13.2	11.1	124	93
अखिल भारत	31.5	29.3	11.0	9.0	94	80

स्रोतः 1. वार्षिकी, 1990, स्वास्थ्य एवं परिवार कल्याण मंत्रालय, भारत सरकार, नई दिल्ली
2. उ.प्र. ड्राफ्ट आठवीं पंचवर्षीय योजना, 1992-97 और वार्षिक योजना 1992-1993 (खण्ड-1)

सामाजिक-आर्थिक स्वरूप

भाषाई दृष्टि से, उत्तर प्रदेश कमोबेश एक समजातीय राज्य है। जैसा कि जनसंख्या के सभी खण्ड जो यहाँ आवासित हैं-पंजाबी, कश्मीरी, मराठी, बंगाली, मारवाड़ी, पारसी, आंध्र प्रदेशीय आदि, हिंदी और हिंदुस्तानी जानते और बोलते हैं। उर्दू बहुसंख्य लोगों-मुस्लिम और हिंदू-दोनों द्वारा बोली जाती है ।

हिंदी की उपभाषाओं में, जो राज्य में बोली जाती हैं, ब्रजभाषा, बुंदेलखण्डी, अवधी, भोजपुरी, गढ़वाली, कुमाँउनी और खड़ी बोली सम्मिलित हैं। राज्य में नेपाली बोलने वाले लोगों की संख्या भी काफी है। पहाड़ी उपभाषाएँ हिमाचल प्रदेश में बोली जानेवाली भाषा के समान हैं जबकि हरियाणा की भाषा प्रदेश के पश्चिमी जनपदों में बोली जाने वाली भाषा के समान है। मध्यकाल में राज्य मुस्लिम शासन

उत्तर प्रदेश

सामान्य प्रशासनिक ढाँचा

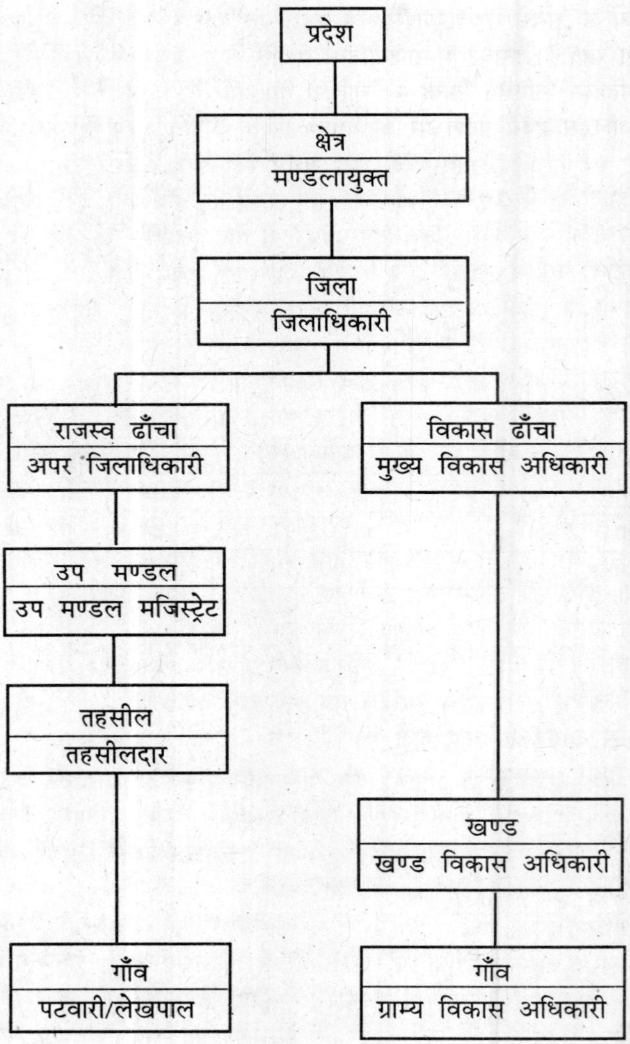

चित्र–2.3

के अंतर्गत रहा और इसने हिंदू और इस्लामी संस्कृतियों के संश्लेषण के लिए मार्ग प्रशस्त किया। रामानन्द और उनके मुस्लिम शिष्य कबीर, तुलसीदास, बीरबल और अनेक अन्य बुद्धिजीवियों ने हिंदी और उर्दू भाषाओं के विकास में योगदान दिया।

राज्य का सबसे महत्वपूर्ण स्वरूप यह है कि यह शताब्दियों तक भारत का हृदय प्रदेश रहा है। इसकी भू-राजनीतिक स्थिति ने न केवल इसका, बल्कि पूरे देश का इतिहास निश्चित किया है। चाहे वे तुर्क रहे हों, मुगल या ब्रिटिश, जिस किसी ने भी इस हृदय प्रदेश पर आधिपत्य स्थापित किया, वही अंततः पूरे देश का स्वामी बना। ब्रिटिश शासन के साथ प्रथम स्वाधीनता संग्राम उत्तर प्रदेश में 10 मई, 1857 को आरम्भ हुआ और यह क्षेत्र संघर्ष का केंद्र बना रहा। स्वाधीनता आंदोलन में राज्य ने न केवल अनगिनत पुरुष-स्त्री दिए, जिन्होंने जेलों को भर दिया बल्कि राष्ट्रीय स्तर के नेताओं का विशिष्ट वर्ग भी दिया।

उत्तर प्रदेश अपनी समृद्ध संस्कृति और सभ्यता के लिए प्राचीन काल से जाना जाता है। बुंदेलखण्ड, मिर्जापुर और मेरठ में जो पुरावशेष खोजे गए हैं, वे नव पाषाण कालीन और हड़प्पा-कालीन संस्कृति के स्पष्ट प्रभाव को उद्‍घाटित करते हैं। यह महाकाव्य-नायकों–राम और कृष्ण का जन्मस्थान रहा है। जैन तीर्थंकर भगवान महावीर और बौद्ध धर्म के संस्थापक भगवान बुद्ध ने इसी राज्य में अपने उपदेश आरम्भ किए। ख्यातिप्राप्त सूफी संतों ने इस राज्य के धार्मिक पटल को समृद्ध किया। महान कवियों वाल्मीकि, तुलसी, कबीर और सूर ने अपने मधुर गीत इसी भूमि पर गाए। बद्रीनाथ और केदारनाथ के पवित्र देवालय, ऐतिहासिक स्थल यथा-आगरा, वाराणसी, इलाहाबाद, अयोध्या, लखनऊ, चित्रकूट, मथुरा शहर, पवित्र नदियाँ-गंगा, यमुना और सरयू आदि देश की समृद्ध सांस्कृतिक विरासत का साक्ष्य प्रस्तुत करती हैं। राज्य में 2250 से अधिक मेले प्रतिवर्ष आयोजित किए जाते हैं। कुंभ और अर्द्धकुंभ मेले प्रत्येक बारहवें वर्ष और छठे वर्ष में क्रमशः हरिद्वार और इलाहाबाद में आयोजित किए जाते हैं।

राज्य की अर्थव्यवस्था में कृषि का प्रमुख स्थान है। राज्य की प्रमुख फसलों में गेहूँ, चावल, गन्ना, दालें, आलू आदि हैं। वर्ष 1991 में कुल मुख्य श्रमिकों में से कृषकों और कृषि मजदूरों का प्रतिशत 72.2 था। 1994-95 में राज्य की सकल आय में पशुपालन सहित कृषि का अंश चालू मूल्य पर 42 प्रतिशत था। कृषि राज्य की कुल आय में प्रमुख घटक है। इसे राज्य में प्राथमिकता दी जाती है। एतदनुरूप 1994-95 में कुल व्यय का लगभग एक तिहाई भाग (29.9) कृषि पर हुआ।

राज्य की सकल आय वर्ष 1994-95 में चालू मूल्य पर रु. 79024 करोड़ थी और वर्ष 19980-81 के स्थिर मूल्य पर रु. 24,653 करोड़ थी, जो देश की सकल आय का क्रमशः 10.6 प्रतिशत और 11.4 प्रतिशत थी।

राज्य में वर्ष 1983-84 में, गरीबी रेखा के नीचे की जनसंख्या का प्रतिशत

उत्तर प्रदेश
मानव विकास संकेतक
(प्रति 1000 जनसंख्या वार्षिक दर)

जन्म दर

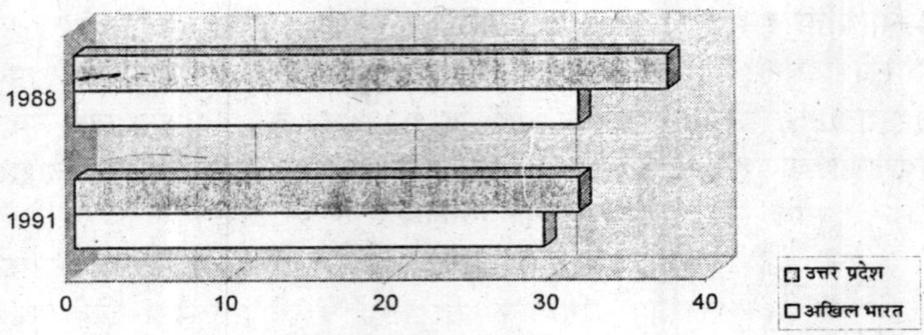

मृत्यु दर

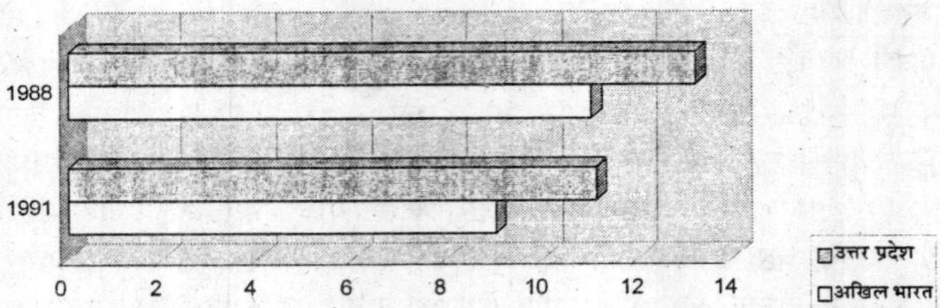

नवजात शिशु मृत्यु दर

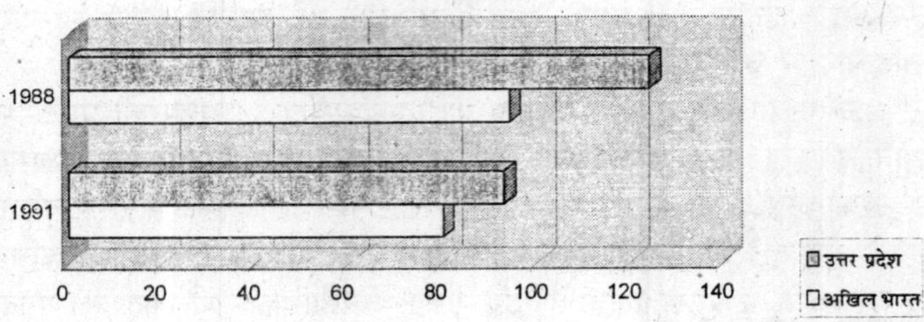

चित्र 2.4

45.3, देश के लिए संगत आँकड़ा 37.4 प्रतिशत के सापेक्ष था। वर्ष 1987-88 में गरीबी रेखा के नीचे राज्य की जनसंख्या अखिल भारतीय औसत 29.33 प्रतिशत की तुलना में 35.1 प्रतिशत थी।

साक्षरता

सारणी 2.3 राज्य में साक्षरता दर प्रदर्शित करती है, जो वर्ष 1981 और 1991 में राष्ट्रीय औसत से नीचे रही। राज्य में समग्र साक्षरता सभी व्यक्तियों के लिए 41.60 प्रतिशत थी। 55.73 प्रतिशत पुरुषों के लिए और 25.31 प्रतिशत महिलाओं के लिए। इसके विरूद्ध राष्ट्रीय स्तर पर 1991 में साक्षरता दर सभी व्यक्तियों के लिए 52.21 प्रतिशत थी, 64.13 प्रतिशत पुरुषों के लिए और 39.29 प्रतिशत महिलाओं के लिए थी।

सारणी 2.3

साक्षरता दर

राज्य/	1981			1991		
संपूर्ण भारत	कुल	पुरुष	महिला	कुल	पुरुष	महिला
उत्तर प्रदेश	33.35	47.45	17.19	41.60	55.73	25.31
संपूर्ण भारत	43.67	56.50	29.85	52.21	64.13	39.29

*7 वर्ष और उससे ऊपर

स्रोत : भारत की जनगणना 1991, सीरीज-1, पेपर-2, 1992, अंतिम जनसंख्या योग

जहाँ तक राज्य में जनपदवार साक्षरता का संबंध है (परिशिष्ट-।।।), 1991 में 35 जनपद ऐसे थे, जिनमें महिला साक्षरता दर राज्य औसत 25.3 प्रतिशत से नीचे थी, जिनमें से 19 जनपदों की महिला साक्षरता दर 20 प्रतिशत से नीचे थी। राज्य में 7 जनपद ऐसे भी थे, जहाँ सभी लोगों के लिए साक्षरता दर 30 प्रतिशत से नीचे थी। ऐसे 18 जनपद थे जहाँ पुरुष साक्षरता दर राज्य औसत 55.7 प्रतिशत से नीचे थी। जनपद बहराइच की सभी व्यक्तियों के लिए साक्षरता दर न्यूनतम थी, जो 24.4 प्रतिशत थी और महिलाओं के लिए 10.7 प्रतिशत थी, जबकि जनपद देहरादून की साक्षरता दर सबसे अधिक थी, जो 65.5 प्रतिशत सभी व्यक्तियों के लिए और 59.3 प्रतिशत महिलाओं के लिए थी।

शिक्षा प्रणाली

जैसा कि अन्य प्रमुख राज्यों और संघ शासित क्षेत्रों के मामले में है, उत्तर प्रदेश. में भी, जैसा कि चित्र 2.5 में दर्शाया गया है, शिक्षा का ढाँचा राष्ट्र स्तरीय प्रतिरूप पर आधारित है। शिक्षा व्यवस्था के अंतर्गत दो वर्ष की पूर्व प्राथमिक शिक्षा की पूर्ववर्तिता के साथ आठ वर्ष की अनिवार्य प्राथमिक या बेसिक शिक्षा (1-8), दो

वर्ष की माध्यमिक या हाईस्कूल (9-10) और दो वर्ष की उच्चतर माध्यमिक या इण्टरमीडिएट (11-12) शिक्षा है। आठ वर्ष की प्राथमिक शिक्षा को पाँच वर्ष की प्राथमिक शिक्षा और तीन वर्ष की उच्च प्राथमिक शिक्षा में क्रमशः 6-11 और 11-14 आयु वर्ग के लिए विभाजित किया गया है। उच्चतर माध्यमिक शिक्षा का प्रमाण पत्र छात्रों को आगे की शिक्षा, विश्वविद्यालय में या कॉलेज में ग्रहण करने के योग्य बनाता है। माध्यमिक शिक्षा के बाद कुछ छात्र औद्योगिक प्रशिक्षण संस्थान-पालीटेक्निक आदि में सम्मिलित होते हैं। 10+2 के प्रतिरूप में, हाईस्कूल पूरा करने के उपरान्त दो विभिन्न धाराओं में से कोई भी चुन सकते हैं: (अ) सामान्य या अकादमिक और (ब)व्यावसायिक, प्रत्येक, दो वर्ष के लिए। +2 स्तर के उपरांत, प्रथम विश्वविद्यालय उपाधि पूरी करने में तीन वर्ष लगते हैं, अनुवर्ती दो वर्ष का परास्नातक पाठ्यक्रम है। उच्चतर माध्यमिक पूरा करने के बाद छात्र तकनीकी और व्यावसायिक पाठ्यक्रमों यथा-बी.ई., एम.बी.बी.एस. और प्राथमिक शिक्षक प्रशिक्षण के लिए जा सकते हैं। छात्र स्नातक करने के बाद व्यावसायिक पाठ्यव्म यथा-बी.एड. और एल.एल.बी. में सम्मिलित हो सकते हैं। पाठ्यक्रमों की अवधि में विभिन्नता है और प्रत्येक व्यावसायिक उपाधि पाठ्यक्रम परास्नातक अध्ययन के विकल्प देता है। परास्नातक (मास्टर्स डिग्री) के अंत में कोई भी छात्र एम.फिल./पीएच.डी. उपाधि के लिए कार्य कर सकता है।

शिक्षा की प्रगति

प्राथमिक शिक्षा : राज्य में विद्यालयीय शिक्षा व्यवस्था वर्ष 1975-76 से 1995-96 तक भारी प्रगति की साक्षी रही है। प्रदेश में संस्थाओं की संख्या, छात्र नामांकन और शिक्षकों की संख्या सारणी-2.4 से 2.8 के अनुसार है। प्राथमिक विद्यालयों की संख्या 1975-76 में 65,552 से 1995-96 में 86,436 हुई, जो 31.86 प्रतिशत वृद्धि दर्शाती है, जबकि उच्च प्राथमिक विद्यालयों की संख्या 1975-76 में 10,626 संस्थाओं से 1995-96 में 19,148 हुई जो 80.20 प्रतिशत वृद्धि प्रदर्शित करती है।

शैक्षिक सुविधाओं में इस व्यापक विस्तार के बावजूद जहाँ तक विद्यालयों की संख्या का संबंध है, जनपदों की स्थिति में विषमता है, जैसा कि सारणी-2.5 से, जो राज्य में प्रति लाख अबादी के अनुसार जनपदवार विद्यालयों की संख्या दर्शाती है, स्पष्ट है। उदाहरण के लिए जनपद मुरादाबाद की जनसंख्या 41.21 लाख (परिशिष्ठ -III) थी। वहाँ 1991 में प्रति लाख जनसंख्या पर प्राथमिक विद्यालय 45, उच्च प्राथमिक विद्यालय 6 तथा हाईस्कूल और उच्चतर माध्यमिक विद्यालय 3 थे, जबकि जनपद बिजनौर की जनसंख्या अपेक्षाकृत कम (24.55 लाख) थी और प्रति लाख जनसंख्या पर 51 प्राथमिक विद्यालय, 8 उच्च प्राथमिक विद्यालय और 3 हाईस्कूल और उच्चतर माध्यमिक विद्यालय थे। बिजनौर का क्षेत्रफल भी

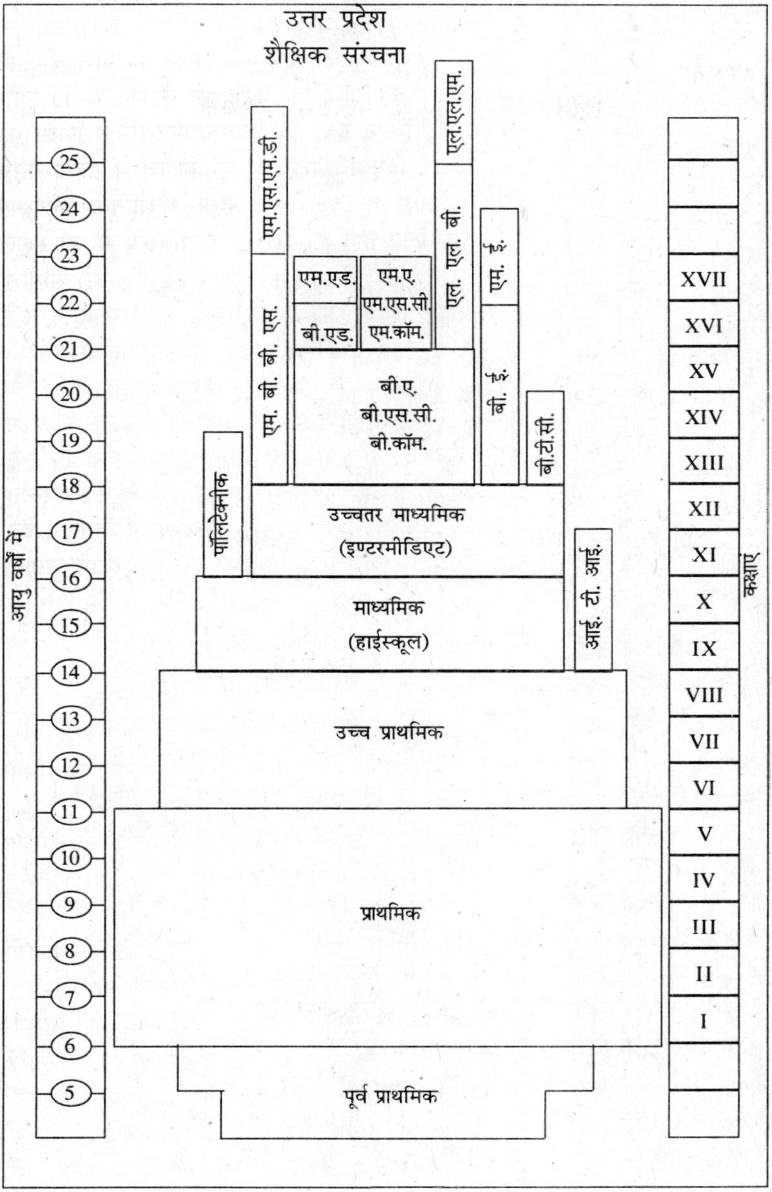

उत्तर प्रदेश
शैक्षिक संरचना
आयु वर्षों में
25
24
23
22
21
20
19
18
17
16
15
14
13
12
11
10
9
8
7
6
5
एम.एस.एम.डी.
एम. बी. बी. एस.
एम.एड.
बी.एड.
एम.ए.
एम.एस.सी.
एम.कॉम.
एल.एल.एम.
एल. एल. बी.
एम.
बी.
बी.ए.
बी.एस.सी.
बी.कॉम.
बी.टी.सी.
पॉलिटेक्नीक
उच्चतर माध्यमिक
(इण्टरमीडिएट)
आई. टी. आई.
माध्यमिक
(हाईस्कूल)
उच्च प्राथमिक
प्राथमिक
पूर्व प्राथमिक
XVII
XVI
XV
XIV
XIII
XII
XI
X
IX
VIII
VII
VI
V
IV
III
II
I
कक्षाएं

चित्र 2.5

मुरादाबाद से कम था। इस प्रकार की विषमता अनेक जनपदों में मौजूद है जो सभी जनपदों को समान शैक्षिक सुविधाएँ उपलब्ध कराने की दृष्टि से समस्या का सावधानीपूर्वक मूल्यांकन और सूक्ष्म-नियोजन एवं विद्यालय मानचित्रण अभ्यासों की माँग करती है। देवरिया जहाँ कुल जनसंख्या 40 लाख से अधिक थी, प्राथमिक विद्यालय प्रति लाख आबादी क्रमशः 36, 41 और 49 थी, जबकि कुछ छोटे जनपदों यथा रामपुर और मथुरा जहाँ कुल जनसंख्या क्रमशः 11 लाख और 19 लाख थी, प्राथमिक विद्यालयों की संख्या प्रति लाख आबादी 51 और 56 थी। यह भी देखा जा सकता है कि जनपद इलाहाबाद में, जो राज्य की शिक्षा- राजधानी है, प्रति लाख आबादी के अनुपात में सबसे कम प्राथमिक विद्यालय हैं, जबकि मैदानी क्षेत्र के मैनपुरी जनपद में सर्वाधिक प्राथमिक विद्यालय हैं अर्थात् प्रति लाख आबादी 101 है। पर्वतीय जनपदों की स्थिति इस दृष्टि से भिन्न है, क्योंकि उनकी कठिन भू-आकृति के कारण प्रति लाख आबादी पर विद्यालयों का अनुपात अधिक है।

1975-76 और 1995-96 के मध्य छात्र नामांकन में वृद्धि 35.95 प्रतिशत (सारणी 2.6) जो कि विद्यालयों की संख्या में वृद्धि 31.86 (सारणी 2.4) से थोड़ा अधिक रही है। इससे संकेत मिलता है कि राज्य ने शैक्षिक सुविधा नामांकन में संगत वृद्धि के अनुपात में लगभग समान रूप से उपलब्ध करायी है। लेकिन यदि प्राथमिक स्तर पर छात्र-नामांकन में 1980-81 से 1995-96 की अवधि में वृद्धि देखी जाए तो यह 67.50 प्रतिशत रही जो कि विद्यालय की संख्या में वृद्धि से दो गुनी अधिक है। यह दर्शाता है कि (अ) राज्य प्राथमिक स्तर पर शिक्षा की बढ़ती हुई माँग अर्थात् छात्र-नामांकन के अनुरूप शैक्षिक सुविधा नहीं उपलब्ध करा सका (ब) 1975-76 में प्राथमिक स्तर पर छात्र-नामांकन के आँकड़ों में कुछ विसंगति थी जैसा कि सारणी 2.6 द्वारा प्रदर्शित है। सकल नामांकन 119.64 लाख था और पांच वर्ष बाद 1980-81 में यह घटकर 97.10 लाख हो गया।

प्राथमिक स्तर पर बालिकाओं का नामांकन भी 43.81 लाख से घटकर 29.09 लाख हो गया, यह राज्य द्वारा उपलब्ध कराये गए आँकड़ों में विसंगति को दर्शाता है। यह पाया गया है कि बालिकाओं के नामांकन में 1975-76 में 29.09 लाख से 1995-96 में 62.01 की व्यापक वृद्धि के बावजूद सकल नामांकन में बालिकाओं के अनुपात में केवल 8 प्रतिशत की वृद्धि 1980-81 में 29.95 प्रतिशत से 1995-96 में 38.12 प्रतिशत हुई, उच्च प्राथमिक स्तर पर सकल नामांकन भी घटती-बढ़ती प्रवृत्ति को प्रदर्शित करता है, यद्यपि प्राथमिक और उच्च प्राथमिक दोनों स्तरों पर बालिकाओं का नामांकन इस अवधि में उच्च वार्षिक वृद्धि दर प्रदर्शित करता है। समग्र प्रयासों के बावजूद जैसा कि सारणी दर्शाती है, उच्च प्राथमिक स्तर पर सकल नामांकन में बालिकाओं का अनुपात 30 प्रतिशत से नीचे ही रहा।

सारणी-2.4

प्राथमिक और उच्च प्राथमिक विद्यालयों की संख्या

वर्ष	प्राथमिक	उच्च प्राथमिक	कुल
1975-76	65552	10626	76178
1980-81	70606	13555	84161
1985-86	74051	16433	90484
1990-91	76545	14582	91127
1995-96	86436	19148	95068

स्रोत:- एजूकेशन इन इंडिया, वाल्यूम-I 1975-76, 1980-81 और 1985-86, मानव संसाधन विकास मंत्रालय, शिक्षा विभाग, भारत सरकार, नई दिल्ली (ii) सेलेक्टेड ऐजुकेशनल स्टैटस्टिक्स, 1990-91 और 1995-96, मानव संसाधन विकास मंत्रालय, शिक्षा विभाग, भारत सरकार, नई दिल्ली

सारणी 2.5

उत्तर प्रदेश (1990-91) में जनपदवार प्रति लाख जनसंख्या पर विद्यालयों की संख्या

जिला	विद्यालयों की कुल संख्या			विद्यालय प्रति लाख जनसंख्या		
	प्राथमिक	उच्च प्राथमिक	उच्च/उच्चतर माध्यमिक	प्राथमिक	उच्च प्राथमिक	उच्च/उच्चतर माध्यमिक
1	2	3	4	5	6	7
लखनऊ	1133	235	117	41	8	4
सीतापुर	1896	336	69	67	12	2
लखीमपुर खीरी	1561	262	53	65	11	2
हरदोई	1666	372	74	61	13	3
उन्नाव	1523	366	67	69	17	3
रायबरेली	1223	366	67	69	17	3
फैजाबाद	1503	303	111	50	10	4
सुल्तानपुर	1608	265	100	63	10	4
बाराबंकी	1584	237	44	65	10	2
बहराईच	1592	199	44	58	7	2
गोण्डा	2184	284	68	61	8	2
बस्ती	2261	406	151	51	9	3

सिद्धार्थ नगर	.	.	.	.	.	.
गोरखपुर/महाराजगंज	2010	403	168	42	8	3
देवरिया	2184	511	181	49	11	4
आजमगढ़	1856	386	164	40	8	3
मऊ	.	.	.	.	.	.
बलिया	1323	322	104	59	14	5
गाजीपुर	1091	278	102	45	11	4
जौनपुर	1384	314	153	43	10	5
वाराणसी	1743	406	176	36	8	4
मिर्जापुर	1695	249	81	62	9	3
सोनभद्र	.	.	.	.	.	.
बिजनौर	1255	188	83	51	8	3
मुरादाबाद	1866	257	126	45	6	3
रामपुर	758	100	43	51	7	3
प्रतापगढ़	1191	226	85	54	10	4
इलाहाबाद	2007	428	220	41	9	4
फतेहपुर	1103	244	74	58	13	4
कानपुर (नगर)						
कानपुर (देहात)	2292	698	196	50	15	4
फरूखाबाद	1353	356	120	56	15	5
इटावा	1304	365	118	61	17	5
जालौन	991	195	70	81	16	6
हमीरपुर	914	211	47	62	14	3
बांदा	1318	237	57	71	13	3
ललितपुर	599	94	17	80	12	2
झांसी	928	174	59	65	12	4
आगरा	1683	333	150	40	8	3
फिरोजाबाद	.	.	.	.	.	.
मैनपुरी	1319	291	83	101	22	6
एटा	296	90	55	13	4	3
मथुरा	1085	190	107	56	10	5
अलीगढ़	1539	333	142	47	10	5
बुलंदशहर	1366	165	179	48	6	6
गाजियाबाद	784	163	116	28	6	4

मेरठ	1530	314	85	54	11	3
मुज्जफरनगर	1383	221	98	49	8	3
सहारनपुर	1608	270	125	47	8	4
हरिद्वार	.	.	.	.	.	.
बदायूँ	1409	236	53	58	10	2
शहाजहाँपुर	1379	192	48	70	10	2
बरेली	1530	314	85	54	11	3
पिलीभीत	774	135	27	61	10	2
नैनीताल	1361	337	165	87	22	11
अल्मोड़ा	1493	244	203	181	30	25
पिथौरागढ़	1043	228	126	187	41	23
गढ़वाल	1373	249	214	206	37	32
टिहरी गढ़वाल	1043	234	159	181	41	28
उत्तर काशी	467	129	56	197	54	24
चमोली	861	164	119	195	54	24
देहरादून	923	211	104	91	21	10

सोत्र-शिक्षा की प्रगति, शिक्षा निदेशालय, उत्तर प्रदेश, 1991-92

वर्ष 1997 में सारणी 2.7 जनपदवार नामांकन का संकेत करती है। यह देखा जा सकता हैं कि राज्य में 25 जनपद ऐसे है जहाँ प्राथमिक स्तर पर बालिकाओं का नामांकन राज्य के सामान्य 43.35 प्रतिशत से नीचे है। जनपद बांदा के सकल नामांकन में बालिकाओं का अनुपात न्यूनतम केवल 24.07 प्रतिशत है। दूसरी ओर, जनपद गढ़वाल और अल्मोड़ा ने बालकों की तुलना में अधिक संख्या में बालिकाओं को नामांकित किया है जो क्रमश: 51.52 और 50.38 प्रतिशत है। उच्च प्राथमिक स्तर पर 1997 में 63 में से 32 जनपदों में बालिकाओं का नामांकन अनुपात राज्य औसत 33.54 से कम था। इस स्तर पर बालकों की तुलना में न्यूनतम बालिका-नामांकन अनुपात वाला जनपद सीतापुर था जहाँ 1997 में बालिकाओं का नामांकन 16.95 प्रतिशत ही था।

सारणी 2.6

प्राथमिक एवं उच्च प्राथमिक स्तरों पर छात्र नामांकन (लाख में)

वर्ष	प्राथमिक (1-5)		उच्च प्राथमिक (6-8)	
	कुल	बालिका	कुल	बालिका
1975-76	119.64	43.81 (36.62)	24.87	5.23 (21.02)
1980-81	97.10	29.09 (29.95)	30.52	6.51 (21.33)
1985-86	107.82	35.92 (33.33)	23.24	5.99
1990-91	139.40	50.50 (36.92)	44.70	12.30 (27.52)
1995-96	162.65	62.01 (38.12)	56.29	16.87 (29.96)
वार्षिक वृद्धि दर (प्रतिशत में)				
1975-80	−4.08	−7.86	4.18	4.44
1980-85	2.12	4.31	−5.30	−1.62
1985-90	5.27	7.05	13.97	15.46
1990-95	3.48	4.97	5.45	7.93

टिप्पणी : कोष्ठक में आँकड़े संपूर्ण का प्रतिशत दशाते हैं।

स्रोत:-1. एजूकेशन इन इंडिया, वाल्यूम-I 1975-76, 1980-81 और 1985-86, मानव संसाधन विकास मंत्रालय, शिक्षा विभाग, भारत सरकार, नई दिल्ली

2. सेलेक्टेड ऐजुकेशनल स्टेटस्टिक्स, 1990-91 और 1995-96, मानव संसाधन विकास मंत्रालय, शिक्षा विभाग, भारत सरकार, नई दिल्ली

सारणी 2.7
प्राथमिक तथा उच्च प्राथमिक स्तरो पर जनपदवार छात्र नामांकन
(30 सितम्बर, 1997)

(लाख में)

जिला	प्राथमिक (1-5)			उच्च प्राथमिक (6-8)		
	कुल नामांकन	बालिका नामांकन	बालिकाओं का प्रतिशत	कुल नामांकन	बालिका नामांकन	बालिकाओं का प्रतिशत
लखनऊ	3.62	1.24	34.25	1.49	0.66	44.29
सीतापुर	4.11	1.90	46.23	1.18	0.20	16.95
लखीमपुर खीरी	3.56	1.47	41.29	1.04	0.29	27.88
हरदोई	4.34	1.78	41.0	1.49	0.54	36.24
उन्नाव	2.71	1.16	42.80	0.90	0.32	35.56
रायबरेली	3.47	1.42	40.92	1.44	0.57	39.58
फैजाबाद	4.23	1.85	43.74	1.49	0.44	29.53
सुल्तानपुर	3.78	1.64	43.39	1.10	0.28	25.45
बाराबंकी	3.15	1.36	43.17	1.05	0.37	35.24
बहराईच	3.78	1.64	43.39	1.06	0.45	42.45
गोण्डा	5.22	2.56	49.04	0.98	0.36	36.73
बस्ती	4.49	2.18	48.55	2.16	0.87	40.28
सिद्धार्थ नगर	1.96	0.68	34.69	0.30	0.06	20.00
गोरखपुर	4.17	1.84	44.12	2.05	0.66	32.19
महाराजगंज	2.25	1.04	46.22	0.55	0.18	32.73
देवरिया	5.24	2.37	45.22	2.42	0.69	28.51
आजमगढ़	5.15	2.17	42.14	2.18	0.81	37.16
मऊ	1.80	0.87	48.33	0.40	0.14	35.00
बलिया	3.97	1.21	30.48	1.33	0.29	21.80
गाजीपुर	3.88	1.85	47.68	1.65	0.48	29.09
जौनपुर	4.63	1.96	42.33	2.13	0.68	31.92
वाराणसी	7.00	3.05	43.57	2.85	0.84	29.47
मिर्जापुर	2.32	1.00	43.10	0.68	0.23	33.82

सोनभद्र	1.44	0.54	37.50	0.45	0.12	26.67
बिजनौर	3.38	1.47	43.49	1.49	0.50	33.56
मुरादाबाद	4.68	1.53	32.69	1.53	0.42	27.45
रामपुर	1.83	0.86	46.99	0.52	0.15	28.85
प्रतापगढ़	3.32	1.58	47.59	1.53	0.56	35.90
इलाहाबाद	7.08	3.37	47.60	2.82	1.03	36.52
फतेहपुर	3.08	1.34	43.51	0.55	0.22	40.00
कानपुर (नगर)	3.48	1.54	44.25	1.19	0.40	33.61
कानपुर (देहात)	3.27	1.47	44.95	0.65	0.27	41.54
फरूखाबाद	3.56	1.54	43.26	1.10	0.32	29.09
इटावा	3.60	1.74	48.33	0.53	0.21	32.62
जालौन	1.77	0.75	42.37	0.75	0.20	26.67
हमीरपुर	1.17	0.50	42.73	0.35	0.10	28.57
बांदा	2.41	8.58	24.07	0.60	0.19	31.67
ललितपुर	1.22	0.47	38.52	0.23	0.07	30.43
झांसी	1.87	0.84	44.92	0.47	0.17	36.17
आगरा	3.70	1.57	42.43	1.22	0.42	34.43
फिरोजाबाद	1.90	0.81	42.63	0.34	0.11	32.35
मैनपुरी	2.12	0.88	41.51	0.88	0.28	31.82
एटा	3.01	1.34	44.52	0.86	0.26	30.23
मथुरा	2.27	0.89	39.21	0.94	0.31	32.98
अलीगढ़	4.32	1.08	25.00	0.63	0.15	23.81
बुलंदशहर	3.95	1.69	42.78	2.28	0.58	25.44
गाजियाबाद	3.72	1.64	44.09	1.48	0.52	35.13
मेरठ	4.29	1.83	42.66	2.05	0.72	35.12
मुज्जफरनगर	3.55	1.55	43.66	1.64	0.49	29.88
सहारनपुर	2.91	1.40	48.11	0.85	0.33	38.82
हरिद्वार	1.47	0.64	43.54	1.43	0.60	41.96

बदायूँ	3.83	1.88	49.09	1.42	0.43	30.28
शाहजहाँपुर	2.73	1.01	37.00	0.95	0.39	41.05
बरेली	4.31	1.76	40.83	1.51	0.44	29.14
पिलीभीत	2.24	0.92	41.07	0.38	0.11	28.95
नैनीताल	2.00	0.92	46.00	0.79	0.36	45.57
अल्मोड़ा	1.33	0.67	50.38	0.58	0.27	46.55
पिथौरागढ़	0.97	0.48	49.48	0.34	0.16	47.06
गढ़वाल	0.99	0.51	51.52	0.34	0.15	44.10
टिहरी गढ़वाल	1.05	0.50	47.62	0.22	0.10	45.45
उत्तर काशी	0.34	0.15	44.12	0.10	0.03	30.00
चमोली	0.74	0.36	48.65	0.11	0.04	36.36
देहरादून	1.35	0.62	45.93	0.91	0.42	46.15
उत्तर प्रदेश	193.84	84.02	43.35	69.80	23.41	33.54

स्रोत-बेसिक शिक्षा की प्रमुख सांख्यिकी, बेसिक शिक्षा निदेशालय, उत्तर प्रदेश, 1998

सारणी 2.8
प्राथमिक और उच्च प्राथमिक स्तर पर सकल नामांकन अनुपात

वर्ष	सकल नामांकन अनुपात					
	प्राथमिक (I-V) आयु वर्ग(6-11)			उच्च प्राथमिक (VI-VIII) आयु वर्ग (11-14)		
	बालक	बालिका	कुल	बालक	बालिका	कुल
1975-76	117.7	75.9	97.9	54.7	16.2	36.5
1980-81	81.8	40.3	62.5	56.3	18.0	38.7
1985-86	87.1	50.6	69.9	55.5	21.9	39.8
1990-91	98.6	62.2	81.4	64.9	27.6	47.3
1995-96	104.3	72.0	89.1	72.3	34.9	54.7

स्रोत : 1. एजूकेशन इन इंडिया, वाल्यूम-I 1975-76, 1980-81 और 1985-86, मानव संसाधन विकास मंत्रालय, शिक्षा विभाग, भारत सरकार, नई दिल्ली

2. सेलेक्टेड ऐजुकेशनल स्टेटस्टिक्स, 1990-91 और 1995-96, मानव संसाधन विकास मंत्रालय, शिक्षा विभाग, भारत सरकार, नई दिल्ली

इस प्रकार प्रदेश में प्राथमिक शिक्षा के सार्वजनीकरण के लक्ष्य की प्राप्ति अभी दूर है, जैसा कि सारणी 2.8 दर्शाती है। यदि प्राथमिक स्तर पर सकल नामांकन अनुपात को देखा जाए, जिसमें अधिक आयु और कम आयु के बच्चे सम्मिलित हैं तो स्थिति इस प्रकार उभरती है- वर्ष 1995-96 में सभी बच्चों के लिए नामांकन 89.1 प्रतिशत था, बालकों के लिए 104.3 प्रतिशत और लड़कियों के लिए 72.0 प्रतिशत था। इसी वर्ष, उच्च प्राथमिक स्तर पर स्थिति अधिक गंभीर थी। कारण यह कि सकल नामांकन अनुपात सभी बच्चों के लिए 54.7 प्रतिशत था- बालकों के लिए 72.3 प्रतिशत और बालिकाओं के लिए 34.9 प्रतिशत था।

यह स्थिति राज्य के पिछड़े जनपदों में शैक्षिक विकास के विभिन्न कार्यक्रमों को नामांकन में वृद्धि के लिए संचालित करने के सरकार के भारी-भरकम प्रयासों के बावजूद है। उदाहरण के लिए, प्रमुख कार्यक्रम यथा 'सभी के लिए शिक्षा' (ई.एफ.ए.) परियोजना और महिला समाख्या राज्य के क्रमशः 17 तथा 10 जनपदों में संचालित किए जा रहे है। यद्यपि ई.एफ.ए. कार्यक्रम राज्य में जिला प्राथमिक शिक्षा कार्यक्रम के रूप में 18 और जनपदों में प्रस्तावित हैं, तथापि सार्वभौम नामांकन, धारण और संप्राप्ति के वांछित लक्ष्य को प्राप्त करने के लिए इन कार्यक्रमों को उन्नत करने की आवश्यकता है।

सारणी 2.9 प्रदर्शित करती है कि 1975-76 और 1995-96 के मध्य शिक्षकों की संख्या में 30 हजार और 37 हजार की वृद्धि क्रमशः प्राथमिक तथा उच्च प्राथमिक विद्यालयों में हुई, यद्यपि महिला शिक्षिकाओं की संख्या प्राथमिक स्तर पर कुल शिक्षण-जनशक्ति का पाँचवा हिस्सा भी नहीं थी और केवल 1 प्रतिशत बढ़कर 1975-76 में 17 प्रतिशत से 1995 में मात्र 18 प्रतिशत हुई।

उच्च प्राथमिक स्तर पर भी महिला शिक्षिकाओं का प्रतिशत कुल शिक्षकों का पाँचवा भाग है जो 1980-81 से आगे भी स्थिर रहा है। महिला शिक्षिकाओं का प्राथमिक और उच्च प्राथमिक स्तरों पर न्यून प्रतिशत गंभीर चिंता का विषय है क्योंकि महिला शिक्षिकाएँ लड़कियों को बड़ी संख्या में विद्यालयों में आकर्षित कर सकती हैं। प्राथमिक स्तर तक विद्यालय से बाहर कुल बच्चों में से 50 प्रतिशत से अधिक लड़कियाँ हैं।

सारणी 2.9

प्राथमिक और उच्च प्राथमिक विद्यालयों में शिक्षकों की संख्या

वर्ष	प्राथमिक (I-V) विद्यालय आयु वर्ग(6-11)			उच्च प्राथमिक (VI-VIII) विद्यालय आयु वर्ग (11-14)		
	अध्यापकों की कुल संख्या	अध्यापिकाओं का प्रतिशत	प्रशिक्षित अध्यापकों का प्रतिशत	अध्यापकों की कुल संख्या	अध्यापिकाओं का प्रतिशत	प्रशिक्षित अध्यापकों का प्रतिशत
1975-76	238036	17	90	59242	22	83
1980-81	247754	18	97	73101	20	94
1985-86	252621	20	94	89133	20	91
1990-91	263729	18	98	95279	20	95
1995-96	270459	18	98	97331	20	95

स्रोत:-1. एजूकेशन इन इंडिया, वाल्यूम-I 1975-76, 1980-81 और 1985-86, मानव संसाधन विकास मंत्रालय, शिक्षा विभाग, भारत सरकार, नई दिल्ली

2. सेलेक्टेड ऐजुकेशनल स्टेटस्टिक्स, 1990-91 और 1995-96, मानव संसाधन विकास मंत्रालय, शिक्षा विभाग, भारत सरकार, नई दिल्ली

माध्यमिक शिक्षा

सारणी 2.10 राज्य में हाईस्कूल और इण्टरमीडिएट कॉलेजों की कुल संख्या को दर्शाती है। हाईस्कूल तथा इण्टर कॉलेजों की संख्या वर्ष 1975-76 में 4473 से 1995-96 में 6988 हुई जो कुल 50 प्रतिशत से अधिक की वृद्धि है ।

सारणी 2.10

हाईस्कूल एवं इण्टरमीडिएट कॉलेजों की संख्या

वर्ष	कुल संख्या
1975-76	4473
1980-81	5178
1985-86	5625
1990-91	6006
1995-96	6988

स्रोत:-1. एजूकेशन इन इंडिया, वाल्यूम-I 1975-76, 1980-81 और 1985-86, मानव संसाधन विकास मंत्रालय, शिक्षा विभाग, भारत सरकार, नई दिल्ली

2. सेलेक्टेड ऐजुकेशनल स्टेटस्टिक्स, 1990-91 और 1995-96, मानव संसाधन विकास मंत्रालय, शिक्षा विभाग, भारत सरकार, नई दिल्ली

हाईस्कूल तथा इण्टरमीडिएट कॉलेज स्तर पर कुल नामांकन में 251.56 प्रतिशत की वृद्धि हुई। सारणी 2.11 के अनुसार 1975-76 के 9.95 लाख बच्चों की संख्या 1995-96 में बढ़कर कुल 34.98 लाख बच्चे हो गई। बालिकाओं का नामांकन 1975-76 में 1.63 लाख से बढ़कर 1995-96 में 8.40 लाख हो गया। तथापि यह उल्लेखनीय है कि इस स्तर पर बालिकाओं के नामांकन में वृद्धि 20 वर्षों की अवधि से लगभग पांच गुना थी।

सारणी 2.12 हाईस्कूल तथा इण्टरमीडिएट कॉलेजों में शिक्षकों की संख्या दर्शाती है। शिक्षकों की कुल संख्या 1975-76 से घट गई। महिला शिक्षिकाओं का प्रतिशत हाईस्कूलों तथा इण्टरमीडिएट कॉलेजों में कमोबेश वही रहा।

सारणी 2.11

हाईस्कूल तथा इण्टरमीडिएट कॉलेज स्तर पर नामांकन

(लाख में)

वर्ष	कुल नामांकन	बालिकाओं का नामांकन
1975-76	9.95	1.63
1980-81	12.02	1.87
1985-86	18.15	3.10
1990-91	29.64	6.98
1995-96	34.98	8.40
वार्षिक वृद्धि दर		
1975-80	3.86	2.86
1980-85	8.60	10.63
1985-90	10.30	17.64
1990-93	3.73	4.42

स्रोत:-1. एजूकेशन इन इंडिया, वाल्यूम-I 1975-76, 1980-81 और 1985-86, मानव संसाधन विकास मंत्रालय, शिक्षा विभाग, भारत सरकार, नई दिल्ली

2. सेलेक्टेड ऐजुकेशनल स्टैटस्टिक्स, 1990-91 और 1995-96, मानव संसाधन विकास मंत्रालय, शिक्षा विभाग, भारत सरकार, नई दिल्ली

सारणी 2.12

हाईस्कूल तथा इण्टरमीडिएट कॉलेजों में शिक्षकों की संख्या

वर्ष	कुल अध्यापक	अध्यापिकाओं का प्रतिशत	प्रशिक्षित अध्यापकों का प्रतिशत
1975-76	102349	17	88
1980-81	115859	17	95
1985-86	124677	16	96
1990-91	96695	17	97
1995-96	99757	17	97

स्रोत : 1. एजूकेशन इन इंडिया, वाल्यूम-I 1975-76, 1980-81 और 1985-86, मानव संसाधन विकास मंत्रालय, शिक्षा विभाग, भारत सरकार, नई दिल्ली

2. सेलेक्टेड ऐजुकेशनल स्टेटस्टिक्स, 1990-91 और 1995-96, मानव संसाधन विकास मंत्रालय, शिक्षा विभाग, भारत सरकार, नई दिल्ली

शैक्षिक विकास के संकेतक

परिशिष्ट-II में शैक्षिक विकास के कुछ चुने हुए संकेतक अखिल भारत के सापेक्ष उत्तर प्रदेश के लिए दिए गए हैं। ये संकेतक सामान्यतः तीन समय-बिंदुओं अर्थात् 1973, 1978 और 1986 में जनांकिकी साक्षरता, निरक्षरता, शैक्षिक सुविधाओं की उपलब्धता, संस्थाओं, नामांकन, शिक्षकों और शिक्षा पर बजट-व्यय आदि से संबंधित हैं।

उच्च शिक्षा

स्वतंत्रता प्राप्ति के समय उत्तर प्रदेश में 5 विश्वविद्यालय और 16 डिग्री कॉलेज थे। इस समय (1996-97) राज्य में कुल 21 विश्वविद्यालय, मानद विश्वविद्यालयों के रूप में 5 संस्थाएँ और 590 महाविद्यालय और परास्नातक कॉलेज, 131 महिला महाविद्यालयों को सम्मिलित करते हुए हैं। 590 महाविद्यालयों में से 99 राजकीय विद्यालय और 491 अशासकीय निजी महाविद्यालय हैं।

सारणी 2.13

जनपदवार महाविद्यालय/परास्नातक कॉलेज, छात्रों और शिक्षकों की संख्या

(1996-97)

जिला	संबद्ध विश्वविद्यालय का नाम	कॉलेजों की संख्या	विद्यार्थियों की संख्या	अध्यापकों की संख्या
देहरादून	गढ़वाल विश्वविद्यालय	8	26359	429
उत्तर काशी	गढ़वाल विश्वविद्यालय	3	1620	64

चमोली	गढ़वाल विश्वविद्यालय	5	3344	132
गढ़वाल	गढ़वाल विश्वविद्यालय	4	4099	118
टेहरी-गढ़वाल	गढ़वाल विश्वविद्यालय	2	284	15
योग	गढ़वाल क्षेत्र	22	35706	758
नैनीताल	कुमायूँ विश्वविद्यालय	3	8928	117
ऊधमसिंह नगर	कुमायूँ विश्वविद्यालय	6	6981	98
अल्मोड़ा	कुमायूँ विश्वविद्यालय	7	1989	102
पिथौरागड़	कुमायूँ विश्वविद्यालय	6	8700	154
योग	कुमायूँ क्षेत्र	22	26598	471
मेरठ	मेरठ विश्वविद्यालय	21	38280	830
गाजियाबाद	मेरठ विश्वविद्यालय	17	27725	550
सहारनपुर	मेरठ विश्वविद्यालय	6	13390	249
हरिद्वार	मेरठ विश्वविद्यालय	7	6084	116
बुलंदशहर	मेरठ विश्वविद्यालय	15	12790	284
मुजफ्फरनगर	मेरठ विश्वविद्यालय	11	16415	339
योग	मेरठ क्षेत्र	77	114684	2368
मुरादाबाद	रूहेलखण्ड विश्वविद्यालय	13	23745	454
रामपुर	रूहेलखण्ड विश्वविद्यालय	3	2863	126
बिजनौर	रूहेलखण्ड विश्वविद्यालय	8	10826	201
योग	मुरादाबाद क्षेत्र	24	37434	781
बरेली	रूहेलखण्ड विश्वविद्यालय	8	16412	276
पीलीभीत	रूहेलखण्ड विश्वविद्यालय	4	3366	44
शहजहाँपुर	रूहेलखण्ड विश्वविद्यालय	5	5434	103
बदायूँ	रूहेलखण्ड विश्वविद्यालय	6	2911	62
योग	बरेली क्षेत्र	23	28123	485
आगरा	आगरा विश्वविद्यालय	9	25944	613
फिरोजाबाद	आगरा विश्वविद्यालय	11	13840	260
मथुरा	आगरा विश्वविद्यालय	9	12527	247
अलीगढ़	आगरा विश्वविद्यालय	9	20899	468
एटा	आगरा विश्वविद्यालय	10	11592	162
मैनपुरी	आगरा विश्वविद्यालय	4	5590	74
योग	आगरा क्षेत्र	52	90392	1824
लखनऊ	लखनऊ विश्वविद्यालय	21	56050	839
हरदोई	कानपुर विश्वविद्यालय	4	3096	76

सीतापुर	कानपुर विश्वविद्यालय	7	4831	72
लखीमपुर खीरी	कानपुर विश्वविद्यालय	3	8514	87
रायबरेली	कानपुर विश्वविद्यालय	7	9158	155
उन्नाव	कानपुर विश्वविद्यालय	5	4459	111
योग	लखनऊ क्षेत्र	47	86108	1360
फैजाबाद	अवध विश्वविद्यालय	6	14719	165
सुल्तानपुर	अवध विश्वविद्यालय	8	17331	211
अंबेडकर नगर	अवध विश्वविद्यालय	5	10485	131
बाराबंकी	अवध विश्वविद्यालय	6	5084	64
गोण्डा	अवध विश्वविद्यालय	5	10246	165
बहराईच	अवध विश्वविद्यालय	5	6125	71
योग	फैजाबाद क्षेत्र	35	63990	807
गोरखपुर	गोरखपुर विश्वविद्यालय	19	21754	321
महाराजगंज	गोरखपुर विश्वविद्यालय	4	5296	50
बस्ती	गोरखपुर विश्वविद्यालय	9	11197	156
सिद्धार्थनगर	गोरखपुर विश्वविद्यालय	3	3347	79
देवरिया	गोरखपुर विश्वविद्यालय	12	15635	261
पडरौना	गोरखपुर विश्वविद्यालय	4	11295	139
योग	गोरखपुर क्षेत्र	51	68524	1006
आजमगढ़	पूर्वांचल विश्वविद्यालय	15	20423	352
मऊ	पूर्वांचल विश्वविद्यालय	8	5759	78
बलिया	पूर्वांचल विश्वविद्यालय	16	19206	307
जौनपुर	पूर्वांचल विश्वविद्यालय	26	31366	482
योग	आजमगढ़ क्षेत्र	65	76754	1219
वाराणसी	काशी हिंदू एवं पूर्वांचल विश्वविद्यालय	24	34456	599
भदोही	पूर्वांचल विश्वविद्यालय	2	9254	110
गाजीपुर	पूर्वांचल विश्वविद्यालय	25	17756	277
मिर्जापुर	पूर्वांचल विश्वविद्यालय	5	8461	101
सोनभद्र	पूर्वांचल विश्वविद्यालय	4	3832	45
योग	वाराणसी क्षेत्र	60	73759	1132
इलाहाबाद	इलाहाबाद, कानपुर एवं पूर्वांचल विश्वविद्यालय	20	31041	623
फतेहपुर	कानपुर विश्वविद्यालय	4	2949	52

प्रतापगढ़	अवध विश्वविद्यालय	8	11325	166
योग	इलाहाबाद क्षेत्र	32	45315	841
कानपुर नगर	कानपुर विश्वविद्यालय	22	61006	1223
कानपुर देहात	कानपुर विश्वविद्यालय	10	1347	40
इटावा	कानपुर विश्वविद्यालय	8	13667	255
फरूखाबाद	कानपुर विश्वविद्यालय	11	10060	169
योग	कानपुर क्षेत्र	51	86080	1687
झांसी	बुन्देलखण्ड विश्वविद्यालय	8	20434	159
जालौन	बुन्देलखण्ड विश्वविद्यालय	7	7375	150
बांदा	बुन्देलखण्ड विश्वविद्यालय	6	8231	169
हमीरपुर	बुन्देलखण्ड विश्वविद्यालय	3	3245	83
महोबा	बुन्देलखण्ड विश्वविद्यालय	2	845	22
ललितपुर	बुन्देलखण्ड विश्वविद्यालय	3	2031	33
योग	झांसी क्षेत्र	29	42161	616
महायोग	उत्तर प्रदेश	590	875628	15355

स्रोतः उच्च शिक्षा निदेशालय, उत्तर प्रदेश, इलाहाबाद, 1998

सारणी 2.13 के अनुसार स्नातक पाठ्यक्रमों में 1996-97 में 590 कॉलेजों में 876 हजार छात्र अध्ययन कर रहे थे। शैक्षिक वर्ष 1991-92 से वाराणसी के उदय प्रताप कॉलेज को स्वायत्तशासी कॉलेज का दर्जा प्रदान किया गया है। इलाहाबाद में इविंग क्रिश्चयन कॉलेज को भी स्वायत्तशासी कॉलेज का दर्जा 1994-95 में प्रदान किया गया है। इंदिरा गाधी मुक्त विश्वविद्यालय (इग्नू) का क्षेत्रीय कार्यालय लखनऊ में स्थापित किया गया है और राज्य में 24 संपर्क केंद्र भी खोले गए हैं।

21 विश्वविद्यालयों और डीम्ड विश्वविद्यालयों के रूप में 5 संस्थाओं की सूची, स्थापना के वर्ष सहित सारणी 2.14 में दी गई है।

सारणी 2.14

उत्तर प्रदेश में विश्वविद्यालयों/मानद विश्वविद्यालयों के नाम

क्र. संख्या	विश्वविद्यालय का नाम	स्थापना का वर्ष
क	**केंद्रीय विश्वविद्यालय**	
1	काशी हिंदू विश्वविद्यालय, वाराणसी	1916
2	अलीगढ़ मुस्लिम विश्वविद्यालय, अलीगढ़	1921

ख	**सामान्य शिक्षा प्रदान करने वाले राज्य विश्वविद्यालय**	
3	इलाहाबाद विश्वविद्यालय, इलाहाबाद	1887
4	लखनऊ विश्वविद्यालय, लखनऊ	1921
5	आगरा विश्वविद्यायल (डा. भीमराव अंबेडकर विश्वविद्यालय, 1995), आगरा	1927
6	गोरखपुर विश्वविद्यालय (दीन दयाल उपाध्याय, गोरखपुर विश्वविद्यालय, 1997) गोरखपुर	1957
7	संपूर्णानन्द संस्कृत विश्वविद्यालय, वाराणसी	1958
8	कानपुर विश्वविद्यालय (छत्रपति साहु जी महाराज विश्वविद्यालय 1997), कानपुर	1965
9	मेरठ विश्वविद्यालय (चौधरी चरण सिंह विश्वविद्यालय) मेरठ	1965
10	हेमवती नन्दन बहुगुणा विश्वविद्यालय, पौढ़ी-गढ़वाल	1973
11	कुमाऊँ विश्वविद्यालय, नैनीताल	1973
12	काशी विद्यापीठ (महात्मा गांधी काशी विद्यापीठ 1995), वाराणसी	1974
13	रूहेलखण्ड विश्वविद्यालय (महात्मा ज्योतिबा फूले रूहेलखण्ड विश्वविद्यालय 1997), बरेली	1975
14	अवध विश्वविद्यालय (डॉ. राम मनोहर लोहिया अवध विश्वविद्यालय 1995) फैज़ाबाद	1975
15	बुन्देलखण्ड विश्वविद्यालय, झांसी	1987
16	पूर्वांचल विश्वविद्यालय, जौनपुर	1987
ग	**विशेष प्रकार की शिक्षा प्रदान करने वाले राज्य विश्वविद्यालय**	
17	डा. भीमराव अंबेडकर विश्वविद्यालय, लखनऊ	1989
घ	**कृषि विश्वविद्यालय**	
18	गोविंद बल्लभ पंत कृषि एवं तकनीकी विश्वविद्यालय, पंतनगर, नैनीताल	1960
19	चंद्रशेखर आजाद कृषि एवं तकनीकी विश्वविद्यालय, कानपुर	1974
20	आचार्य नरेन्द्र देव कृषि एवं तकनीकी विश्वविद्यालय, फैजाबाद	1974
ड.	**अभियंत्रण विश्वविद्यालय**	
21	रूड़की अभियंत्रण विश्वविद्यालय, रूड़की (✱)	1947
च	**मानद विश्वविद्यालय**	
22	गुरुकुल कांगड़ी विश्वविद्यालय, हरिद्वार	1962
23	दयालबाग शिक्षा संस्थान, दयालबाग, आगरा	1981
24	भारतीय पशु शोध संस्थान, इज्जतनगर, बरेली	1983
25	केन्द्रीय टिबैटियन उच्च शिक्षा संस्थान, सारनाथ, वाराणसी	1989
26	वन शोध संस्थान, देहरादून	1991

स्रोत: उच्च शिक्षा निदेशालय, उत्तर प्रदेश, इलाहाबाद, 1998

उत्तर प्रदेश में शिक्षा प्रणाली और इसके विकास की समीक्षा संकेत करती है कि राज्य ने गैर-नामांकित बच्चों, विशेषतया 6-14 वय वर्ग में समस्या का सामना करने के लिए शैक्षिक सुविधाओं के सृजन और विस्तार के लिए कठिन प्रयास किए हैं परन्तु विषमताएँ, जिले के मध्य और जिले के अंतर्गत, समाज के विभिन्न समूहों और जातियों के मध्य, साथ ही बालक-बालिकाओं में व्यापक रूप से विद्यमान हैं जिन पर तत्काल ध्यान दिये जाने की आवश्यकता है और स्थिति में सुधार के लिए एक सजग मूल्यांकन अपेक्षित है।

अध्याय-3

शिक्षा का विधिक आधार

भारतीय संविधान केंद्र के संघटक राज्यों को विधायी प्राधिकारी का आधारिक विधि संमत ढाँचा प्रदान करता है। संविधान के 42वें संशोधन में शिक्षा को समवर्ती सूची में रखा गया है, जिससे कि शिक्षा केंद्र और राज्यों का संयुक्त उत्तरदायित्व हो गया है। शैक्षिक नीतियों और कार्यक्रमों के प्रभावी क्रियान्वयन के लिए केंद्रीय सरकार तथा राज्य सरकारें, दोनों समय-समय पर कानून बना सकती हैं। उत्तर प्रदेश में निम्नांकित अधिनियम और संहिताएँ विधिक आधार प्रदान करते हैं :

- उत्तर प्रदेश माध्यमिक शिक्षा अधिनियम, 1921
- उत्तर प्रदेश हाईस्कूल तथा इण्टरमीडिएट कॉलेजेज़ (अध्यापकों और अन्य कर्मचारियों के वेतन का भुगतान) अधिनियम, 1971
- उत्तर प्रदेश बेसिक शिक्षा अधिनियम, 1972
- उत्तर प्रदेश शैक्षिक संस्थाएँ (आस्तियों का अपव्यय निवारण) अधिनियम, 1974
- उत्तर प्रदेश जूनियर हाईस्कूल (अध्यापकों और अन्य कर्मचारियों के वेतन का भुगतान) अधिनियम, 1978
- उत्तर प्रदेश पाठ्य-पुस्तकें अधिनियम, 1979
- उत्तर प्रदेश माध्यमिक शिक्षा सेवा आयोग और चयन बोर्ड अधिनियम, 1982
- उत्तर प्रदेश सार्वजनिक परीक्षाएँ (अनुचित साधनों का निवारण) अधिनियम, 1992/1998, और
- उत्तर प्रदेश शिक्षा संहिता, 1958

उत्तर प्रदेश माध्यमिक शिक्षा अधिनियम, 1921

उत्तर प्रदेश माध्यमिक शिक्षा अधिनियम संविधान के पूर्व का अधिनियम है, जिसे

1921 में संयुक्त प्रांत में हाईस्कूल तथा इण्टरमीडिएट शिक्षा पद्धति का विनियमन और पर्यवेक्षण करने तथा इस संबंध में इलाहाबाद विश्वविद्यालय का स्थान लेने तथा पाठ्यक्रम विहित करने की दृष्टि से एक परिषद की स्थापना के लिए पारित किया गया था। कलकत्ता विश्वविद्यालय आयोग की सँस्तुतियों के फलस्वरूप माध्यमिक और इण्टरमीडिएट शिक्षा के क्षेत्र में यह एक नई व्यवस्था थी। इस व्यवस्था में (तत्कालीन) विश्वविद्यालयों से हाईस्कूल की मान्यता और परीक्षा की व्यवस्था ही पृथक नहीं की गई वरन् विश्वविद्यालय शिक्षा से इण्टरमीडिएट शिक्षण को भी पृथक किया गया। इस परिषद को 1921 तक हाईस्कूल शिक्षा के लिए सेन्ट्रल बोर्ड आफ द स्कूल लीविंग सर्टिफिकेट एक्जामिनेशन के दायित्व तथा इलाहाबाद विश्वविद्यालय द्वारा किए जा रहे इण्टरमीडिएट शिक्षा से संबंधित कृत्य एवं विश्वविद्यालय में प्रवेश हेतु मैट्रीकुलेशन की परीक्षा का भार सौंपा गया।

इस अधिनियम के प्रवर्तन की प्रारम्भिक अवस्था में अशासकीय प्रबंधतंत्रों द्वारा संचालित शिक्षण संस्थाओं के नियमन के लिए कोई समुचित प्रावधान नहीं था। वर्ष 1958 में अधिनियम के विभिन्न प्रावधानों में संशोधन किया गया और पर्यवेक्षण की परिवर्धित विधायी शक्तियाँ परिषद को प्रदान की गईं। इन संशोधनों के प्रमुख कारणों में से एक कारण शिक्षा की आगे की गिरावट को रोकना और शिक्षकों की उपयुक्त सेवा शर्तों का विधान करना था जिससे कि अध्यापकों और प्रबंधतंत्र के बीच सौहार्दपूर्ण संबंध बढ़ें और प्रबंधतंत्रों को संस्थाओं के अधिक कुशल संचालन हेतु सुविधाएँ प्रदान की जा सकें। इन संशोधनों को अशासकीय संस्थाओं के प्रबंधतंत्रों द्वारा उच्चतम न्यायालय तक चुनौती दी गई, किंतु न्यायालय द्वारा इन संशोधनों को वैध ठहराया गया। वर्ष 1958 के बाद से इस अधिनियम और इसके अधीन तैयार की गई विनियमावलियों के अधीन मान्यता प्राप्त सभी संस्थाएँ, जो राज्य सरकार से अनुदानित हैं, परिषद के सीधे नियंत्रण में आ गईं। इस अधिनियम को पुनः समय-समय पर संशोधित किया गया है।

इस अधिनियम के प्रावधानों को क्रियान्वित करने के लिए धारा-3 में परिषद का संगठन है। धारा-7 में परिषद के अधिकारों का जिसमें उसके दायित्व और कृत्य भी निहित हैं, धारा-9 में राज्य सरकार के अधिकार सुरक्षित है। धारा-10 से धारा-14क में परिषद के सभापति के अधिकार और कर्त्तव्य, सचिव की नियुक्ति, उसके अधिकार और कर्त्तव्य, समितियों की नियुक्ति और परिषद द्वारा समितियों को प्रत्यर्पित अधिकारों का प्रयोग समाविष्ट है। धारा-15 परिषद को उ0प्र0 शासन के पूर्वानुमोदन से विनियम बनाने का अधिकार प्रदान करती है।

धारा-16क में प्रत्येक संस्था के लिए, चाहे उसे इस अधिनियम के लागू होने के पूर्व अथवा बाद में मान्यता दी गई हो, प्रशासन योजना की व्यवस्था है। नये प्रावधान के अंतर्गत धारा-16क (7) संभागीय शिक्षा उप निदेशक को यह अधिकार

प्रदान करती है, जिसके अनुसार वह जब कभी किसी संस्था के प्रबंध के संबंध में कोई विवाद हो, जाँच के पश्चात विवाद का निस्तारण कर सकता है। धारा-16ड. में अध्यापकों और संस्था के प्रधानों की नियुक्ति की प्रक्रिया है और धारा-16ड ड. छटनी किए गए कर्मचारियों के समायोजन से संबंधित हैं। इसी अधिनियम की धारा-16च (1)-संस्था के प्रधान की नियुक्ति के लिए अभ्यर्थियों के चयन हेतु एक समिति तथा उप धारा-(2) संस्था में अध्यापकों की नियुक्ति के लिए अभ्यर्थियों के चयन हेतु एक दूसरी चयन समिति का विधान करती है। इस अधिनियम की धारा-16घ में शिक्षा निदेशक को किसी मान्यता प्राप्त संस्था का समय-समय पर निरीक्षण करने तथा निरीक्षण में पायी गई त्रुटियों को दूर करने के लिए प्रबंधाधिकरण को निर्देश देने का अधिकार है। इसी के साथ उप धारा 2 और 3 के अंतर्गत निरीक्षण की दृष्टि से यह सुनिश्चित किया जाना है कि प्रबंधाधिकरण ने अधिनियम में निर्धारित अर्हताओं के अनुसार अध्यापकों की नियुक्ति की है। अधिनियम की धारा-16छ संस्थाओं के प्रधानाध्यापकों, अध्यापकों और अन्य कर्मचारियों की सेवा शर्तों से संबंधित है। इस धारा की उप धारा-2ख में निरीक्षक को यह अधिकार है कि वह प्रबंधाधिकरण द्वारा (संस्थाओं के प्रधानाध्यापकों के प्रति) प्रस्तावित दण्ड को स्वीकृत या अस्वीकृत कर सकता है या उसे घटा-बढ़ा सकता है। इसी धारा का 'ग' खण्ड निरीक्षक के आदेशों के विरूद्ध संभागीय शिक्षा उप निदेशक के समक्ष किसी भी पक्ष को अपील प्रस्तुत करने का अधिकार प्रदान करता है। इस धारा की उप धारा-4 के अनुसार सक्षम प्राधिकारी द्वारा दिए गए आदेशों या निर्णय पर किसी न्यायालय में कोई आपत्ति नहीं की जा सकती और संबंधित पक्ष आदेश या निर्णय में दिए गए निर्देशों को उसी अवधि के भीतर निष्पादित करने के लिए बाध्य है। अधिनियम की धारा-16छ छ दिनांक 24.7.1977 से प्रभावी हुई, जो तदर्थ अध्यापकों की नियुक्ति के विनियमितीकरण से संबंधित है। धारा-16ज संस्थाओं के कतिपय वर्गों को कुछ धाराओं के प्रचलन से मुक्त करने विषयक है। 16झ शक्तियों को प्रतिनिहित करने से संबंधित है।

धारा 17 को निरस्त कर दिया गया है। धारा-18 परिषद के निर्वाचित या नाम निर्दिष्ट किसी सदस्य के आकस्मिक रिक्ति से संबंधित है। परिषद या उसके द्वारा नियुक्त किसी समिति का कोई कार्य या कार्यवाही इसी कारण अवैध न होगी कि उसकी समितियों ने कोई रिक्ति या रिक्तियाँ वहन की, इसकी व्यवस्था अधिनियम की धारा-19 में है। अधिनियम की धारा-20 परिषद तथा समितियों को उप विधियाँ बनाने का अधिकार प्रदान करती है। अधिनियम की धारा 21 सद्भावना से किए गए कार्य आदि के लिए संरक्षण प्रदान करती है और अधिनियम की धारा-22 अधिनियम के प्रावधानों अथवा इसके अधीन प्राप्त किसी अधिकार के प्रयोग में अथवा उसकी समिति द्वारा दिए गए किसी आदेश व निर्णय पर किसी

न्यायालय में कोई आपत्ति न करने विषयक है।

उत्तर प्रदेश हाईस्कूल और इण्टरमीडिएट कॉलेज (अध्यापकों और अन्य कर्मचारियों का वेतन का भुगतान) अधिनियम, 1971

राज्य सरकार से सहायता प्राप्त हाईस्कूलों और इण्टरमीडिएट कॉलेज के अध्यापकों और अन्य कर्मचारियों के वेतन भुगतान को विनियमित करने और उससे संबंधित विषयों की व्यवस्था करने के लिए, उ0प्र0 हाईस्कूल और इण्टरमीडिएट कॉलेजेज़ (अध्यापकों और अन्य कर्मचारियों के वेतन का भुगतान) अधिनियम 1 अगस्त, 1971 से प्रभावी है।

अधिनियम की धारा-5 में अध्यापकों और अन्य कर्मचारियों का वेतन भुगतान करने की प्रक्रिया का उल्लेख है। प्रत्येक संस्था के प्रबंधतंत्र के लिए यह अधिदेशात्मक है कि राज्य द्वारा प्राधिकृत अधिकारी के निर्देशानुसार विद्यार्थियों से प्राप्त शुल्क आय की धनराशि 80 प्रतिशत अथवा इससे अधिक प्रबंधतंत्र के एक प्रतिनिधि और निरीक्षक अथवा उसके द्वारा प्राधिकृत अधिकारी के खाते में जो कि संयुक्त संचालन में हो, जमा की जाए।

इस अधिनियम के अंतर्गत राज्य सरकार किसी ऐसी धनराशि को, जिसके संबंध में कोई दायित्व उद्घृत हो, उसे संस्था से या उसमें निहित संपत्ति की आय को कुर्की द्वारा वसूल कर सकती है। संस्था का यह दायित्व है कि वह अध्यापक या कर्मचारी के सभी देयों का भुगतान करे।

जिला विद्यालय निरीक्षक को यदि यह विश्वास हो जाता है कि प्रबंधतंत्र अधिनियम के अंतर्गत दिए गए निर्देशों का अनुपालन करने में असफल है तो, वह मण्डलीय उप शिक्षा निदेशक को उक्त संस्था के विरूद्ध कार्रवाई करने के लिए संस्तुति कर सकता है। मण्डलीय उप शिक्षा निदेशक को यह अधिकार है कि वह एक वर्ष से कम अवधि के लिए प्रबंधतंत्र का अतिक्रमण करके किसी व्यक्ति को, उक्त संस्था का प्रबंध अपने हाथ में लेने के लिए प्राधिकृत कर सकता है। समय-समय पर इस अवधि को बढ़ाया जा सकता है, किंतु इस प्रकार बढ़ायी गई अवधि कुल मिलाकर 5 वर्ष से अधिक न होगी अथवा इस आदेश को किसी भी समय विखंडित किया जा सकता है।

उत्तर प्रदेश बेसिक शिक्षा अधिनियम, 1972

यह अधिनियम अगस्त, 1972 से प्रभावी है। इस अधिनियम के प्रावधान के प्रभावी होने पर नगरपालिका/नगरपालिका बोर्ड और जिला परिषदों की सभी शैक्षिक संस्थाएँ जो प्राथमिक शिक्षा प्रदान कर रही थीं, वे सभी इस अधिनियम के अंतर्गत बेसिक शिक्षा परिषद को उसके गठन के साथ स्थानांतरित हो गईं। इस अधिनियम में बेसिक शिक्षा परिषद के गठन की व्यवस्था है तथा यह अधिनियम पूरे प्रदेश में लागू है।

बेसिक शिक्षा का तात्पर्य ऐसे स्कूलों से है, जहाँ पर 8वीं कक्षा तक शिक्षा दी जाती है। अधिनियम के अनुच्छेद-4 में परिषद के कृत्यों का उल्लेख है, जो राज्य में बेसिक शिक्षा तथा उसके लिए अध्यापक प्रशिक्षण दिए जाने को संगठित करना, उसका समन्वय करना तथा उस पर नियंत्रण करने से संबंधित है। इस हेतु परिषद के प्रमुख दायित्वों में सम्मिलित है: (क) बेसिक शिक्षा हेतु अध्यापक प्रशिक्षण के कार्यक्रमों का आयोजन तथा पुस्तकें एवं पाठ्यक्रम को विहित करना, (ख) जूनियर बेसिक स्कूलों एवं जूनियर हाईस्कूलों कि लिए परीक्षाओं का संचालन करना और डिप्लोमा एवं सर्टिफिकेट (प्रमाणपत्र) प्रदान करना (ग) बेसिक शिक्षा प्रदान करने वाली शैक्षिक संस्थाओं को मान्यता प्रदान करना, उनका पर्यवेक्षण तथा नियंत्रण करना, (घ) प्रदेश के किसी भी क्षेत्र में बेसिक शिक्षा के विकास हेतु योजनाओं का संयोजन, अनुमोदन, और (ड.) राज्य सरकार तथा अन्य स्रोतों से संयोजन, अनुदान, आर्थिक सहायता एवं ऋण प्राप्त करना।

परिषद को राज्य सरकार के पूर्वानुमोदन से आवश्यकतानुसार अधिकारियों, अध्यापकों तथा अन्य कर्मियों को नियुक्त करने का अधिकार है। इनकी सेवा-शर्तें राज्य सरकार द्वारा निर्धारित नियमों के अधीन व्यवहृत होती हैं। परिषद के पास अपनी निधि है और परिषद को प्राप्त सभी धनराशियाँ इसमें जमा की जाती हैं। इस अधिनियम द्वारा प्राधिकृत उद्देश्यों अथवा प्रयोजनों के लिए ऐसी धनराशियाँ, जिसे परिषद उचित समझे, व्यय करने के लिए वह अधिकृत है।

अधिनियम के अनुच्छेद-10 के प्रावधानों के अंतर्गत जिला बेसिक शिक्षा समितियों तथा नगर बेसिक शिक्षा समितियों के गठन का प्रावधान है, जो संबंधित क्षेत्र में बेसिक शिक्षा की व्यवस्था के लिए उत्तरदायी हैं। प्रत्येक गाँव या गाँव समिति के लिए एक गाँव शिक्षा समिति स्थापित करने का प्रावधान अनुच्छेद-11 में है। यह समिति जिला बेसिक शिक्षा समिति को बेसिक स्कूलों के प्रबंधन आदि के लिए सुझाव देने हेतु अधिकृत है।

अधिनियम के अनुच्छेद-12 के अनुसार शिक्षा निदेशक (बेसिक) को प्राथमिक विद्यालयों के प्रभावी नियंत्रण हेतु निर्देश देने का अधिकार है जिसके अंतर्गत विद्यालयों का सामान्य या विशिष्ट निरीक्षण सम्मिलित है। वह किसी बेसिक स्कूल और बेसिक शिक्षा के संबंध में स्थानीय निकाय के कृत्यों का समाधान करने वाले अथवा उससे संबद्ध स्थानीय निकाय के अभिलेखों और उसकी कार्यवाहियों का समय-समय पर निरीक्षण कर सकता है अथवा करा सकता है। अगर किसी बेसिक स्कूल का प्रबंधाधिकरण किसी निर्देश का अनुपालन करने में असफल रहता है, तो निदेशक प्रबंधाधिकरण द्वारा दिए गए स्पष्टीकरण या अभ्यावेदन पर विचार करने के पश्चात ऐसे स्कूल की मान्यता वापस लेने की भी कार्यवाही कर सकता है।

अधिनियम की धारा-19 के प्रावधानानुसार राज्य सरकार अधिनियम के प्रयोजनों को कार्यान्वित करने के लिए विशेष रूप से बेसिक स्कूलों में कर्मियों की भर्ती, नियुक्ति, सेवा शर्तें आदि के संबंध में नियम बना सकती है। इस अधिनियम द्वारा अथवा इसके अधीन प्रदत्त शक्तियों का प्रयोग करने पर परिषद अथवा इसकी समिति द्वारा दिए गए किसी आदेश या निर्णय पर किसी न्यायालय में कोई आपत्ति नहीं की जाएगी।

उत्तर प्रदेश शैक्षिक संस्थाएँ (आस्तियों का अपव्यय निवारण) अधिनियम, 1974

शिक्षण संस्थाओं के आस्तियों के अपव्यय को रोकने हेतु उ0प्र0 शैक्षिक संस्थाएँ (आस्तियों का अपव्यय निवारण) अधिनियम, 1974 में अधिनियमित हुआ। इस अधिनियम में कुल 8 धाराएँ हैं। परिसंपत्तियों की तालिका उपलब्ध कराने के लिए धारा-3 में अधिदेशात्मक प्रावधान हैं, जिसके अनुसार प्रत्येक संस्था का प्रबंधतंत्र सभी परिसंपत्तियों की तालिका निदेशक द्वारा निर्धारित प्रपत्र पर उपलब्ध कराएगा तथा विवरण में संस्था की सभी परिसंपत्तियों से संबंधित विवरण तथा सुरक्षा निधि भी सम्मिलित होगी।

उत्तर प्रदेश जूनियर हाईस्कूल (अध्यापक और अन्य कर्मचारियों के वेतन का भुगतान) अधिनियम, 1978

राज्य निधि से सहायता प्राप्त करने वाले जूनियर हाईस्कूलों के अध्यापकों और अन्य कर्मचारियों के वेतन भुगतान को विनियमित करने और उससे संबंधित विषयों की व्यवस्था करने के उद्देश्य से उत्तर प्रदेश जूनियर हाईस्कूल (अध्यापक और अन्य कर्मचारियों के वेतन का भुगतान) अधिनियम, 1978 में पारित किया गया। इस अधिनियम में 17 धाराएँ हैं।

इस अधिनियम के प्रावधानानुसार, राज्य सरकार प्रत्येक संस्था के अध्यापकों और अन्य कर्मचारियों को देय वेतन का नियत दिनांक के पश्चात निश्चित अवधि में भुगतान करने के लिए उत्तरदायी है। राज्य सरकार संस्था द्वारा देय भूराजस्व की कोई बकाया धनराशि को संबंधित संस्था से या उसमें निहित संपत्ति की आय की कुर्की द्वारा वसूल कर सकती है। इस धारा की किसी बात से अध्यापक या कर्मचारी के प्रति किसी ऐसे देय के लिए संस्था के दायित्व का अल्पीकरण नहीं समझा जाएगा। इस अधिनियम के प्रावधान के अन्तर्गत किसी भी निर्देश अथवा प्रावधान का अनुपालन न करना दण्डनीय है।

उत्तर प्रदेश पाठ्य-पुस्तक अधिनियम, 1979

वर्ष 1979 में उत्तर प्रदेश पाठ्य-पुस्तक अधिनियम अस्तित्व में आया। यह

अधिनियम जनहित में पाठ्य-पुस्तकों के उत्पादन, नियंत्रण, आपूर्ति तथा वितरण और व्यापार तथा वाणिज्य के संबंध में बनाया गया। इस अधिनियम की कुल 19 धाराएँ हैं।

उत्तर प्रदेश माध्यमिक शिक्षा सेवा आयोग और चयन बोर्ड अधिनियम, 1982

उत्तर प्रदेश माध्यमिक शिक्षा सेवा आयोग और चयन बोर्ड अधिनियम, 1982, 14 जुलाई 1981 को (प्रवृत्त समझा जायेगा) प्रभाव में आया है। इस अधिनियम में राज्य स्तर पर प्रधानाचार्यों, प्रवक्ताओं, प्रधानाध्यापकों तथा एल.टी. संवर्ग के अध्यापकों के चयन हेतु व्यवस्था है और मण्डलीय स्तर पर माध्यमिक शिक्षा चयन बोर्ड के माध्यम से अपेक्षाकृत निचले निम्नांकित पदों, जैसे-सी.टी./जे.टी.सी./बी.टी.सी. संवर्ग के अभ्यर्थियों के चयन के लिए प्रावधान है, जिससे कि उपयुक्त अभ्यर्थी संस्थाओं को उपलब्ध हो सकें।

यह व्यवस्था इस उद्देश्य से की गई है कि जो व्यक्ति शिक्षक के पद की नियुक्ति हेतु अर्हतायुक्त है, उनमें से श्रेष्ठ का चयन हो सके। इसका सहज उद्देश्य शिक्षा की गुणवत्ता को सुनिश्चित करना है।

उत्तर प्रदेश सार्वजनिक परीक्षाएँ (अनुचित साधनों का निवारण) अधिनियम, 1992/1998

सार्वजनिक परीक्षाओं में प्रश्न पत्रों के समय के पूर्व सरण (पता चलने) और अनुचित साधनों के प्रयोग को रोकने के लिए और उससे संबंधित अन्य आनुषांगिक विषयों की व्यवस्था करने हेतु उत्तर प्रदेश सार्वजनिक परीक्षाएँ अधिनियम 3 फरवरी, 1992 को प्रभाव में आया। इस अधिनियम के अंतर्गत कोई भी अपराध संज्ञेय और गैर जमानती था। यह अधिनियम 6 दिसंबर, 1993 को निरसित किया गया। वर्ष 1998 में प्रदेश शासन द्वारा पुनः उत्तर प्रदेश सार्वजनिक परीक्षाएँ (अनुचित साधनों का निवारण) अधिनियम पारित किया गया तथा यह अधिनियम 18 मार्च, 1998 से प्रभावी है। इस अधिनियम के प्रावधान उत्तर प्रदेश हाईस्कूल और इण्टरमीडिएट परिषद अथवा किसी विश्वविद्यालय अथवा किसी अन्य परिषद अथवा संस्था, जो उत्तर प्रदेश अथवा उत्तर प्रदेश अधिनियम द्वारा स्थापित हो, की परीक्षाओं पर लागू है। वर्ष 1998 के अधिनियम के अंतर्गत प्रश्न-पत्रों का लीक हो जाना या हिंसात्मक स्वरूप अपनाना आदि (की अप्राकृतिक प्राप्ति और प्रकटीकरण) संज्ञेय और गैर जमानती है परंतु अनुचित साधनों का प्रयोग संज्ञेय और जमानती अपराध है।

नियमावलियाँ

बेसिक शिक्षा अधिनियम, 1971 के प्रयोजनों को कार्यान्वित करने के लिए निम्नांकित

नियम बनाए गए हैं :

- उत्तर प्रदेश बेसिक शिक्षा परिषद कर्मचारी वर्ग नियमावली, 1973
- उत्तर प्रदेश बेसिक शिक्षा भविष्य निधि नियमावली, 1975
- उत्तर प्रदेश बेसिक स्कूल अध्यापक (बचत एवं बीमा) विवाद नियमावली, 1976
- उत्तर प्रदेश मान्यता प्राप्त बेसिक स्कूल (अध्यापकों की भर्ती तथा सेवा की शर्तें) नियमावली, 1978
- उत्तर प्रदेश बेसिक शिक्षा (अध्यापक सेवा) नियमावली, 1981

उत्तर प्रदेश शासन द्वारा उत्तर प्रदेश माध्यमिक शिक्षा सेवा आयोग और चयन बोर्ड अधिनियम, 1982 के प्रावधानों के क्रियान्वयन हेतु निम्नांकित नियमावली बनाई गई हैं :

- उत्तर प्रदेश माध्यमिक शिक्षा अधिनियम, 1921 के अंतर्गत संस्थाओं की प्रशासन योजना, संस्थाध्यक्षों एवं अध्यापकों की भर्ती, सेवा शर्तें, परिषद एवं उसकी समितियों आदि (की कठिनाइयों के निवारण करने हेतु निर्गत) से संबंधित विनियमावली, 1983
- उत्तर प्रदेश माध्यमिक शिक्षा सेवा प्रथम नियमावली 1983
- उत्तर प्रदेश माध्यमिक शिक्षा सेवा आयोग (प्रक्रिया और कार्य संचालन) विनियमावली, 1983
- उत्तर प्रदेश माध्यमिक शिक्षा सेवाएँ आयोग (दण्ड अनुमोदन की प्रक्रिया) विनियमावली, 1985
- अध्यापक-अभिभावक एसोसिएशन विनियमावली, 1986

माध्यमिक शिक्षा परिषद ने भी राज्य सरकार के पूर्वानुमोदन से विद्यालयों के प्रशासन, शिक्षण तथा शिक्षणेत्तर कर्मियों के चयन, उनके साक्षात्कार की प्रक्रिया आदि के लिए माध्यमिक शिक्षा अधिनियम के प्रावधानों के अंतर्गत विनियमावली का निर्माण किया है।

उत्तर प्रदेश शैक्षिक सेवाओं के कर्मियों की नियुक्ति तथा उनकी सेवा शर्तों के संबंध में निम्नांकित नियम बनाए गए हैं

- उत्तर प्रदेश अधीनस्थ शैक्षिक (प्रशिक्षित स्नातक) सेवाएँ नियमावली 1983, और (प्रथम संशोधन) नियमावली 1992
- उत्तर प्रदेश विशेष अधीनस्थ शैक्षिक (प्रवक्ता संवर्ग) सेवा नियमावली, 1992
- उत्तर प्रदेश अधीनस्थ शैक्षिक (उप विद्यालय निरीक्षक) सेवा नियमावली, 1992

- उत्तर प्रदेश शैक्षिक शिक्षण (अधीनस्थ राजपत्रित) सेवा नियमावली, 1993
- उत्तर प्रदेश शैक्षिक संस्थाओं का प्रांतीयकरण (कर्मचारियों का राजकीय सेवा में समायोजन) नियमावली, 1992
- उत्तर प्रदेश शैक्षिक (सामान्य शैक्षिक संवर्ग) सेवा नियमावली, 1992

संस्कृत पाठशाला (विद्यालय) और अरबी मदरसों की मान्यता हेतु उत्तर प्रदेश शासन द्वारा परिनियमावली/नियमावली तैयार की गई है :

- संपूर्णानन्द संस्कृत विश्वविद्यालय, प्रथम स्तर, 1978
- उत्तर प्रदेश अशासकीय अरबिक और पर्शियन मदरसा मान्यता नियमावली, 1987

उत्तर प्रदेश शिक्षा संहिता 1958

उत्तर प्रदेश की शिक्षा संहिता शासन के आदेशों का संकलन है, जो शिक्षा विभाग के अंतर्गत आने वाली संस्थाओं पर लागू है। शिक्षा संहिता का कोई विधिक आधार नहीं है। इस संहिता में कुल 12 अध्याय तथा 12 परिशिष्ट हैं। उत्तर प्रदेश की शिक्षा के प्रसार के फलस्वरूप प्रशासनिक ढाँचे में हुए परिवर्तनों और शिक्षा के विभिन्न स्तरों के क्षेत्र और उसकी अंतर्वस्तु में विगत वर्षों में किए गए परिवर्तनों के संदर्भ में यह अपेक्षित है कि शिक्षा संहिता को संशोधित कर अद्यतन किया जाए।

अध्याय-4

शिक्षा नीति और कार्यक्रम

उत्तर प्रदेश अपने शैक्षिक कार्यक्रमों और क्रियाकलापों में राष्ट्रीय नीतियों और मार्गदर्शन का अनुसरण करता है। राज्य सरकार को शिक्षा नीति और शिक्षा विभाग के प्रशासन संबंधी मामलों में सलाह देने के लिए स्थाई शिक्षा समिति भी है। राष्ट्रीय शिक्षा नीति (1986) के क्रियान्वयन के समय राज्य ने विभिन्न स्तरों पर सेमिनार/बहस (परिचर्चा) की एक शृंखला आयोजित की और अंततः 'राष्ट्रीय शिक्षा नीति' के आलोक में एक नवीन परिप्रेक्ष्य विकसित करने के लिए तीन दिवसीय एक संगोष्ठी आयोजित की गई, जिसमें शिक्षकों, प्रधानाचार्यों, प्रबंधकों, पदाधिकारियों, जनप्रतिनिधियों, पत्रकारों और समाज के विभिन्न समूहों के प्रतिनिधियों ने प्रतिभाग किया था।

प्राथमिक (वरीयता) क्षेत्र

राज्य में विभिन्न स्तरों पर व्यापक विचार-विमर्श से जो प्राथमिकता के क्षेत्र चिह्नित किए गए, उनका बल पुनः नए सिरे से प्राथमिक शिक्षा के सार्वजनीकरण पर था, साथ ही (क) बालिका शिक्षा को प्रमुखता देना (ख) असमानताओं को दूर करना और शैक्षिक दृष्टि से पिछड़े समूहों और क्षेत्रों की विशिष्ट आवश्यकताओं की पूर्ति कर शैक्षिक अवसरों की समानता प्रदान करना (ग) प्राथमिक स्तर पर औपचारिक शिक्षा के साथ-साथ अनौपचारिक शिक्षा कार्यक्रम चलाना तथा (घ) प्रौढ़ शिक्षा कार्यक्रम को अनुवर्तन कार्यक्रम के साथ, जिन पर अब तक पर्याप्त ध्यान नहीं दिया गया है, अग्रता देना, जिससे साक्षरता प्रतिशत को अपेक्षित स्तर तक बढ़ाया जा सके (ङ) माध्यमिक शिक्षा तक पहुँच बनाने के लिए विशेषकर बालिका शिक्षा की दृष्टि से, असेवित क्षेत्रों को आच्छादित करना (च) माध्यमिक स्तर पर चरणबद्ध ढंग से वैयक्तिक सेवानियोजन के उद्देश्य से व्यवसायीकरण (छ) सतत् और व्यापक मूल्यांकन को सुनिश्चित करने के लिए वर्तमान परीक्षा प्रणाली में उपयुक्त परिवर्तन

(ज) प्रत्येक स्तर पर कुशलता और प्रभावशीलता को बढ़ावा देने के लिए उपयुक्त उपायों के साथ-साथ शिक्षा में गुणवत्ता संवर्धन और (झ) सेवारत प्रशिक्षण और सतत शिक्षा कार्यक्रमों का सुदृढ़ीकरण भी वरीयता क्षेत्र के अंतर्गत हैं।

प्रारम्भिक शिक्षा

आठवीं पंचवर्षीय योजना (1992-97) के लक्ष्यों के अनुसार वर्ष 1997 की समाप्ति तक राज्य में 17,940 हजार बच्चों (6-11 वयवर्ग की कुल बाल आबादी का 90 प्रतिशत) को प्राथमिक विद्यालयों में नामांकित होना था। इसमें बालकों का 99 प्रतिशत और बालिकाओं का 80 प्रतिशत आच्छादन सम्मिलित था। इसी प्रकार, उच्च प्राथमिक स्तर पर 6810 हजार बच्चों को नामांकित होना था। इसमें 11-14 वयवर्ग की बाल आबादी का मात्र 56 प्रतिशत आच्छादन ही सम्मिलित था। इस वयवर्ग में बालिकाओं का नामांकन 35 प्रतिशत था, जो बालकों के 75 प्रतिशत नामांकन से काफी नीचे है। यह अनुभव किया गया कि सभी के लिए शिक्षा के लक्ष्य की प्राप्ति में अपेक्षित परिणाम पाने के लिए सार्वभौम पहुँच और सहभागिता, औपचारिक शिक्षण, अनौपचारिक शिक्षा और संपूर्ण साक्षरता अभियान की त्रि-आयामी युक्तियों को अपनाना होगा।

सातवीं पंचवर्षीय योजना के दौरान राज्य में 1313 नवीन प्राथमिक विद्यालय और 37 नवीन उच्च प्राथमिक विद्यालयों की स्थापना की गई थी। सन् 1990-91 में 2455 प्राथमिक विद्यालय और 118 उच्च प्राथमिक विद्यालय प्रारम्भ किए गए। सन् 1991-92 में 974 प्राथमिक विद्यालय और 250 उच्च प्राथमिक विद्यालय खोले गए।

तथापि उपर्युक्त लक्ष्यों को प्राप्त करने के लिए राज्य द्वारा किए गए सारे प्रयास अपेक्षित परिणाम नहीं दे सके। उदाहरण के लिए वर्ष 1995-96 में 6-11 वयवर्ग के बच्चों का कक्षा 1-5 में सकल नामांकन अनुपात 89.1 प्रतिशत था - बालकों के लिए 104.3 प्रतिशत और बालिकाओं के लिए 72.0 प्रतिशत। इसी वर्ष उच्च प्राथमिक स्तर पर सकल नामांकन 54.7 प्रतिशत था - 72.3 प्रतिशत बालकों के लिए और 34.9 प्रतिशत बालिकाओं के लिए। इससे यह सुझाव मिलता है कि सार्वभौम नामांकन, धारण और संप्राप्ति के दुर्गम लक्ष्य को प्राप्त करने के लिए चलाए जा रहे राज्य के प्रयासों को और अधिक बढ़ाने की जरूरत है। राज्य में स्कूली शिक्षा के प्रमुख कार्यक्रमों की रूपरेखा निम्नांकित अनुच्छेदों में दी जा रही है।

उत्तर प्रदेश बेसिक शिक्षा परियोजना

यह परियोजना राज्य के 10 जिलों- वाराणसी, गोरखपुर, इलाहाबाद, बांदा, नैनीताल आदि में 1993 में प्रवर्तित की गई थी। पूर्व के वाराणसी, इलाहाबाद, बांदा, इटावा,

अलीगढ़ और नैनीताल जनपदों के पुनर्गठन से काटकर बने नवीन जनपदों के सृजन के कारण जनपदों की संख्या बढ़कर 17 हो गई है।

इस परियोजना का मुख्य उद्देश्य सार्वभौम नामांकन, धारण और संप्राप्ति पर विशेष बल के साथ 6-14 वयवर्ग के सभी बच्चों को प्राथमिक शिक्षा प्रदान करना है। इस कार्यक्रम के प्रमुख संघटक हैः (क) संस्थागत क्षमता का निर्माण (ख) गुणवत्ता सुधार और संपूर्ति (ग) राज्य, जनपद और समुदाय स्तर पर संस्थाओं का सुदृढ़ीकरण (घ) नियोजन और प्रबंधन क्रियाकलापों का आधारभूत स्तर पर विकेंद्रीकरण। उ.प्र. बेसिक शिक्षा परियोजना पर अध्याय 15 में अधिक विस्तृत चर्चा की गई है।

ऑपरेशन ब्लैकबोर्ड

ऑपरेशन ब्लैकबोर्ड योजना जो भवनहीन विद्यालयों में भवन और एकल-अध्यापकीय विद्यालयों में एक और शिक्षक की व्यवस्था के साथ-साथ शिक्षण-अधिगम सामग्री प्रदान करने की दृष्टि से उद्दिष्ट, वर्ष 1987-88 में राज्य के 277 विकास खण्डों में आरम्भ की गई। अध्याय-11 में इस पर चर्चा की गई है।

विद्यालय भवन

विद्यालय के उपयुक्त प्रबंध के लिए भवन सर्वाधिक महत्वपूर्ण है। सातवीं पंचवर्षीय योजना के अंत तक राज्य में 5,086 प्राथमिक विद्यालय भवनविहीन थे। इसके अतिरिक्त 6671 स्कूलों के पास जीर्ण और ध्वस्त भवन थे। वर्ष 1990-91 में, कुल 5086 स्कूल-भवनों के निर्माण की स्वीकृति दी गई, 1991-92 में 423, 1992-93 में 735, 1993-94 में 534, 1994-95 में 302 भवनों के निर्माण की स्वीकृति दी गई। भवन-निर्माण कार्यक्रम को जवाहर रोजगार योजना से संबद्ध किया गया है ताकि भारत सरकार से पर्याप्त धनराशि मिल सके। लगभग सभी भवनहीन या ध्वस्त भवनों वाले विद्यालयों के लिए धनराशि की व्यवस्था के यथाशक्ति प्रयास किए गए। सातवीं पंचवर्षीय योजना के अंत तक 2100 उच्च प्राथमिक विद्यालय या तो भवनहीन थे या खराब दशा वाले भवनों से युक्त थे। वर्ष 1990-91 में 100 उच्च प्राथमिक विद्यालय भवन, सन् 1991-92 में 299, 1992-93 और 1993-94 में प्रत्येक वर्ष में 117, 1994-95 में 172 उच्च प्राथमिक विद्यालय स्वीकृत किए गए।

बालिका शिक्षा के लिए सुविधा

सातवीं पंचवर्षीय योजना में असेवित क्षेत्रों में बालिकाओं के लिए स्कूली सुविधा उपलब्ध कराने के लिए विशेष प्रयत्न किए गए । योजना अवधि में कुल 94 कन्या उच्चतर माध्यमिक विद्यालय खोले गए थे। इसके अतिरिक्त राज्य में 488 विकास

खण्ड ऐसे थे, जो कन्या उच्चतर माध्यमिक विद्यालय रहित थे और जिनका आच्छादन आठवीं पंचवर्षीय योजना में प्रस्तावित था।

विज्ञान शिक्षा में सुधार

माध्यमिक विद्यालयों में विज्ञान शिक्षा की गुणवत्ता में सुधार हेतु आठवीं पंचवर्षीय योजना में विभिन्न योजनाएँ प्रस्तावित की गईं और मुख्यतया 300 राजकीय उच्चतर माध्यमिक विद्यालयों में विज्ञान प्रयोगशालाओं की स्थापना का प्रस्ताव किया गया, जिनमें यह सुविधा नहीं थी।

सहायता प्राप्त माध्यमिक विद्यालयों में विज्ञान और गणित शिक्षकों के पदों का सृजन विज्ञान शिक्षा में सुधार के लिए दूसरी प्रमुख योजना थी। आठवीं योजना अवधि में, 250 प्रवक्ताओं और 2500 स.अ. के पदों के सृजन का प्रस्ताव किया गया था।

गुणवत्ता सुधार

माध्यमिक शिक्षा के क्षेत्र में निजी प्रबंध तंत्रों का योगदान एक स्थापित तथ्य है। वित्तीय संसाधनों की कमी के कारण निजी प्रबंधतंत्रों द्वारा संचालित असाहायिक मान्यताप्राप्त माध्यमिक विद्यालय वांछित मानकों की पूर्ति नहीं कर पा रहे हैं। इसलिए वर्ष 1991-92 में 199 स्कूल अनुदान सूची में लिए गए थे। राज्य सरकार ने आठवीं पंचवर्षीय योजना में 260 और स्कूलों को अनुदान सूची में लेने का निर्णय लिया है।

संस्कृत पाठशालाएँ और अरबी मदरसे

विगत वर्षों में संस्कृत पाठशालाओं और अरबी मदरसों के विकास के लिए प्रयत्न किए गए हैं। राज्य में लगभग 1000 संस्कृत पाठशालाएँ है, जो परम्परागत तरीके से संस्कृत शिक्षण का कार्य कर रही हैं। इसके अतिरिक्त 242 सहायता प्राप्त अरबी मदरसे हैं, जो अरबी और कुछ हद तक फारसी भाषा में ज्ञान देते हैं। इन मदरसों का प्रबंध निजी संस्थाओं द्वारा किया जाता है।

शैक्षिक तकनीकी

शैक्षिक प्रौद्योगिकी (तकनीकी) विभाग इनसेट-1बी परियोजना के अंतर्गत प्रतिवर्ष लगभग 140 शैक्षिक कार्यक्रम तैयार कर रहा है। ये कार्यक्रम केंद्रीय शैक्षिक प्रौद्योगिकी संस्थान, नई दिल्ली द्वारा दूरदर्शन पर प्रसारित किए जाते हैं। 5-8 और 9-11 वय वर्ग के छात्र इन कार्यक्रमों का लक्ष्य समूह हैं। इस परियोजना में गोरखपुर, महाराजगंज, बस्ती, सिद्धार्थ नगर, आजमगढ़ और मऊ जनपदों के 900 स्कूलों में टी.वी. सेट स्थापित किए गए हैं। श्रव्य-कैसेट का उत्पादन और लगभग 16,435

टू-इन-वन की आपूर्ति के लिए अनुदान का भी प्रस्ताव किया गया था।

विज्ञान किट कार्यशाला

सातवीं परियोजना में, विज्ञान किट के निर्माण के लिए जर्मनी के सहयोग से एक "विज्ञान किट कार्यशाला" की स्थापना विज्ञान और गणित शिक्षा विभाग, इलाहाबाद के परिसर में की गई। इसके अंतर्गत रु. 22.31 लाख भवन-निर्माण पर तथा लगभग रु. 2.50 करोड़ मशीनों के क्रय और संस्थापन पर व्यय हुए थे।

अनौपचारिक शिक्षा (✶)

उत्तर प्रदेश में अनौपचारिक शिक्षा व्यवस्था औपचारिक शिक्षा व्यवस्था के पूरक के रूप में वर्ष 1980-81 में लागू की गई थी। इसी वर्ष 5,364 केंद्र प्राथमिक स्तर पर और 1,404 केंद्र उच्च प्राथमिक स्तर पर प्रारंभ किए गए। उच्च प्राथमिक शिक्षा केंद्रों को 1988-89 से समाप्त कर दिया गया। अनौपचारिक शिक्षा की वर्षवार प्रगति सारणी 4.1 में दी गई है।

वर्ष 1989-90 से अनौपचारिक शिक्षा केंद्रों को परियोजना क्षेत्र के रूप में मान्यता दी गई है। प्रत्येक परियोजना में जो एक सामाजिक और भौगोलिक इकाई है एक विकास खण्ड में 100 से 105 अनौपचारिक शिक्षा केंद्र होते हैं। एक परियोजना का सर्वोपरी प्रभारी एक परियोजना अधिकारी होता है। वर्ष 1996-97 में राज्य में 58,092 अनौपचारिक शिक्षा केंद्र संचालित थे, जिनमें 13.93 लाख बच्चे नामांकित थे।

सारणी 4.1

अनौपचारिक शिक्षा की प्रगति

वर्ष	केंद्रों की संख्या		प्रतिभागियों की संख्या (लाख में)	
	प्राथमिक स्तर	उच्च प्राथमिक स्तर	प्राथमिक स्तर	उच्च प्राथमिक स्तर
1980-81	5364	1404	1.01	0.19
1981-82	11043	2261	2.38	0.39
1982-83	16657	3085	3.71	0.65
1983-84	20857	3839	4.75	0.82
1984-85	29922	3910	7.04	0.87
1985-86	22845	2771	7.26	0.86
1986-87	29252	3157	7.24	0.79
1987-88	28965	1592	7.79	–
1988-89	34320	–	8.00	–

1989-90	45813	–	8.64	–	
1990-91	59577	–	13.99	–	
1991-92	59474	–	14.52	–	
1992-93	59068	–	13.36	–	
1993-94	54855	–	12.80	–	
1994-95	57846	–	13.51	–	
1995-96	58062	–	13.71	–	
1996-97	58092	–	13.93	–	

स्रोत : बेसिक शिक्षा निदेशालय, उत्तर प्रदेश,1998

प्रौढ़ शिक्षा

प्रौढ़ शिक्षा कार्यक्रम के अंतर्गत सातवीं पंचवर्षीय योजना में 15-35 आयु-वर्ग के 48.33 लाख व्यक्तियों को कार्यात्मक साक्षरता प्रदान की गई थी। वर्ष 1990-91 में 15-35 आयु-वर्ग के 19.97 लाख और सन् 1991-92 में 10.87 लाख लोगों को साक्षर बनाया गया। केंद्र-आधारित प्रौढ़ शिक्षा कार्यक्रमों को राज्य सरकार द्वारा 1 अप्रैल, 1992 से बंद कर दिया गया और केवल स्वयंसेवी आधारित कार्यात्मक साक्षरता कार्यक्रम और साक्षरता अभियान संचालित किए जा रहे हैं।

सारणी 4.2 यह प्रदर्शित करती हैं कि सन् 1980-81 और सन् 1996-97 के मध्य 216 लाख लोगों को शिक्षित किया गया।

सारणी 4.2

प्रौढ़ शिक्षा की वर्षवार प्रगति

वर्ष	केंद्रों की संख्या	प्रतिभागियों की संख्या (लाख में)				
		पुरुष	महिला	योग	अनु. जाति	अनु. जनजाति
1980-81	11888	2.16	1.06	3.22	0.83	0.08
1981-82	12777	2.28	1.34	3.62	1.19	0.06
1982-83	12782	2.29	1.44	3.73	1.26	0.06
1983-84	19302	3.52	2.23	5.75	2.00	0.07
1984-85	23336	2.79	4.25	7.04	2.54	0.08
1985-86	25984	2.58	5.19	7.77	2.75	0.09
1986-87	30654	3.31	6.15	9.46	3.36	0.11
1987-88	32493	4.37	5.46	9.83	3.87	0.13
1988-89	35848	2.06	8.67	10.73	3.91	0.07
1989-90	35042	3.37	7.17	10.54	3.59	0.06

1990-91	66994	8.02	11.95	19.97	6.90	0.11
1991-92	30154	4.93	5.94	10.87	3.76	0.02
1992-93	–	2.71	4.87	7.58	2.08	0.01
1993-94	–	8.76	12.85	21.61	6.32	0.04
1994-95	–	6.66	7.16	13.82	2.92	0.02
1995-96	–	14.10	17.52	31.62	8.49	–
1996-97	–	15.53	23.40	38.93	12.74	–
योग	337204	89.44	126.65	216.09	68.51	1.01

स्रोत: प्रौढ़ शिक्षा निदेशालय, उत्तर प्रदेश, 1998

केरल के एर्नाकुलम जिले से प्रेरित होकर, राष्ट्रीय साक्षरता मिशन प्राधिकरण ने वर्ष 1991-92 के दौरान फतेहपुर जनपद में संपूर्ण साक्षरता अभियान आरम्भ किया। वर्ष 1996-97 के अंत तक, 68 जनपदों की संपूर्ण साक्षरता अभियान परियोजनाएँ राष्ट्रीय साक्षरता मिशन द्वारा स्वीकृत थीं।

माध्यमिक शिक्षा

माध्यमिक शिक्षा छात्रों को विज्ञान, मानविकी और सामाजिक विषयों की विभेदक भूमिकाओं का अनुभव प्रदान कराती है। यह प्राथमिक और उच्च शिक्षा के मध्य एक संपर्क सूत्र है और उन छात्रों के लिए एक अंतिम स्तर भी है, जो उच्च शिक्षा या कोई व्यावसायिक पाठ्यक्रम नहीं अपनाना चाहते और श्रम की दुनिया से जुड़ना चाहते हैं।

राज्य में उच्चतर माध्यमिक विद्यालयों की संख्या वर्ष 1997-98 में 7,135 थी, जिनमें से 1,187 संस्थाएँ केवल लड़कियों के लिए थीं। कक्षा 9-12 में कुल नामांकन 56,31,133 था। इन संस्थाओं में कार्यरत पुरुष और महिला शिक्षकों की संख्या क्रमशः 1,12,809 और 25,937 थीं।

असेवित क्षेत्रों में बालिका शिक्षा को प्रोत्साहन देने के लिए विशेष प्रयास किए गए । जैसा कि पहले उल्लेख किया गया है, सातवीं पंचवर्षीय योजना में 94 कन्या उच्चतर माध्यमिक विद्यालय खोले गए। 488 विकास खण्ड ऐसे थे, जिनमें कन्या उच्चतर माध्यमिक विद्यालय नहीं थे। ऐसे सभी विकास खण्डों में आठवीं पंचवर्षीय योजना अवधि में कन्या उच्चतर माध्यमिक विद्यालय खोलने का प्रस्ताव किया गया था।

व्यावसायिक शिक्षा

शैक्षिक पुनर्गठन में व्यावसायिक शिक्षा के एक सुव्यवस्थित, सुनियोजित और दृढ़तापूर्वक लागू किए गए कार्यक्रम का विशेष महत्व है। वर्ष 1985-86 में राज्य

में इस कार्यक्रम की शुरूआत की गई। शिक्षा के व्यावसायीकरण की केंद्र पुरोनिधानित योजना के अंतर्गत वर्ष 1989-90 से 200 नए उच्चतर माध्यमिक विद्यालयों की 636 कक्षाओं/ वर्गों में व्यावसायिक पाठ्यक्रम आरम्भ किए गए। 260 अन्य माध्यमिक विद्यालयों को व्यावसायिक पाठ्यक्रम आरम्भ करने के लिए आधारभूत सुविधाओं हेतु अनुदान दिया गया। आठवीं पंचवर्षीय योजना के अंत तक कुल 910 माध्यमिक विद्यालय आच्छादित किए गए।

शिक्षक-शिक्षा

सेवापूर्व प्रशिक्षण यथा-प्राथमिक शिक्षकों के लिए बेसिक ट्रेनिंग सर्टीफिकेट द्विवर्षीय अवधि का है तथा हाईस्कूल/ इण्टरमीडिएट कॉलेज के शिक्षकों के लिए एल.टी., बी.एड. की अवधि एक वर्ष है। बी.टी.सी. पाठ्यक्रम में प्रवेश हेतु वांछित न्यूनतम योग्यता इण्टरमीडिएट (10+2) (✶) है जबकि एल.टी./बी.एड. पाठ्यक्रम के लिए न्यूनतम योग्यता स्नातक है। बी.टी.सी. और एल.टी. प्रशिक्षण पाठ्यक्रम (✶) एन. सी.टी.ई. द्वारा मान्यता प्राप्त शासकीय/निजी प्रबंध तंत्र द्वारा प्रबंधित संस्थानों में संचालित हैं। प्राथमिक और माध्यमिक स्तर पर शारीरिक शिक्षा के शिक्षक एक वर्ष का प्रशिक्षण प्राप्त करते हैं। शिक्षा त्रिभाग सी.पी.एड. और डी.पी.एड. प्रशिक्षण पाठ्यक्रमों के लिए परीक्षा संचालित करता है। सेवापूर्व प्रशिक्षण पाठ्यक्रमों के लिए प्रशिक्षार्थियों का चयन प्रवेश-परीक्षा के आधार पर होता है।

सारणी 4.3

शिक्षक शिक्षा की संस्थाएँ और उनमें नामांकन (1996-97)

संस्थाओं के प्रकार	संस्थाओं की संख्या	नामांकन
ट्रेनिंग कॉलेज		
1. एल.टी.		
पुरुष	2	95
महिला	3	150
सह शिक्षा	8	625
2. डी.पी.एड.		
पुरुष	2	80
महिला	1	25
3. सी.टी. (नर्सरी एवं गृह विज्ञान (✶))		
महिला	3	96
विश्वविद्यालय के शिक्षा विभाग (बी.एड. और एम. एड.) महिला सहित	10	2299

डिग्री कॉलेज (बी.एड. और एम.एड. कक्षाएँ)		
पुरुष	89	10117
महिला	23	7658
डायट्स	63	3100
कुल	181	24245

स्रोत : 1. उच्च शिक्षा निदेशालय, उत्तर प्रदेश, 1998
2. राज्य शैक्षिक अनुसंधान और प्रशिक्षण परिषद, उत्तर प्रदेश 1998

उच्च शिक्षा

वर्तमान में 21 विश्वविद्यालय, 5 मानद विश्वविद्यालय, 131 महिला डिग्री कॉलेजों सहित 590 डिग्री और पोस्ट ग्रेजूएट कॉलेज हैं। राज्य में कुल डिग्री कॉलेजों में 99 डिग्री कॉलेज राजकीय और 491 अशासकीय निजी डिग्री कॉलेज हैं। वर्ष 1996-97 में 590 डिग्री कॉलेजों में 8.76 लाख छात्र अध्ययनरत थे।

तकनीकी शिक्षा

राज्य में 12 इंजीनियरिंग कॉलेज, 90 डिप्लोमा स्तर के और 12 सर्टीफिकेट स्तर के तकनीकी प्रशिक्षण संस्थान हैं। इन संस्थाओं में छात्रों की वार्षिक प्रवेश संख्या डिग्री स्तर संस्थाओं में 2255, डिप्लोमा स्तर संस्थाओं में 8,618 और सर्टीफिकेट स्तर संस्थानों में 700 है।

शैक्षिक विकास के मुद्दे

विभिन्न कार्यक्रमों के बावजूद, जो कि राज्य सरकार द्वारा चलाए जा रहे थे, आठवीं पंचवर्षीय योजना में 6-11 और 11-14 वयवर्ग के बच्चों को नामांकित करने के निर्धारित लक्ष्य को प्राप्त नहीं किया जा सका। इसके लिए उत्तरदायी प्रतीत होने वाले मुख्य कारण थे: (क) अनौपचारिक शिक्षा के मामाले में कार्यक्रमों के उपयुक्त अनुश्रवण और मूल्यांकन की कमी (ख) अपने बच्चों को विशेषतया अनुसूचित जाति और बालिकाओं के संदर्भ में- पढ़ने हेतु भेजने के लिए लोगों में जागरूकता की कमी और (ग) स्थानीय रूप से उपलब्ध संसाधनों का इष्टतम उपयोग न होना। राज्य के 10 जिलों (और अब 18 जिलों-8 नवीन सृजित जिलों सहित) में उ.प्र. बेसिक शिक्षा परियोजना और 17 अन्य जनपदों में जिला प्राथमिक शिक्षा कार्यक्रम लागू कर एक सराहनीय पहल की गई है, जो गाँव स्तर पर शिक्षा के नियोजन और प्रबंधन गतिविधियों में जन-भागीदारी पर अन्य बातों से अधिक बल देता है परन्तु ये कार्यक्रम राज्य के 83 जिलों में से मात्र 35 जिलों को ही आच्छादित करते हैं। अत: यह आवश्यक है कि प्रगतिशील जनपदों में भी शैक्षिक रूप से पिछड़े क्षेत्रों की पहचान करके इनमें शिक्षा के विकास के लिए डीपीईपी जैसे कार्यक्रमों को आरम्भ किया जाए।

अध्याय-5

संगठन एवं प्रशासन

शिक्षा विभाग का संक्षिप्त इतिहास

उत्तर प्रदेश में सर्वप्रथम वर्ष 1850 में वर्नाकुलर स्कूल के विज़िटर और प्रांत के लिए एक विज़िटर जनरल की नियुक्ति के साथ शिक्षा विभाग का एक छोटा सा प्रशासनिक तंत्र स्थापित किया गया। वर्ष 1854 में 'वुड्स डिस्पैच' के फलस्वरूप विज़िटर जनरल के पद को डायरेक्टर ऑफ पब्लिक इंस्ट्रक्शन के पद से विस्थापित किया गया। प्राथमिक शिक्षा के प्रभावी प्रशासन की आवश्यकता के दृष्टिकोण से प्रांत को 4 सर्किल में विभक्त किया गया तथा प्रत्येक का प्रभार एक सर्किल इंस्पेक्टर को सौंपा गया।

स्थानीय स्वशासी अधिनियम, 1883 (निरसित) के अधीन स्थापित प्राथमिक शिक्षा का उत्तरदायित्व जिला परिषदों को स्थानांतरित किया गया। नगरीय क्षेत्रों में प्राथमिक शिक्षा का दायित्व नगरपालिकाओं को दिया गया तथापि निरीक्षण और पर्यवेक्षण का दायित्व शिक्षा विभाग पर रखा गया। सचिवालय स्तर पर प्रारंभ में शासन के मुख्य सचिव द्वारा विभाग के कार्यों को देखा जाता था और उसके बाद न्यायिक सचिव द्वारा देखा जाने लगा।

इण्टरमीडिएट शिक्षा अधिनियम 1921 के प्रभावी होने के साथ ही शिक्षा के क्षेत्र में महत्वपूर्ण विकास हुआ। इस अधिनियम के द्वारा हाईस्कूल और इण्टरमीडिएट शिक्षा परिषद की स्थापना की गई, जो मैट्रिकुलेशन और इण्टरमीडिएट परीक्षाओं के संपादन के लिए उत्तरदायी हुई, जिन्हें पूर्व में इलाहाबाद विश्वविद्यालय द्वारा संपादित कराया जाता था। प्रांत में हाईस्कूल तथा इण्टरमीडिएट शिक्षा की पद्धति का विनियमन और पर्यवेक्षण करना और उसके पाठ्यक्रम को विहित करने का भी दायित्व परिषद को दिया गया। सचिवालय स्तर पर शिक्षा विभाग का दायित्व एक पूर्णकालिक सचिव को दिया गया। तथापि वर्ष 1923 में कतिपय अन्य विभागों,

उत्तर प्रदेश
सचिवालय स्तर पर शैक्षणिक प्रशासन तंत्र

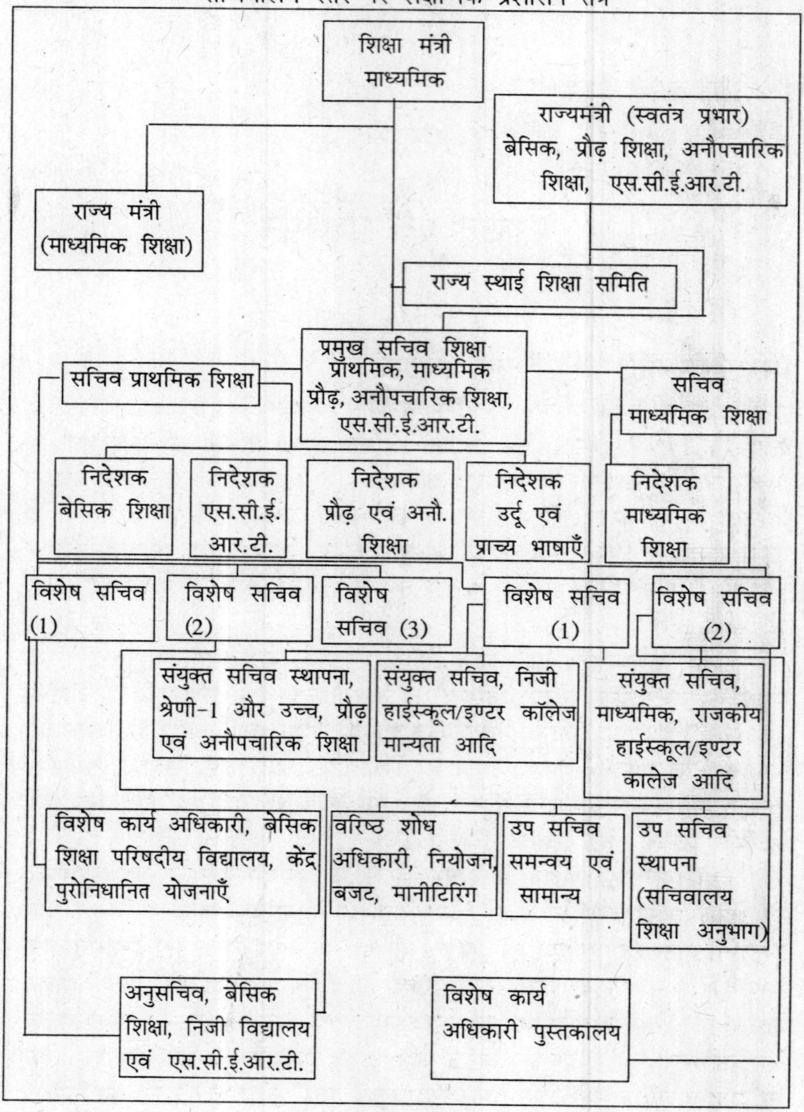

चित्र 5.1

उत्तर प्रदेश
शिक्षा निदेशालय (बेसिक)

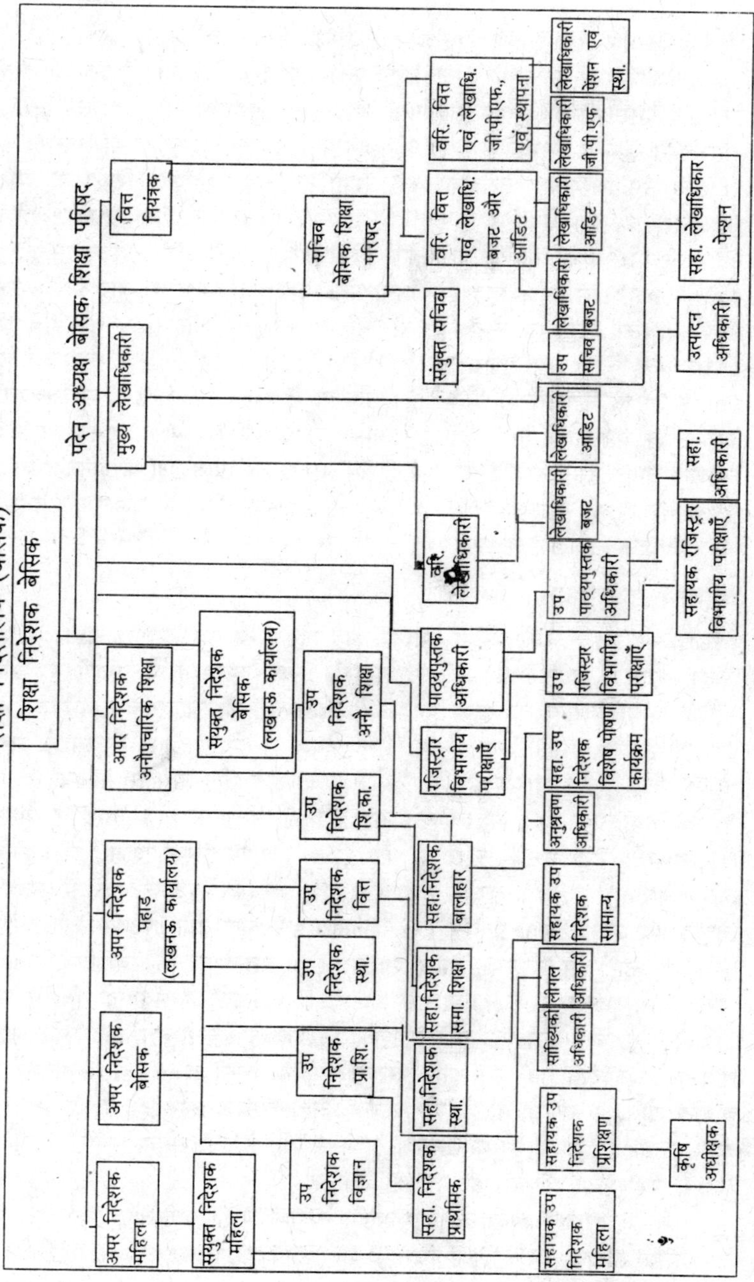

चित्र 5.2

जैसे–कृषि और उद्योगों का दायित्व भी शिक्षा सचिव को दिया गया।

क्षेत्रीय स्तर पर स्कूलों के लिए प्रत्येक राजस्व मण्डल में एक मण्डलीय विद्यालय निरीक्षक नियुक्त किया गया तथा इसी के साथ एक सहायक निरीक्षक मोहम्मडन स्कूल्स (कुमायूँ मण्डल को छोड़कर) भी तैनात किया गया। जनपद स्तर पर प्रति उप विद्यालय निरीक्षकों की तैनाती की गई। बालिका शिक्षा के प्रबंधन हेतु प्रदेश को 10 क्षेत्रों में विभक्त किया गया तथा प्रत्येक का प्रभारी बालिका विद्यालय निरीक्षिका को बनाया गया। डायरेक्टर ऑफ पब्लिक इंस्ट्रक्शन के पद का नाम बदल कर शिक्षा निदेशक किया गया। स्वतंत्रता प्राप्ति के बाद प्रत्येक जिले में एक जिला विद्यालय निरीक्षक की नियुक्ति की गई और राज्य को पाँच क्षेत्रों में विभक्त किया गया और प्रत्येक क्षेत्र में क्षेत्रीय उप निदेशक बालकों तथा बालिकाओं के लिए तैनात किए गए। वर्तमान में राज्य 17 मण्डलों में विभक्त है तथा प्रत्येक मण्डल में बेसिक तथा माध्यमिक शिक्षा के लिए पृथक–पृथक मण्डलीय निदेशक तैनात हैं। बेसिक शिक्षा अधिनियम, 1972 के प्रावधानों के अनुरूप बेसिक शिक्षा परिषद की स्थापना 1972 में प्रदेश में प्रारंभिक शिक्षा के प्रसार और विकास को गति देने के लिए की गई।

वर्तमान व्यवस्था

सचिवालय स्तर : शिक्षा मंत्री (माध्यमिक) और राज्य मंत्री (स्वतंत्र प्रभार) बेसिक शिक्षा राज्य में अपने–अपने क्षेत्र की स्कूली शिक्षा व्यवस्था के प्रभारी हैं। प्रमुख सचिव शिक्षा विभाग के मुख्य कार्यकारी अधिकारी हैं, जो सचिव बेसिक शिक्षा तथा सचिव माध्यमिक शिक्षा के कार्यों को देखते हैं (चित्र 5.1)। सचिव के अधीन संप्रति पाँच विशेष सचिव हैं। ये विशेष सचिवगण तीन संयुक्त सचिवों, दो उप सचिवों तथा एक अनु सचिव की सहायता से विभिन्न कार्य करते हैं यथा : (1) (श्रेणी–1 तथा उसके ऊपर के प्रौढ़ शिक्षा (अनौपचारिक शिक्षा) अधिकारियों का अधिष्ठान) (2) अशासकीय हाईस्कूल तथा इण्टरमीडिएट कॉलेजों, प्रबंधतंत्र के विवाद तथा सेवा संबंधी प्रकरण (3) राजकीय हाईस्कूल तथा इण्टरमीडिएट कॉलेज (4) अधिष्ठान (सचिवालय शिक्षा शाखा) (5) समन्वयन (6) बेसिक शिक्षा के अशासकीय स्कूल तथा (7) एस.सी.ई.आर.टी. । इसके अलावा दो विशेष कार्य अधिकारी हैं, जिनमें से एक बेसिक शिक्षा परिषद के स्कूलों तथा केंद्र पुरोनिधानित योजनाओं को देखते हैं और दूसरे पुस्तकालय के प्रभारी हैं। इसके अतिरिक्त एक वरिष्ठ शोध अधिकारी भी है, जो योजना, आय–व्ययक और उसके अनुश्रवण का कार्य करता है। राज्य को एक स्थाई राज्य समिति है, जो समय–समय पर शैक्षिक विषयों पर शिक्षा मंत्रियों को परामर्श देती है।

राज्य में उच्च शिक्षा के लिए अलग से एक शिक्षा मंत्री तथा एक राज्य मंत्री है। प्रमुख सचिव उच्च शिक्षा विभाग का प्रमुख कार्यकारी अधिकारी है।

निदेशालय स्तर पर : विद्यालयीय शिक्षा विभाग के अंतर्गत पाँच पृथक निदेशालय इस प्रकार हैं: (क) बेसिक शिक्षा निदेशालय (ख) माध्यमिक शिक्षा निदेशालय (ग) राज्य शैक्षिक अनुसंधान और प्रशिक्षण परिषद (घ) प्रौढ़ शिक्षा निदेशालय (ड.)उर्दू और प्राच्य भाषाएँ निदेशालय। उच्च शिक्षा निदेशालय उच्च शिक्षा विभाग द्वारा नियंत्रित होता है।

विभिन्न विभागों में अंतर्विभागीय समन्वयन सचिवालय स्तर पर सभी निदेशकों की समय-समय पर बैठकें आयोजित कर किया जाता है, जबकि जनपद और मण्डल स्तर पर संबंधित शिक्षा अधिकारियों द्वारा समान्यतया शिक्षक संगठनों, अभिभावक-अध्यापक एसोसिएशन इत्यादि के परामर्श से निर्णय लिए जाते हैं।

बेसिक शिक्षा निदेशालय : बेसिक शिक्षा निदेशालय के विभागाध्यक्ष निदेशक (बेसिक शिक्षा) हैं, जो बेसिक शिक्षा परिषद के पदेन सभापति भी हैं। इनकी सहायतार्थ चार अपर शिक्षा निदेशक हैं, जो क्रमशः महिला, बेसिक शिक्षा, पर्वतीय (लखनऊ कार्यालय) तथा अनौपचारिक शिक्षा विभाग से संबंधित है। इसके अतिरिक्त छह उप शिक्षा निदेशक, चार सहायक निदेशक तथा चार सहायक उप शिक्षा निदेशक विभिन्न पदों के दायित्वों का निर्वहन करते हैं, जैसा कि चित्र 5.2 में दिया गया है। जहाँ तक बेसिक शिक्षा परिषद से संबंधित प्रकरणों का संबंध है, इस हेतु एक पूर्णकालिक सचिव बेसिक शिक्षा परिषद में पदस्थापित है, जो उप शिक्षा निदेशक स्तर का अधिकारी है तथा निदेशक (बेसिक शिक्षा) के कार्यों में सहायता प्रदान करता है।

माध्यमिक शिक्षा निदेशालय : माध्यमिक शिक्षा निदेशालय के विभागाध्यक्ष निदेशक (माध्यमिक शिक्षा) हैं, जिनकी सहायतार्थ 5 अपर शिक्षा निदेशक हैं, जो शिक्षा के विभिन्न क्षेत्रों, जैसे-(क) महिला (ख) व्यवासायिक शिक्षा (ग) माध्यमिक (घ)पत्राचार शिक्षा और (ड.) अपर निदेशक पर्वतीय शिक्षा, लखनऊ कार्यालय के लिए उत्तरदायी है। अपर शिक्षा निदेशक (माध्यमिक) के अधीन दो संयुक्त निदेशक, आठ उप शिक्षा निदेशक तथा सात सहायक शिक्षा निदेशक पदस्थापित हैं, जैसा कि चित्र 5.3 से विदित होता है।

शिक्षा निदेशक (माध्यमिक) हाईस्कूल तथा इण्टरमीडिएट शिक्षा परिषद के पदेन सभापति हैं। सचिव माध्यमिक शिक्षा परिषद तथा उनके सहयोगी कर्मी सभापति के सीधे प्रशासनिक नियंत्रण में कार्य करते हैं।

उच्च शिक्षा निदेशालय : निदेशक उच्च शिक्षा, उच्च शिक्षा निदेशालय के विभागाध्यक्ष हैं। इनके सहायतार्थ चार संयुक्त निदेशक, दो उप शिक्षा निदेशक, पाँच सहायक शिक्षा निदेशक और तीन सांख्यकीय अधिकारी विभिन्न पदों के दायित्वों का निर्वहन करते हैं। इसका उल्लेख चित्र 5.4 में है।

राज्य शैक्षिक अनुसंधान और प्रशिक्षण परिषद (एस.सी.ई.आर.टी.) :

उत्तर प्रदेश
शिक्षा निदेशालय (माध्यमिक)

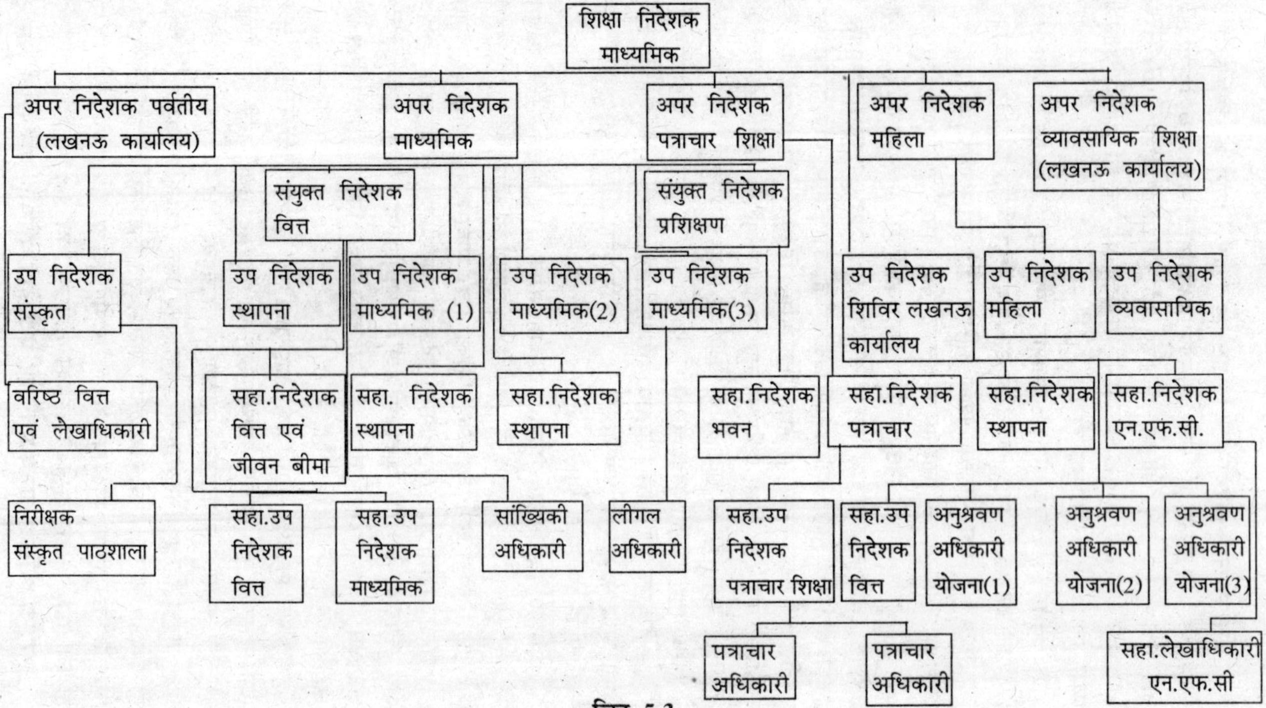

चित्र 5.3

उत्तर प्रदेश
उच्च शिक्षा निदेशालय

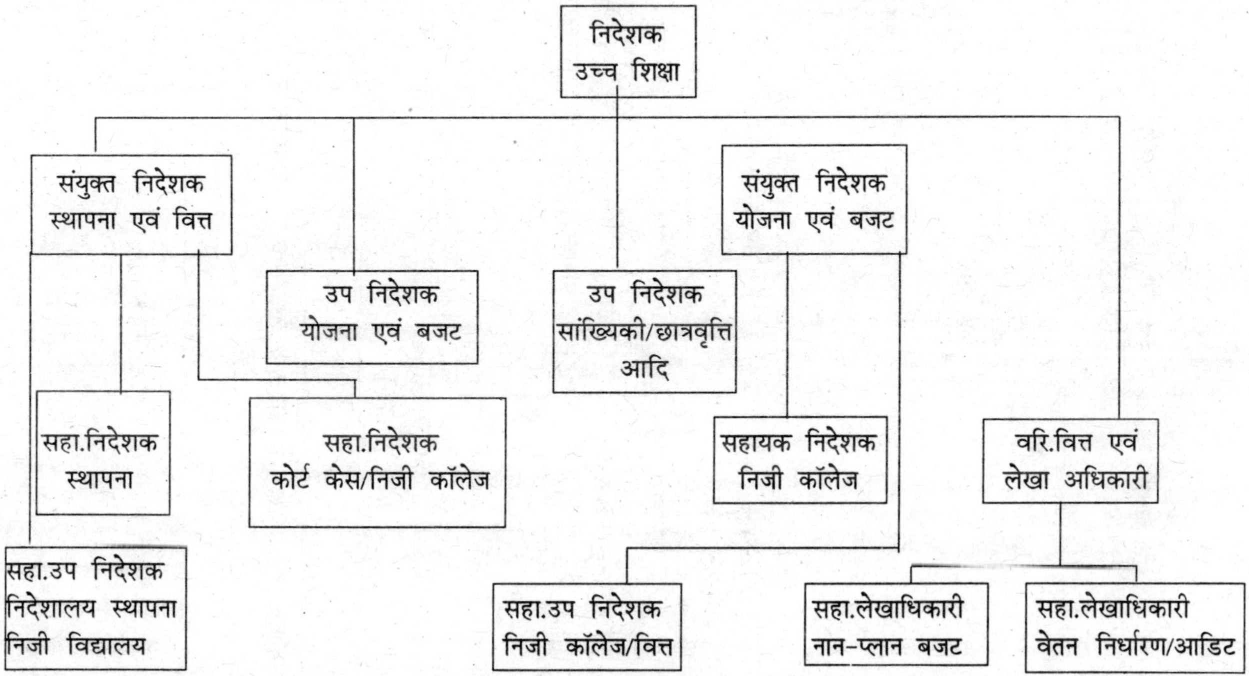

चित्र 5.4

उत्तर प्रदेश
प्रौढ़ शिक्षा निदेशालय

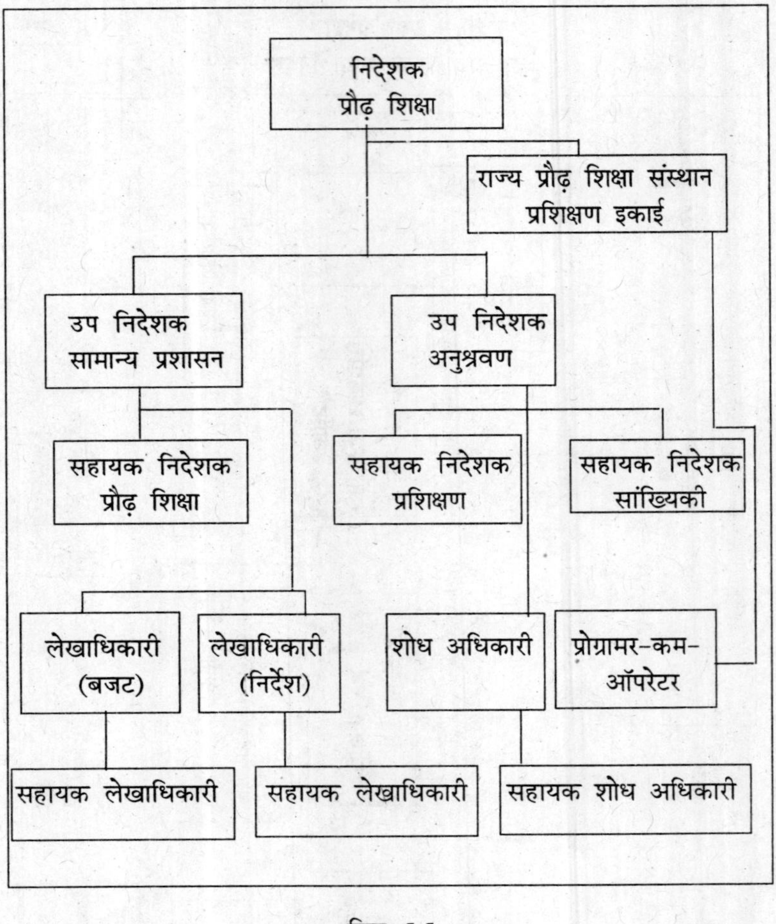

चित्र 5.5

उत्तर प्रदेश
उर्दू एवं प्राच्य भाषा निदेशालय

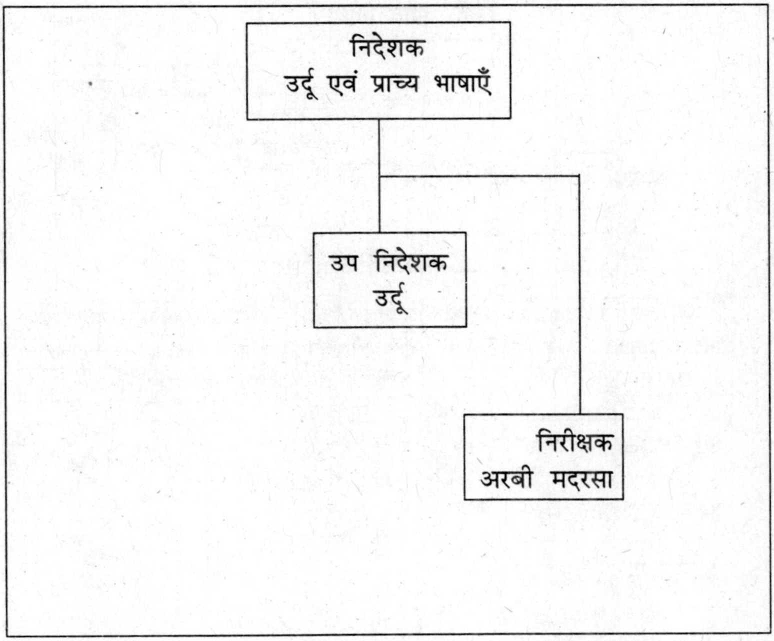

चित्र 5.6

उत्तर प्रदेश
शिक्षा निरीक्षणालय (बेसिक)

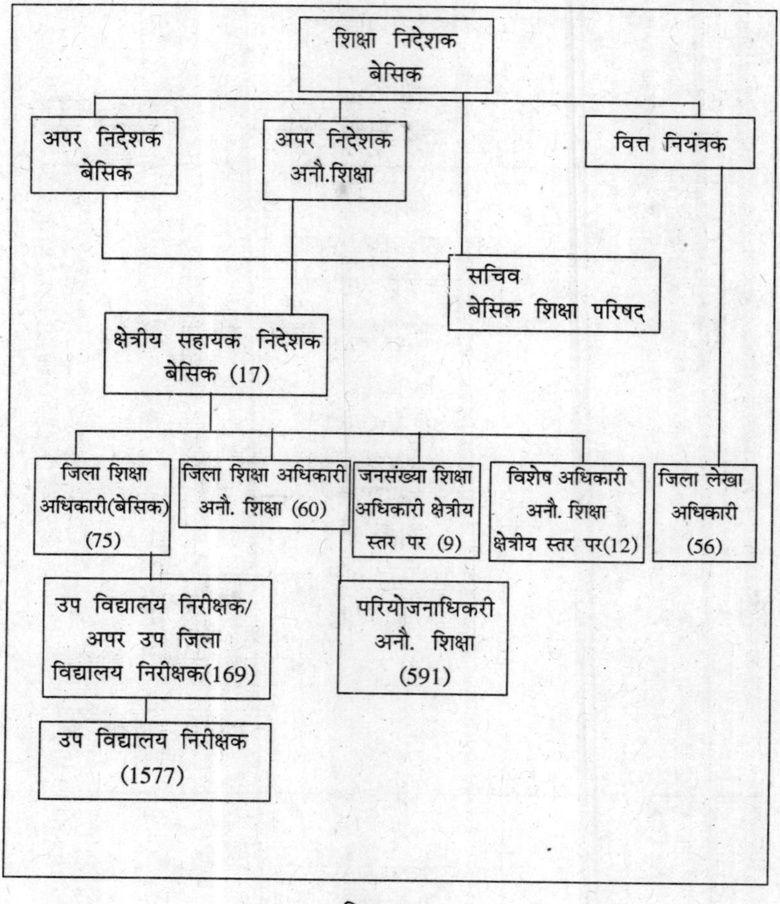

चित्र 5.7

उत्तर प्रदेश

शिक्षा निरीक्षणालय (माध्यमिक)

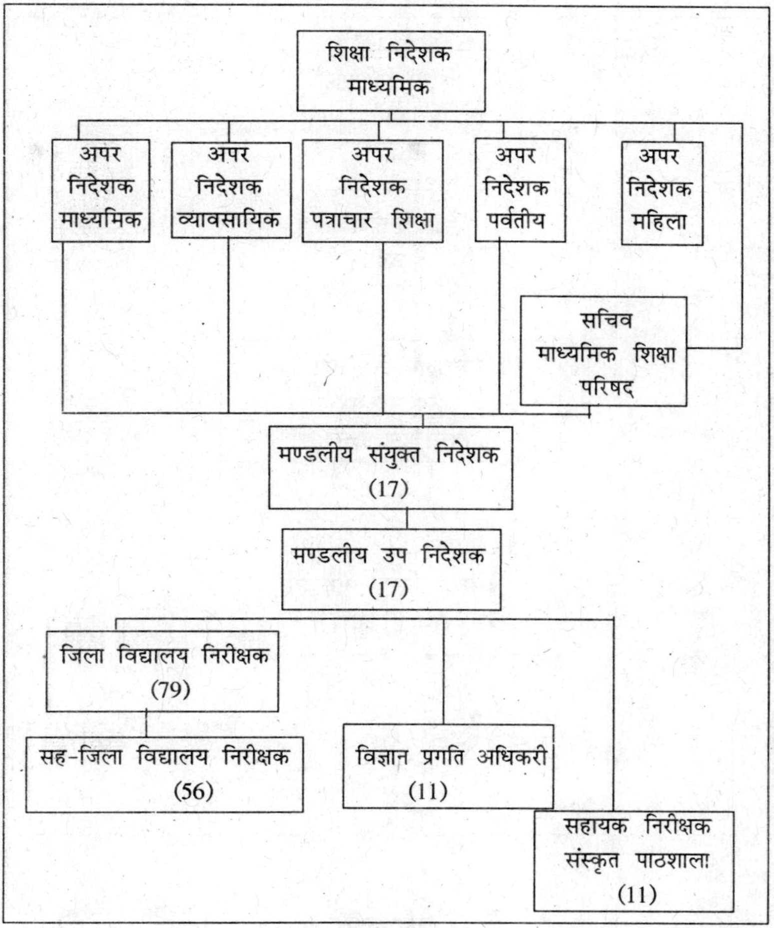

चित्र 5.8

उत्तर प्रदेश
उर्दू शिक्षा निरीक्षणालय

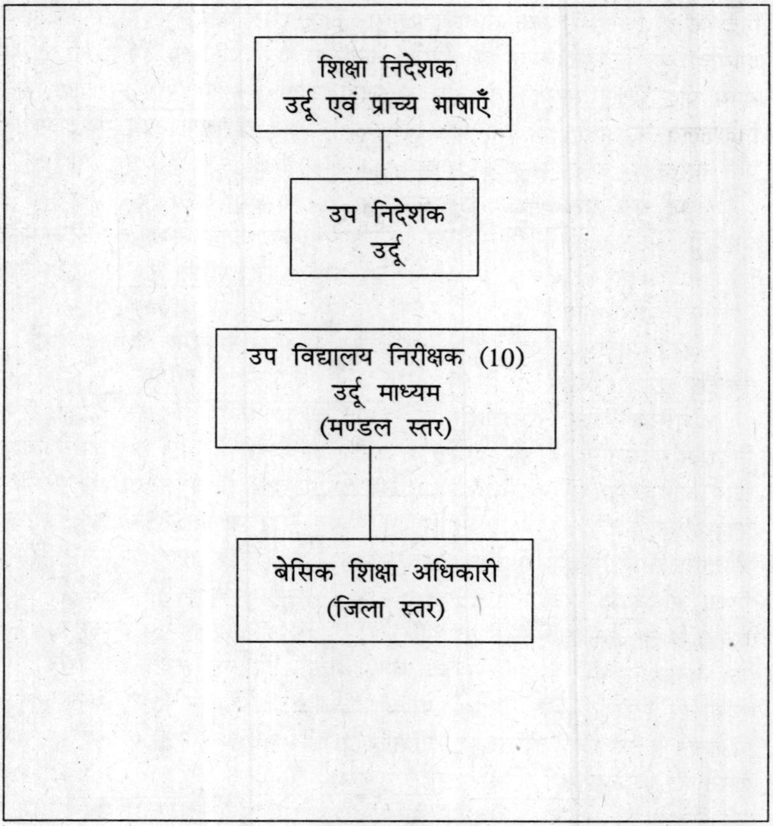

चित्र 5.9

राज्य शैक्षिक अनुसंधान और प्रशिक्षण परिषद की स्थापना 1981 में निदेशक, एस.सी.ई.आर.टी. के प्रशासनिक नियंत्रण में की गई। इसका पृथक ढाँचा है, जिसमें सात संघटक इकाइयाँ हैं, जिन पर विस्तार से चर्चा अध्याय-14 में की गई है। परिषद का मुख्यालय लखनऊ में स्थापित है।

प्रौढ़ शिक्षा निदेशालय (✶) : निदेशक, प्रौढ़ शिक्षा के सहायतार्थ दो उप निदेशक हैं, जिनमें से एक सामान्य प्रशासन और दूसरा कार्यक्रमों के अनुश्रवण के दायित्वों का निर्वहन करता है। इसके अतिरिक्त एक प्रशिक्षण इकाई भी है, जो राज्य प्रौढ़ शिक्षा संस्थान के नाम से जानी जाती है। यह संस्थान प्रौढ़ शिक्षा निदेशालय के अधीन है तथा प्रौढ़ शिक्षाकर्मियों की प्रशिक्षण आवश्यकताओं की पूर्ति करता है। प्रौढ़ शिक्षा निदेशालय का ढाँचा चित्र 5.5 में दिया गया है।

उर्दू एवं प्राच्य भाषाएँ निदेशालय : उर्दू तथा अन्य प्राच्य भाषाओं के पर्यवेक्षण और अनुश्रवण हेतु उर्दू एवं प्राच्य भाषाएँ निदेशालय सबसे बाद में स्थापित किया गया। इस निदेशालय का ढाँचा चित्र 5.6 में उल्लिखित है। शिक्षा निदेशक (उर्दू एवं प्राच्य भाषाएँ) शिक्षा विभाग के अन्य निदेशकों के समकक्ष है।

क्षेत्र स्तरीय ढांचा : क्षेत्र स्तर के शिक्षा निरीक्षणालय के विभिन्न ढाँचों का उल्लेख क्रमशः चित्र 5.7, 5.8 तथा 5.9 में किया गया है।

बेसिक शिक्षा निरीक्षणालय के अंतर्गत 17 मण्डलीय सहायक बेसिक शिक्षा निदेशक पदस्थापित हैं, जो मण्डल के प्रभारी अधिकारी हैं। 12 मण्डलों में विशेष कार्य अधिकारी (अनौपचारिक शिक्षा) तथा 9 मण्डलों में जनसंख्या अधिकारी भी पदस्थापित हैं। ये अधिकारी संबंधित मण्डलीय सहायक शिक्षा निदेशक (बेसिक) के दायित्वों के निर्वहन में उनकी सहायता करते हैं। प्रत्येक जनपद में जिला बेसिक शिक्षा अधिकारी पदस्थापित हैं, जो प्रारम्भिक शिक्षा के कार्य को देखते हैं। प्रदेश में 60 जिला अनौपचारिक शिक्षा अधिकारी भी हैं, जो अनौपचारिक शिक्षा कार्यक्रमों का जनपद स्तर से पर्यवेक्षण एवं क्रियान्वयन सुनिश्चित करते हैं। 165 उप-विद्यालय निरीक्षक (✶) तथा अपर उप-विद्यालय निरीक्षक भी विभिन्न जनपदों में तैनात हैं, जो जिला बेसिक शिक्षा अधिकारी को विभिन्न कार्यों में सहायता प्रदान करते हैं। विकास खण्ड स्तर पर 1577 क्षेत्रीय प्रति उप-विद्यालय निरीक्षकों (✶) की तैनाती है, जो अपने क्षेत्र के बेसिक शिक्षा से संबंधित कार्यों एवं विद्यालयों का निरीक्षण एवं पर्यवेक्षण करते हैं।

माध्यमिक शिक्षा निरीक्षणालय के अंतर्गत 17 मण्डलीय संयुक्त शिक्षा निदेशक तथा 17 मण्डलीय उप शिक्षा निदेशक प्रत्येक मण्डल में तैनात हैं। इसके अलावा 79 जिला विद्यालय निरीक्षक अपने जनपद के माध्यमिक शिक्षा के स्कूलों के पर्यवेक्षण एवं निर्देशन के लिए उत्तरदायी हैं। प्रदेश के 11 मण्डलों में विज्ञान प्रगति अधिकारी तथा सहायक निरीक्षक संस्कृत पाठशाला तैनात हैं, जो मण्डलीय

उप शिक्षा निदेशक को सहायता प्रदान करते हैं। इसी प्रकार ऐसे मण्डलों में जहाँ बालिका विद्यालयों की संख्या अधिक है, पाँच सहायक मण्डलीय बालिका विद्यालय निरीक्षिका तैनात हैं। इनके अलावा 51 सह विद्यालय निरीक्षक भी तैनात हैं, जो जिला विद्यालय निरीक्षक को उनके दायित्व के निर्वहन में सहायता करते हैं, जैसा कि चित्र 5.8 से स्पष्ट है। मण्डल स्तर पर संयुक्त शिक्षा निदेशक समग्र रूप से मण्डल के सभी जनपदों की शैक्षणिक संस्थाओं के सुचारु रूप से संचालन के लिए उत्तरदायी हैं।

वर्ष 1991-92 से ग्रामीण क्रियात्मक साक्षरता कार्यक्रम का परियोजना स्वरूप समाप्त कर दिया गया है। अतएव प्रौढ़ शिक्षा का निरीक्षणालय तबसे अस्तित्व में नहीं है। इसके अंतर्गत उस समय 56 जिला प्रौढ़ शिक्षा अधिकारी, 93 परियोजना अधिकारी, 125 सह परियोजना अधिकारी तथा 880 पर्यवेक्षक तैनात थे।

उर्दू शिक्षा निदेशालय के अंतर्गत मात्र एक उप विद्यालय निरीक्षक (उर्दू माध्यम), 10 मण्डलों के लिए तैनात हैं (चित्र 5.9) ।

जिला शिक्षा सलाहकार समिति

प्रत्येक जनपद स्तर पर जिला शिक्षा सलाहकार समिति गठित है। प्रत्येक समिति में संबंधित जनपद से संसद हेतु चयनित सदस्य, जनपद के सभी विधान परिषद तथा विधान सभा के सदस्य और 7 अन्य अशासकीय सदस्य हैं। जिला विद्यालय निरीक्षक इस समिति के संयोजक हैं। समिति के अन्य सदस्यों में जिला बेसिक शिक्षा अधिकारी और अपर जिला मजिस्ट्रेट (परियोजना) हैं। बैठक की अध्यक्षता बैठक में उपस्थित सांसदों/विधायकों द्वारा की जाती है। इस समिति का मुख्य कार्य जिला प्रशासन कोः (क) नये प्राथमिक/उच्च प्राथमिक स्कूलों को खोलने हेतु स्थल का निर्धारण (ख) प्राथमिक तथा उच्च प्राथमिक स्कूलों का रख-रखाव तथा अनुरक्षण (ग) प्राथमिक तथा उच्च प्राथमिक स्कूलों के भवनों का निर्माण (घ) प्राथमिक और उच्च प्राथमिक स्कूलों में शिक्षण अधिगम की प्रक्रिया का प्रबंधन एवं उनका विकास (ड.) प्रौढ़ शिक्षा तथा अनौपचारिक शिक्षा कार्यक्रमों का क्रियान्वयन (च) नए माध्यमिक विद्यालयों की स्थापना (छ) नए राजकीय माध्यमिक/इण्टरमीडिएट कॉलेजों के भवनों का निर्माण कार्य (ज) माध्यमिक शिक्षा का व्यवसायीकरण, और (झ) जनपद में उच्च शिक्षा संस्थाओं के विकास हेतु सलाह देना है।

शैक्षिक प्रशासकों की संख्या

शिक्षा विभाग के सभी निदेशालयों का एक सामान्य संवर्ग है। इनमें वे पद सम्मिलित नहीं हैं, जिन पर तैनाती प्रतिनियुक्ति पर की जाती है। विभिन्न निदेशालयों के अधिकारियों की संख्या के प्रथम तथा द्वितीय सर्वेक्षण का तुलनात्मक विवरण तालिका 5.1 में उल्लिखित है।

सारणी 5.1

शिक्षा निदेशालय में अधिकारियों की संख्या

क्र.सं.	पदनाम	अधिकारियों की संख्या		
		प्रथम सर्वेक्षण (1973-74)	द्वितीय सर्वेक्षण (1990-91)	वृद्धि/ह्रास
1.	शिक्षा निदेशक	2	5	+3
2.	अपर शिक्षा निदेशक	2	7	+5
3.	संयुक्त शिक्षा निदेशक (और अन्य समकक्ष पद)	5	8	+3
4.	उप शिक्षा निदेशक (और अन्य समकक्ष पद)	19	49	+39
5.	जिला विद्यालय निरीक्षक (और अन्य समकक्ष पद)	54	120	+66
6.	जिला बेसिक शिक्षा अधिकारी	55	63	+8
7.	सह जिला विद्यालय निरीक्षक	32	51	+19
8.	सहायक उप शिक्षा निदेशक	8	10	+2
9.	पाठ्यपुस्तक अधिकारी	1	1	–
10.	उप पाठ्यपुस्तक अधिकारी	1	1	
11.	अपर सचिव तथा उप सचिव, उ.प्र. माध्यमिक शिक्षा परिषद	11	21	+10
12.	सहायक उप शिक्षा निदेशक (पत्राचार कोर्स) राज्य शिक्षा संस्थान, उ.प्र., इलाहाबाद	–	6	+6
13.	शिक्षा प्रसार अधिकारी	1	1	–
14.	विज्ञान प्रगति अधिकारी	11	11	–
15.	निरीक्षक, संस्कृत पाठशालाएँ	1	1	–
16.	निरीक्षक, अरबिक मदरसा	1	1	–
17.	विधि अधिकारी, शिक्षा निदेशालय	1	1	–
18.	सांख्यकीय अधिकारी, राज्य शिक्षा संस्थान तथा शिक्षा निदेशालय	2	2	–
19.	उप-विद्यालय निरीक्षक	90	145	+55
20.	उप-विद्यालय निरीक्षक (उर्दू माध्यम)	10	10	–
21.	प्रति उप-विद्यालय निरीक्षक	1114	1672	+558

स्रोत: शिक्षा विभाग, उत्तर प्रदेश शासन।

उत्तर प्रदेश में शिक्षा के संगठन तथा प्रशासन में विगत वर्षों में काफी तीव्र परिवर्तन हुए हैं। यह परिवर्तन संस्थान स्तर से लेकर सचिवालय स्तर तक परिलक्षित हैं। विशेष रूप से जनपद और विकास खण्ड स्तर पर चालू शैक्षिक कार्यक्रमों के उपयुक्त समन्वय हेतु सुदृढ़ीकरण की आवश्यकता है। शिक्षा विभाग के अधिकारियों को भी अपेक्षित प्रशिक्षण प्रदान किया जाए, जिससे कि कार्यक्रमों का आयोजन, क्रियान्वयन और अनुश्रवण वे अधिक दक्षता से कर सकें। अधिकारियों के लिए यह भी आवश्यक है कि समुदाय की अधिक सहभागिता बेसिक शिक्षा के नियोजन और प्रबंधन के लिए सुनिश्चित करें, जिससे कि प्रारम्भिक शिक्षा के सार्वजनीकरण के लक्ष्य की प्राप्ति हो सके। ऐसे अधिकारी जिनका कार्य-निष्पादन उत्तम है, उन्हें उपयुक्त ढँग से प्रोत्साहन और प्रोन्नति प्रदान की जाए।

अध्याय-6

स्थानीय निकायों, अशासकीय संगठनों और समुदाय की भूमिका

स्थानीय निकाय

वर्ष 1972 के पूर्व स्थानीय निकायों यथा–नगर निगमों, नगर महापालिकाएँ और जिला पंचायतें राज्य में प्राथमिक शिक्षा की व्यवस्था के लिए उत्तरदायी थीं। कुछ मामलों में, ये निकाय हाईस्कूलों, इण्टरमीडिएट कॉलेजों और यहाँ तक कि डिग्री कॉलेजों की भी व्यवस्था कर रहे थे। वर्ष 1972 में बेसिक शिक्षा परिषद को, जो एक स्वायत्तशासी निकाय है, राज्य में प्राथमिक तथा उच्च प्राथमिक स्कूलों की व्यवस्था सौंप दी गई। इस व्यवस्था में, जबकि प्राथमिक और उच्च प्राथमिक विद्यालय भवन स्थानीय निकायों से ही संबंधित रहे, उनके शिक्षक बेसिक शिक्षा परिषद को स्थानांतरित कर दिए गए। इन विद्यालयों का सामान्य पर्यवेक्षण और निरीक्षण, नियंत्रण और लेखा परीक्षा विभिन्न स्तरों पर शिक्षा विभाग के प्रशासनिककर्मियों द्वारा किया जाता है, यद्यपि लेखों का विस्तृत ऑडिट महालेखाकार, उत्तर प्रदेश और स्थानीय निधि लेखा परीक्षक, उत्तर प्रदेश द्वारा किया जाता है।

उ.प्र. बेसिक शिक्षा अधिनियम 1972 ने राज्य में बेसिक शिक्षा के प्रशासनिक और संगठनात्मक ढाँचे में भारी बदलाव किए हैं जैसे कि इसके द्वारा जिला परिषदों और नगर महापालिकाओं/ नगरपालिकाओं के स्थान पर क्रमशः जिला बेसिक शिक्षा समिति और नगर बेसिक शिक्षा समितियों को स्थापित कर दिया और ग्राम स्तर पर प्राथमिक शिक्षा के लिए स्थानीय समर्थन के आधार के रूप में ग्राम शिक्षा समिति प्रतिस्थापित की। उसका मुख्य उद्देश्य था : (क) प्राथमिक शिक्षा के सांगठनिक ढाँचे को अधिक कार्यसक्षम और प्रभावी बनाना (ख) शैक्षिक स्तरों में एकरूपता लाना, (ग) शिक्षकों की सेवाओं को सुरक्षित करना और उन्हें स्थानीय राजनीतिक

दाँव-पेचों से मुक्त रखना। (घ) शैक्षिक विस्तार में सामुदायिक सहभागिता को प्राप्त करना और (ड़) इस प्रकार अंततः प्राथमिक शिक्षा के सार्वजनीकरण के लक्ष्य को प्राप्त करना।

जैसा कि अधिनियम में परिकल्पना है, प्रत्येक जिले में, जिला बेसिक शिक्षा समिति के सदस्यों में अध्यक्ष जिला परिषद, पदेन तथा समिति के सदस्यों में से उत्तर प्रदेश सरकार द्वारा नामित जिला परिषद के तीन व्यक्ति सम्मिलित हैं। समिति के अन्य सदस्यों में सम्मिलित हैं-अपर जिला अधिकारी (नियोजन), जिला हरिजन और समाज कल्याण अधिकारी, जिला विद्यालय निरीक्षक, अपर बेसिक शिक्षा अधिकारी (महिला) या उनकी अनुपस्थिति में विद्यालय उप निरीक्षिका और सहायक सदस्य सचिव के रूप में विद्यालय अवर उपनिरीक्षक। जिला बेसिक शिक्षा समिति के सदस्य, जो जिला परिषदों से अतिरिक्त हैं, पदेन सदस्य हैं।

जिला बेसिक शिक्षा समिति को अधिक सक्रिय, प्रभावी और विस्तृत आधार देने के लिए उ.प्र. सरकार (शासनादेश संख्या-2056/15-5-93-76/93 दिनांक 3 मई,1993) ने उपर्युक्त सदस्यों के अतिरिक्त जनपद के सभी सांसदों और विधान सभा सदस्यों को तथा 14 अन्य सदस्यों को विशेष आमंत्रित सदस्य के रूप में समिति में सम्मिलित किया है।

जिला बेसिक शिक्षा समितियाँ इन कार्यों के लिए उत्तरदायी हैं- (क) अपने जनपद के ग्रामीण क्षेत्र के बेसिक विद्यालयों (प्राथमिक तथा उच्च प्राथमिक) का प्रशासन (ख) नए विद्यालयों का खोलना तथा (ख) इन विद्यालयों के विकास, विस्तार और सुधार के लिए योजनाओं का निर्माण। उत्तर प्रदेश सरकार ने शासनादेश संख्या-2056/के/15.5.1993 दिनांक 3 मई,1993 द्वारा इन समितियों को प्राथमिक और उच्च प्राथमिक स्कूलों के शैक्षिक कार्यक्रमों के अनुश्रवण, इन विद्यालयों में बच्चों की उपस्थिति की देखरेख और इसके सुधार के लिए उपचारात्मक उपाय सुझाने का अतिरिक्त दायित्व सौंप दिया है।

नगरीय क्षेत्रों में नगर बेसिक शिक्षा समितियाँ हैं, जिसके निम्नांकित सदस्य है। महापालिका के नगर प्रमुख या नगरपालिका परिषद या टाउन एरिया समिति के अध्यक्ष, पदेन; महापालिका, नगरपालिका, नोटीफाइड एरिया या टाउन एरिया, जैसा भी लागू हो, के तीन से अधिक सदस्य, जो उ.प्र. सरकार द्वारा नामित किए जाते हैं। अन्य सदस्य हैं: जिला विद्यालय निरीक्षक, जिला बेसिक शिक्षा अधिकारी, क्षेत्र के विद्यालय अवर उप निरीक्षक, संबंधित क्षेत्र की सहायक बालिका विद्यालय निरीक्षिका, अधीक्षिका, बालिका शिक्षा यदि कोई हो, शिक्षा अधीक्षक, यदि कोई हो या उनकी अनुपस्थिति में क्षेत्र के विद्यालय के अवर उप निरीक्षक सदस्य सचिव के रूप में। सभी शिक्षा अधिकारी समिति के पदेन सदस्य हैं। नगर बेसिक शिक्षा समितियों के अधिकार और भी हैं, जो जिला बेसिक शिक्षा समिति के हैं।

ग्राम शिक्षा समिति को स्थानीय स्तर पर विद्यालयों का पर्यवेक्षण करने और जिला बेसिक शिक्षा समिति को आवश्यक सुझाव देने के लिए प्रमुख संस्था के रूप में देखा जाता है। प्रत्येक गाँव या गाँव-समूह, जो उ.प्र. पंचायती राज अधिनियम 1947 के अधीन ग्राम सभा है, में निम्नांकित सदस्यों के साथ ग्राम शिक्षा समिति का गठन किया जाना चाहिए: ग्राम सभा प्रधान-अध्यक्ष; तीन अभिभावक (उनमें से एक महिला अवश्य हो) जो विद्यालय अवर उपनिरीक्षक द्वारा नामित होंगे।

ग्राम शिक्षा समितियों को अधिक प्रभावी बनाने और विस्तृत आधार देने के लिए राज्य सरकार ने समिति में निम्नांकित पाँच अन्य सदस्यों को जोड़ दिया है-ग्राम सभा के उप प्रधान, ग्राम पंचायत की निर्वाचित महिला प्रतिनिधि, ग्राम पंचायत के अनुसूचित जाति सदस्य, ग्राम पंचायत के अनुसूचित जनजाति सदस्य, यदि कोई हो और ग्राम पंचायत की महिला सदस्य, अनूसूचित जाति सदस्य और अनुसूचित जनजाति सदस्य के अतिरिक्त एक सदस्य ।

ग्राम शिक्षा समिति निम्नांकित के लिए उत्तरदायी है (क) बेसिक स्कूल भवनों में सुधार और रखरखाव के बारे में जिला बेसिक शिक्षा समिति को सुझाव देना, (ख) इन स्कूलों का पर्यवेक्षण तथा शिक्षकों की समयबद्धता तथा नियमित उपस्थिति के बारे में जिला बेसिक शिक्षा अधिकारी को रिपोर्ट प्रस्तुत करना और (ग) बच्चों की उपस्थिति का अनुश्रवण और इसके घटने की दशा में, इसके सुधार के लिए जिला बेसिक शिक्षा समिति को उचित सुझाव देना। उपर्युक्त समितियों के अतिरिक्त राज्य सरकार ने शासनादेश संख्या-31/15/ 15-5-89-430/88 दिनांक 16.8. 1989 और 2056-घ/15-5-1993 दिनांक 3 मई, 1993 द्वारा संबंधित ब्लॉक प्रमुख की अध्यक्षता में स्कूल भवन कार्यक्रम के अनुश्रवण और प्रगति की समीक्षा हेतु ब्लॉक स्तरीय समितियों का गठन भी किया है।

वर्तमान में स्थानीय निकाय लगभग 70 प्रतिशत प्राथमिक विद्यालय भवनों और लगभग 10 प्रतिशत उच्च प्राथमिक विद्यालय भवनों का प्रबंधन करते हैं। कुल विद्यालयों की तुलना में स्थानीय निकाय के विद्यालयों का प्रतिशत यह दर्शाता है कि स्थानीय निकाय राज्य में प्राथमिक विद्यालयों के प्रबंध में प्रमुख भूमिका अदा करते हैं।

अशासकीय संस्थाएँ

अशासकीय संस्थाओं में राज्य में मान्यताप्राप्त सहायित और मान्यताप्राप्त असहायित विद्यालय सम्मिलित हैं। ये संस्थाएँ राज्य में स्कूली शिक्षा में विशेष रूप से उच्च प्राथमिक से उच्चतर माध्यमिक स्तर की व्यवस्था में महत्वपूर्ण भूमिका अदा कर रही हैं। वे राज्य में लगभग 50 प्रतिशत उच्च प्राथमिक विद्यालयों, 80 प्रतिशत हाईस्कूलों और 83 प्रतिशत इण्टरमीडिएट कॉलेजों का प्रबंध करती हैं। लगभग सभी इण्टर कॉलेजों में 6-12 तक की कक्षाएं हैं। निजी प्रबंधतंत्रों वाली संस्थायँ 85

प्रतिशत अनुदान राज्य सरकार से प्राप्त करती हैं।

इसके अतिरिक्त अनेक स्वयंसेवी संस्थाएँ ट्रस्ट और समितियाँ राज्य में विभिन्न स्तरों पर शैक्षिक संस्थाओं का प्रबंध कर रही हैं। ये हैं–काली प्रसाद ट्रस्ट, इलाहाबाद, राधास्वामी ट्रस्ट, आगरा, महानंद मिशन, गाजियाबाद, महाबोधि सोसाइटी, सारनाथ वाराणसी, जैन ट्रस्ट, वाराणसी, लखनऊ ट्रस्ट डायोसिशन एसोसिएशन, लखनऊ, बिरला एजूकेशन ट्रस्ट, नैनीताल, मोदी एजूकेशन सोसाइटी, मेरठ, जयपुरिया एजूकेशन ट्रस्ट, कानपुर, गुरुनानक ट्रस्ट, देहरादून, इंसटीट्यूट ऑफ ब्लेस्ड वर्जिन मेरी, इलाहाबाद, आयरिश क्रिश्चियन ब्रदर्स, नैनीताल और बिशप कैथोलिक चर्च, लखनऊ। राज्य सरकार इन शैक्षिक संस्थाओं को मान्यता देने के नियमों और विनियमों के माध्यम से नियंत्रण और पर्यवेक्षण करती है। स्थानीय निकाय के विद्यालयों की भाँति इन संस्थाओं का सामान्य पर्यवेक्षण, नियंत्रण, निरीक्षण और ऑडिट भी, विभिन्न स्तरों पर शिक्षा विभाग के प्रशासनिककर्मियों द्वारा किया जाता है। विभाग शिक्षा नीति निर्धारित करता है, उच्च प्राथमिक स्तर तक की पाठ्यपुस्तकें प्रकाशित करता है और मान्यता प्रदान करता है। सभी स्कूलों द्वारा समान पाठ्यक्रम और पाठ्यपुस्तकों का उपयोग अपेक्षित है। कक्षा-5 तथा 8 की परीक्षाएँ भी राज्य शिक्षा विभाग द्वारा संचालित की जाती हैं।

सामुदायिक सहभागिता

ग्राम शिक्षा-समितियों के माध्यम से सामुदायिक सहभागिता को बढ़ाना यह सुनिश्चित करने के लिए सर्वाधिक अल्पव्ययी व्यवस्था मानी गई है कि शिक्षक कार्य करें और स्कूल अपने कार्यक्रमों का निष्पादन करें। राज्य में ग्राम शिक्षा समितियों को 1980 में समुदाय स्कूल निर्माण कार्यक्रम की शुरूआत के साथ क्रियाशील बनाया गया। ग्राम शिक्षा समिति के हाथों में उत्तरदायित्व और संसाधन सौंपने से इस कार्यक्रम पर सकारात्मक प्रभाव पड़ा। फिर भी 3 जनपदों-वाराणसी, सीतापुर और नैनीताल में 1992-93 में किए गए अध्ययनों में यह पाया गया कि ग्राम शिक्षा समितियों के विषय में समुदाय की जागरूकता बहुत कम थी और ग्राम शिक्षा समिति की बैठकें नियमित रूप से आयोजित नहीं की जातीं।

समुदाय स्कूल निर्माण कार्यक्रम के सकारात्मक प्रभावों से उत्साहित होकर राज्य सरकार ने ग्राम शिक्षा समितियों का पुनर्गठन किया है – (क) अनुसूचित जाति/अनुसूचित जनजाति और महिला सदस्यों को प्रतिनिधित्व देकर, (ख) छात्रवृत्तियों के वितरण का उत्तरदायित्व सौंप कर और (ग) स्कूल भवन निर्माण का दायित्व सौंप कर।

अभिभावक शिक्षक संघों का अध्ययन

अभिभावक और समुदाय अभिभावक-शिक्षक संघ के माध्यम से विद्यालयों के प्रबंध

में काफी हद तक सहभागी हो जाते हैं। शासन ने उ.प्र. माध्यमिक शिक्षा परिषद द्वारा वर्ष 1986 में सूत्रबद्ध किए गए अभिभावक-शिक्षक संघ के नियमों को स्वीकृति दे दी है। माध्यमिक विद्यालयों में विज्ञान शिक्षण में सुधार में 'अभिभावक शिक्षक संघ' की सहभागिता की सीमा का आकलन करने के लिए वर्ष 1991 में एक अध्ययन किया गया था। यह पाया गया कि प्रतिदर्श माध्यमिक विद्यालयों में से 90 प्रतिशत में 'अभिभावक शिक्षक संघ' गठित हैं।

स्कूलों के प्रबंध में अभिभावकों की सहभागिता के क्षेत्रों को सारणी 6.1 में दिखाया गया है।

स्कूलों के प्रबंध में 'अभिभावक शिक्षक संघ' की भूमिका को कार्यक्षम और प्रभावी बनाने के लिए यह सुझाव है कि प्रत्येक माध्यमिक विद्यालय में 'अभिभावक शिक्षक संघ' का गठन किया जाना चाहिए। एक शैक्षिक सत्र में 'अभिभावक शिक्षक संघ' की कम से कम 5 बैठकें होनी चाहिए। पीटीए का खाता किसी बैंक/ पोस्ट ऑफिस में खोला जाए और इसका संचालन संस्था के प्रधानाचार्य और एक 'अभिभावक शिक्षक संघ' पदाधिकारी द्वारा संयुक्त रूप से किया जाए। स्कूल विकास के कार्यक्रमों को प्रधानाचार्य द्वारा पीटीए के परामर्श से सूत्रबद्ध किया जाना चाहिए। अभिभावक-शिक्षक संघ द्वारा वैज्ञानिक विषयों पर विशेषज्ञों/ ख्यातिप्राप्त व्यक्तियों के व्याख्यान आयोजित कराए जाने चाहिए तथा उनके सदस्यों को स्कूलों के पाठ्यसहगामी क्रियाकलापों में सक्रिय रूप से भाग लेना और सहयोग देना चाहिए।

सारणी 6.1

स्कूल प्रबंध में अभिभावकों की सहभागिता के क्षेत्र

(प्रतिशत में)

क्षेत्र	प्रतिदर्श विद्यालयों का प्रतिशत
काष्ठोपकरण	34
भवन/प्रयोगशाला निर्माण	31
बुक-बैंक	7
निर्धन छात्रकोष	6
अन्य (पेयजल की व्यवस्था, बिजली,रेडियो, टीवी, आदि)	22
योग	100

स्रोत: केस स्टडी

समस्याएँ और सुझाव

बेसिक शिक्षा अधिनियम, 1972 ग्राम स्तर पर प्राथमिक तथा उच्च प्राथमिक विद्यालयों को नियोजन और प्रबंधन संबंधी सहयोग प्रदान करने हेतु ग्राम शिक्षा

समितियों के गठन पर बल देता है। आरम्भ में ये समितियाँ 3 अभिभावक सदस्यों तथा अध्यक्ष के रूप में ग्राम प्रधान को सम्मिलित करते हुए गठित की गई थीं। आगे चलकर राज्य सरकार द्वारा सदस्यों की संख्या बढ़ाकर 4 से 8 कर दी गई और गाँव के अनुसूचित जाति, महिला और अन्य जातियों को प्रतिनिधित्व प्रदान कर इन समितियों का पुनर्गठन किया गया, परन्तु पुनर्गठन के बाद भी ग्राम शिक्षा समितियों के कार्य और दायित्वों के स्पष्ट रूप से परिभाषित न होने से और गठन में लोकतांत्रिक प्रक्रिया के न होने के कारण ये ठीक ढंग से कार्य नहीं कर रही हैं। अतः आवश्यकता यह है कि इन समितियों में सदस्यों को नामित करने के स्थान पर उन्हें निर्वाचित किया जाए और विशेषकर उन लोगों को, जो शिक्षा के नियोजन और प्रबंधन की गतिविधियों में रूचि लेते हों, सम्मिलित करते हुए इन समितियों की पुनर्रचना की जाए। सदस्यों की संख्या बढ़ाकर 7 से 15 कर दी जाए। बिहार शिक्षा परियोजना की भाँति ग्राम शिक्षा समितियों के गठन में प्राथमिक स्वास्थ्य केंद्र, अनौपचारिक शिक्षा केंद्रों, स्वयंसेवी संगठनों, आंगनबाड़ी/बालवाड़ी आदि को भी प्रतिनिधित्व दिया जाना चाहिए। कामगारों, साधारण जनता और अभिभावकों में से प्रतिनिधियों का चुनाव गाँव में एक साधारण बैठक आयोजित करके होना चाहिए। ग्राम शिक्षा समितियों को स्पष्ट दिशा-निर्देश प्रदान किए जाएँ और मुख्य रूप से, लोगों को शैक्षिक उद्देश्यों के लिए अभिप्रेरित करने हेतु और संसाधनों के उपभोग के लिए अपेक्षित कौशलों का प्रशिक्षण प्रदान किया जाना चाहिए।

अध्याय–7

अपवंचित वर्गों के लिए शैक्षिक कार्यक्रम

अनुसूचित जातियों की शिक्षा

राज्य में वर्ष 1991 में अनूसूचित जाति की जनसंख्या 1.56 करोड़ पुरुषों और 1.37 करोड़ महिलाओं सहित कुल 2.93 करोड़ थी। कुल जनसंख्या में अनुसूचित जाति की जनसंख्या का अनुपात वर्ष 1981 में 21.16 प्रतिशत की तुलना में 1991 में 21.05 था। संपूर्ण देश की अनुसूचित जाति की जनसंख्या के संदर्भ में राज्य में अनुसूचित जाति की जनसंख्या का प्रतिशत 1991 में 21.18 था। राज्य में इस वर्ष 66 अनुसूचित जातियाँ थीं। राज्य की कुल अनुसूचित जाति की जनसंख्या का दसवाँ भाग, जो कि लगभग 11.8 प्रतिशत है, राज्य के शहरी क्षेत्र में निवास कर रहा था।

वर्ष 1991 में 32 जिलों में अनुसूचित जाति जनसंख्या राज्य के औसत 21.05 प्रतिशत से अधिक थी। यद्यपि राज्य सरकार ने अनुसूचित जातियों के शैक्षिक विकास के लिए अनेक शैक्षिक कार्यक्रम प्रारम्भ किए हैं, तथापि राज्य में उनकी साक्षरता वर्ष 1981 तथा 1991 दोनों में राष्ट्रीय स्तर से नीचे रही है। वर्ष 1991 में अनुसूचित जाति जनसंख्या की साक्षरता दर राष्ट्रीय स्तर पर कुल 37.41 प्रतिशत थी जिसमें पुरुषों का प्रतिशत 49.91 और महिलाओं का प्रतिशत 23.85 था। इसकी तुलना में राज्य में अनुसूचित जनजाति की कुल जनसंख्या की साक्षरता दर 26.85 प्रतिशत थी, जिसमें पुरुषों का प्रतिशत 40.80 और महिलाओं का प्रतिशत 10.69 था।

सारणी 7.1 वर्ष 1995–96 में अनुसूचित जाति के बच्चों के प्राथमिक से उच्चतर माध्यमिक/ इण्टरमीडिएट कॉलेज स्तर तक के नामांकन को प्रदर्शित करती है। प्राथमिक स्तर पर अनुसूचित जाति नामांकन का अनुपात 15.87 प्रतिशत है जो राज्य स्तर पर उनके कुल जनसंख्या के 21.05 प्रतिशत की तुलना में कम है, जो यह दर्शाता है कि राज्य सरकार द्वारा किए गए अनेक प्रयासों के बावजूद शिक्षा में अनुसूचित जातियों की भागीदारी अभी भी अपेक्षित स्तर तक पहुँचनी शेष है।

उत्तर प्रदेश
अनुसूचित जाति बच्चों का नामांकन
(1995-96)

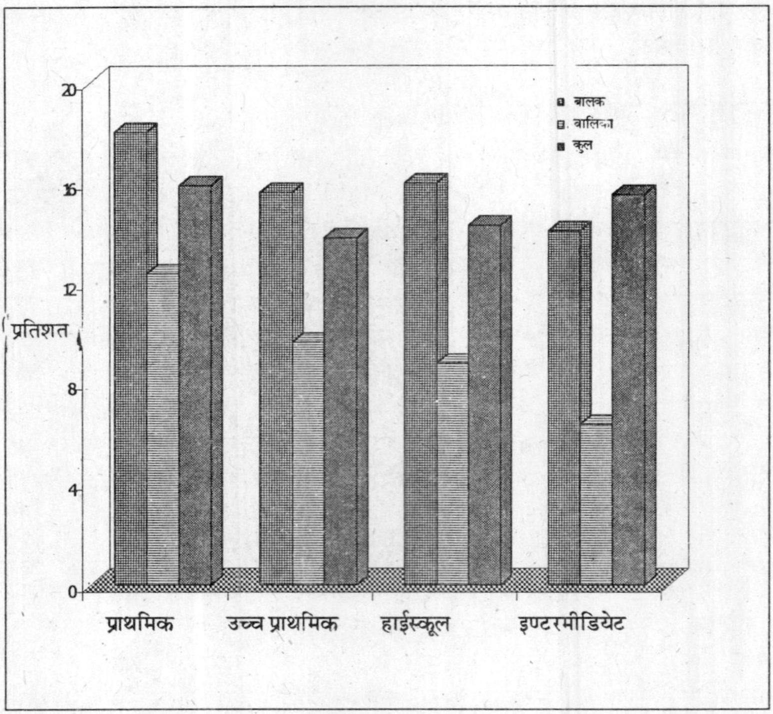

चित्र 7.1

इसके अतिरिक्त यह भी दृष्टव्य है कि शिक्षा का स्तर ऊपर बढ़ता है, उनके नामांकन का अनुपात घटता जाता है (चित्र 7.1)।

अनुसूचित जाति के बच्चों का न्यूनतर सकल नामांकन अनुपात प्राथमिक स्तर पर (66.8 प्रतिशत) और उच्च प्राथमिक स्तर पर (35.7 प्रतिशत) सारणी 7.2 के अनुसार-चिंता का विषय है। अनुसूचित बालिकाओं की शिक्षा की स्थिति, सकल नामांकन अनुपात जो कि 42 प्रतिशत प्राथमिक स्तर पर और 15.8 प्रतिशत उच्च प्राथमिक स्तर पर है (चित्र 7.2) को ध्यान में रखते हुए, बहुत गंभीर है। 6-11 तथा 11-14 वय वर्ग के अनुसूचित जाति के बच्चों के स्कूल से बाहर रहने के कुछ मुख्य कारण इस प्रकार है : (क) अभिभावकों में अपने बच्चों को स्कूल भेजने के प्रति जागरूकता और अभिप्रेरण की कमी, (ख) सामाजिक पूर्वाग्रह, (ग) परिवार की गरीबी और कुछ प्रकरणों में स्कूल तक पहुँच का अभाव।

सारणी 7.1

अनुसूचित जाति के बच्चों का नामांकन

(लाख में) (1995-96)

शिक्षा स्तर	अनुसूचित जाति(नामांकन)		
	बालक	बालिकाएँ	योग
प्राथमिक	18.15 (18.03)	7.66 (12.35)	25.81 (15.87)
उच्च प्राथमिक	6.15 (15.60)	1.62 (9.60)	7.77 (13.80)
हाईस्कूल	2.86 (15.97)	0.47 (8.74)	3.33 (14.30)
इण्टरमीडिएट	1.22 (14.07)	0.24 (6.30)	1.46 (15.50)

टिप्पणी: कोष्ठ में दिये गए आँकड़े राज्य में कुल नामांकन में अनुसूचित जाति के बच्चों के नामांकन का प्रतिशत दर्शाते हैं।

स्रोत: चयनित शैक्षणिक सांख्यिकी, 1995-96, मानव संसाधन एवं विकास मंत्रालय, शिक्षा विभाग, भारत सरकार, नई दिल्ली

सारणी 7.2

अनुसूचित जाति के बच्चों का कुल नामांकन अनुपात

(प्रतिशत में) (1995-96)

शिक्षा स्तर	अनुसूचित जाति		
	बालक	बालिकाएँ	योग
प्राथमिक	88.9	42.0	66.8
उच्च प्राथमिक	53.3	15.8	35.7

स्रोत : चयनित शैक्षणिक सांख्यिकी, 1995-96, मानव संसाधन एवं विकास मंत्रालय, शिक्षा विभाग, भारत सरकार, नई दिल्ली

अनुसूचित जनजातियों की शिक्षा

वर्ष 1991 में राज्य की अनुसूचित जनजाति जनसंख्या 2.89 लाख थी। राज्य में केवल 5 जनजातियाँ थीं। अनुसूचित जनजाति की साक्षर जनसंख्या केवल 35.70 प्रतिशत है, पुरुष और महिलाओं की साक्षरता की दर क्रमशः 49.95 और 19.86 प्रतिशत है। जहाँ तक जनजातियों की शिक्षा का प्रश्न है, वर्ष 1995-96 में बच्चों का नामांकन प्राथमिक स्तर पर 32 हजार, उच्च प्राथमिक स्तर पर 9 हजार, हाईस्कूल स्तर पर 3 हजार और इण्टरमीडिएट स्तर पर लगभग 2 हजार था। अनुसूचित जनजातियों के बच्चों का नामांकन अनुपात प्राथमिक स्तर पर वर्ष 1995-96 में इस प्रकार था–प्राथमिक स्तर पर सभी बच्चों के लिये 82.5 प्रतिशत, बालकों का 99.1 प्रतिशत तथा बालिकाओं का 63.9 प्रतिशत, उच्च-प्राथमिक स्तर पर सभी बच्चों के लिए 41 प्रतिशत, बालकों का 56.9 प्रतिशत, बालिकाओं का 23 प्रतिशत।

उत्तर प्रदेश
अनुसूचित जाति बच्चों की समग्र नामांकन दर
(1995-96)

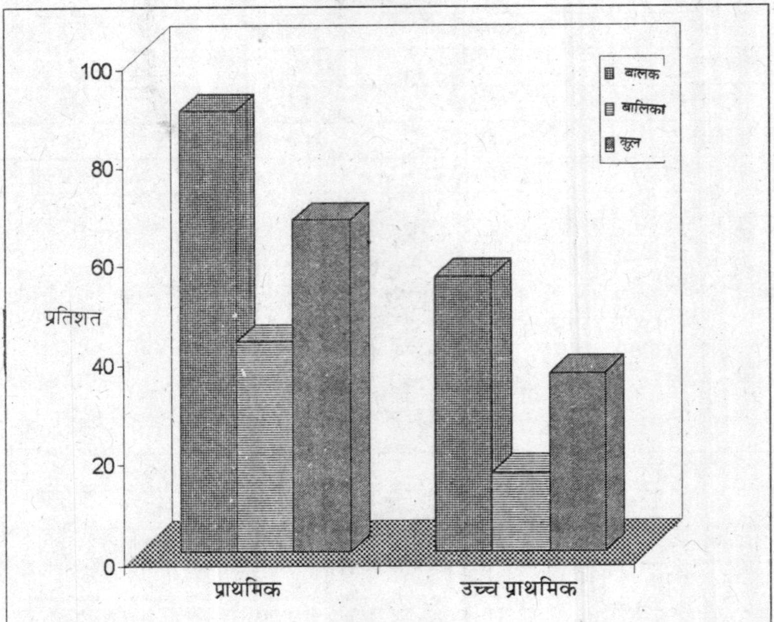

चित्र 7.2

बालिकाओं की शिक्षा

बालिकाएँ समाज का एक दूसरा अपवंचित समूह हैं। वे हर क्षेत्र में पीड़ित रही हैं और विशेष रूप से शिक्षा के क्षेत्र में । यह अल्पसंख्यकों के संदर्भ में अधिक सही है। बालिकाओं का नामांकन और इसके साथ-साथ उनकी धारण क्षमता स्कूली शिक्षा के सभी स्तरों पर बालकों की तुलना में खराब रही है, जब कि बोर्ड परीक्षाओं में उनका प्रदर्शन बालकों की तुलना में अच्छा रहा है। भारत सरकार द्वारा महिलाओं की स्थिति को उन्नत करने के लिए बहुत सी समितियों का गठन किया गया है। इन समितियों का सुझाव रहा है कि महिलाओं की स्थिति में बहुत अधिक सुधार शिक्षा के माध्यम से ही लाया जा सकता है।

राज्य में महिला साक्षरता (25.31 प्रतिशत) पुरुष साक्षरता (55.73 प्रतिशत) की आधी से भी कम थी। यह वर्ष 1991 में राष्ट्रीय स्तर पर महिला साक्षरता (39.29 प्रतिशत) की तुलना में भी कम थी। वर्ष 1995-96 में राज्य में कुल नामांकन में बालिकाओं का प्रतिशत काफी कम था, प्राथमिक स्तर पर 38.12 प्रतिशत और उच्च प्राथमिक स्तर पर 29.97 प्रतिशत। बालिकाओं का सकल नामांकन अनुपात भी निम्न अनुपात दर्शाता है। वर्ष 1995-96 में प्राथमिक स्तर पर 72.0 प्रतिशत और उच्च प्राथमिक स्तर पर 34.9 प्रतिशत जोकि इन स्तरों पर बालकों की तुलना में क्रमशः 104.3 प्रतिशत और 72.3 प्रतिशत की तुलना में काफी कम है।

राज्य सरकार द्वारा बालिका शिक्षा को प्रोत्साहन देने के लिए विशेष प्रयास किए गए हैं। इनमें से कुछ इस प्रकार हैं :

1. बालिकाओं के लिए कक्षा 12 तक की शिक्षा शिक्षण शुल्क से मुक्त रखी गई है।
2. नवीन उच्च प्राथमिक विद्यालयों में से 50 प्रतिशत केवल बालिकाओं के लिए स्थापित किए जा रहे हैं।
3. प्राथमिक स्तर पर महिला शिक्षिकाओं की अधिक नियुक्ति के लिए प्राथमिक विद्यालय शिक्षकों के सेवापूर्व प्रशिक्षण संस्थानों में 70 प्रतिशत स्थान बालिकाओं के लिए आरक्षित किए गए हैं। इसके अतिरिक्त महिला अभ्यर्थियों के लिए 40 वर्ष तक आयु संबंधी शिथिलता प्रदान की गई है।
4. 488 असेवित विकास खण्डों में राज्य सरकार द्वारा अपने संसाधनों से 100 हाईस्कूल खोले गए हैं। स्वयंसेवी संगठनों की सहायता से लड़कियों के लिए 100 हाईस्कूल/इण्टरमीडिएट कॉलेज खोलने का भी प्रस्ताव किया गया था। राज्य सरकार ने 1994-95 में इन संगठनों/ समितियों को प्रोत्साहित करने के लिए असेवित विकास खण्डों में भवन तथा फर्नीचर आदि के लिए 10 लाख रुपये का अनुदान और 5 एकड़ भूमि प्रत्येक स्कूल के लिए प्रदान

की। यह योजना अत्यंत लोकप्रिय सिद्ध हुई है। अतएव वर्ष 1995-96 में 100 असेवित विकास खण्डों में निजी प्रबंधतंत्रों द्वारा कन्या हाईस्कूलों के संचालन की अपेक्षा थी।

5. सभी अनौपचारिक शिक्षा केंद्रों को बालिका शिक्षा केंद्र के रूप में अभिहित किया गया है ताकि केंद्रों में अधिक से अधिक लड़कियों को लाया जा सके और उनकी शैक्षिक आवश्यकताओं की पूर्ति की जा सके।
6. बालिका शिक्षा में वृद्धि के लिए राज्य सरकार के पास कई प्रोत्साहन योजनाएँ हैं। जैसे-प्रसाधन सुविधाएँ, उन बालक संस्थाओं को जिनमें बालिकाएँ भी अध्ययन कर रही है, कक्षा कक्ष और फर्नीचर की सुविधाएँ।

विकलांगों की शिक्षा

विकलांगों की शिक्षा को प्रोत्साहित करने के लिए भारत सरकार द्वारा प्रायोजित एक योजना, विकलांग बच्चों की समेकित शिक्षा राज्य में संचालित की जा रही है। इसके लिए मण्डल मुख्यालयों पर सुविधा प्रदान की गई थी और भवन निर्माण तथा उपकरणों/ सहायक सामग्री के क्रय के लिए धनराशि प्रदान की गई थी। यह योजना राज्य के 10 जनपदों-मेरठ, आगरा, बरेली, गोरखपुर, फैजाबाद, झाँसी, मुरादाबाद, पौड़ी गढ़वाल और बलिया के जूनियर हाईस्कूलों/ हाईस्कूलों में संचालित की जा रही है। इस योजना के अंतर्गत आंशिक रूप से विकलांग बच्चों को प्रतिवर्ष प्रति बच्चा रू. 200 वर्दी के लिए, रु. 400 किताबों और स्टेशनरी व्यय के लिए और रु. 50 प्रतिमाह यात्रा भत्ते के रूप में प्रदान किए जाते हैं परन्तु परिणाम बहुत उत्साहजनक नहीं रहे, क्योंकि विकलांग बच्चों का नामांकन बहुत कम रहा। राज्य सरकार की योजना के अंतर्गत विकलांग बच्चों को दृश्य उपकरण और श्रव्य उपकरण समाज कल्याण विभाग द्वारा प्रदान किए जाते हैं। बधिरों और गूँगों के लिए कुछ स्कूल जैसे-मूक बधिर विद्यालय भी समाज कल्याण विभाग द्वारा चलाए जा रहे हैं।

अल्पसंख्यकों की शिक्षा

राज्य में वर्ष 1997-98 में 451 मान्यता प्राप्त अरबी-फारसी मदरसे थे, जिनमें से 317 राज्य सरकार से,अनुदान पा रहे थे। शिक्षा विभाग पाँच परीक्षाएँ संचालित करता है यथा-मुंशी, मौलवी (दोनों क्रमशः हाईस्कूल और इण्टरमीडिएट के समकक्ष), आलिम, कामिल और फाजिल।

सारणी-7.3 अरबी-फारसी मदरसों के विगत पांच वर्षों की अवधि के नामांकन और परीक्षा परिणाम दर्शाती है। वर्ष 1996 से, अरबी फारसी मदरसों से संबंधित कार्य को शिक्षा विभाग से अल्पसंख्यक कल्याण विभाग को हस्तांतरित कर दिया गया है।

सारणी 7.3

नामांकन एवं परीक्षा में उत्तीर्ण अल्पसंख्यक छात्रों की संख्या

वर्ष	नामांकन	सम्मिलित छात्रों की संख्या	उत्तीर्ण छात्रों की संख्या
1990	10484	7062	5315
1991	10449	7684	4361
1992	13259	8088	5442
1993	10039	6939	5229
1994	14283	उपलब्ध नहीं	उपलब्ध नहीं

स्रोतः शिक्षा की प्रगति, शिक्षा निदेशालय, उ.प्र., 1994-95

केंद्र पुरोनिधानित योजना

शैक्षिक दृष्टि से पिछड़े अल्पसंख्यकों के लिए सघन क्षेत्र कार्यक्रम के अंतर्गत मार्च, 1998 तक 172 प्राथमिक विद्यालय और 243 उच्च प्राथमिक विद्यालय स्वीकृत किए गए थे।

अनुसूचित जाति और अनुसूचित जनजाति छात्रों के लिए प्रोत्साहन

राज्य सरकार ने अनुसूचित जातियों और अनुसूचित जनजातियों को स्पेशल कम्पोनेंट प्लान के अंतर्गत विभिन्न क्षेत्रों में क्षेत्रवार कार्यक्रम के लाभों को नियमित रूप से प्रदान करने पर विशेष बल दिया है, जिसके द्वारा बजट का लगभग 20 प्रतिशत प्रत्येक कार्यक्रम के लिए आवंटित किया जाता है। विभिन्न कल्याणकारी योजनाएँ है: छात्रावृत्तियों की स्वीकृति, पुस्तकों की खरीद के लिए अनावर्तक सहायता, शुल्क की प्रतिपूर्ति, आश्रम पद्धति-विद्यालयों की स्थापना, छात्रावासों की स्थापना और कोचिंग केंद्रों की स्थापना।

छात्रवृत्तियाँ

अनुसूचित जाति, अनुसूचित जनजाति और अन्य पिछड़ा वर्ग के बच्चों को प्राथमिक से इण्टरमीडिएट कक्षाओं तक चयनित छात्रों को छात्रवृत्ति वितरित करने हेतु धनराशि समाज कल्याण विभाग द्वारा संस्थाओं को सीधे प्रदान की जाती है। वर्तमान में वित्तीय संसाधनों की कमी के कारण अनुसूचित जाति के सभी बच्चे छात्रवृत्ति नहीं पाते हैं। छात्रवृत्ति कार्यक्रम को जनपद, मण्डल और राज्य स्तर पर सर्वोच्च प्राथमिकता दी जाती है। छात्रवृत्ति वितरण की नियमित समीक्षा वरिष्ठ अधिकारियों द्वारा की जाती है, जिससे कि छात्रों को समय से धनराशि प्राप्त हो सके। वर्तमान में, समाज कल्याण विभाग द्वारा अनुदान दो छमाही किश्तों में स्कूलों/ कॉलेजों को हस्तांतरित कर दिया जाता है और इसका वितरण अग्रिम वित्तीय सहायता के रूप में किया जाता है। छात्रवृत्ति की दर प्राथमिक कक्षाओं के छात्रों के लिए रु. 25,

जूनियर हाईस्कूल के लिए रु. 40, प्री मैट्रिक के लिए रु. 60 और पोस्ट-मैट्रिक के लिए अधिक है। छात्रों को छात्रावृत्ति की धनराशि के वितरण के बाद, संस्थाओं के प्रधानों द्वारा जिला समाज कल्याण अधिकारी को उपभोग प्रमाण पत्र प्रस्तुत किए जाते हैं। अनुसूचित जाति छात्रों के बीच से विद्यालय स्तर पर छात्रों का चयन प्राथमिक और उच्च प्राथमिक स्तर के लिए ग्राम शिक्षा समिति द्वारा और अन्य के लिए एक समिति के द्वारा किया जाता है, जिसमें एक अनुसूचित जाति का सदस्य होता है। इस योजना के अंतर्गत जो संस्थाएँ अनुसूचित जाति के छात्रों के शैक्षिक स्तर उन्नयन के लिए अतिरिक्त प्रयास करती हैं, उन्हें अनुदान दिया जाता है।

निःशुल्क शिक्षा

अनुसूचित जाति के छात्र से बारहवीं कक्षा तक कोई शिक्षण शुल्क नहीं लिया जाता है। शिक्षा विभाग और समाज कल्याण विभाग संबंधित संस्थाओं को इसकी क्षतिपूर्ति करते हैं।

प्रवेश में आरक्षण

अभी हाल ही में राज्य सरकार ने उच्च शिक्षा, तकनीकी/ चिकित्सा शिक्षा सहित प्रत्येक स्तर पर स्थानों का 50 प्रतिशत आरक्षण कोटा निर्धारित किया है। आरक्षण कोटा-अनुसूचित जाति के लिए (21प्रतिशत), अनुसूचित जनजाति के लिए (2प्रतिशत) और पिछड़ी जाति के लिए (27प्रतिशत) लागू किया है। अतः वर्तमान में इन समुदायों का कोई छात्र शिक्षा की किसी शाखा/अनुभाग में प्रवेश से वंचित नहीं रहता है।

छात्रावासों का निर्माण

इस तथ्य को ध्यान में रखते हुए कि अनुसूचित जाति जनसंख्या का 85 प्रतिशत गाँवों में निवास करता है जहाँ शैक्षिक सुविधाएँ अपर्याप्त हैं, सातवीं पंचवर्षीय योजना में बालकों के लिए 20 छात्रावासों और लड़कियों के लिए 7 छात्रावासों का निर्माण कराया गया। यह छात्रावास के कुल लक्ष्य 100 के सापेक्ष था।

ये छात्रावास सभी अनुसूचित जाति के छात्रों को स्थान देने के लिए अपर्याप्त हैं, अतः आठवीं पंचवर्षीय योजना में बालकों के लिए 45 और बालिकाओं के लिए 16 छात्रावासों का निर्माण प्रस्तावित था। इसके लिए राज्य में आठवीं पंचवर्षीय योजना अवधि में लगभग 15 करोड़ रुपये का प्रावधान किया गया था।

आश्रम पद्धति विद्यालयों की स्थापना

वर्तमान में 48 आश्रम पद्धति विद्यालय राज्य में कार्यरत हैं, जिनमें से अधिकांश प्राथमिक और जूनियर हाईस्कूल हैं। यह योजना उपयोगी पायी गई है और सरकार द्वारा और अधिक विद्यालयों का खोला जाना प्रस्तावित है।

कोचिंग केंद्र

सातवीं पंचवर्षीय योजना के अंत तक राज्य में 8 प्रादेशिक सिविल सेवा कोचिंग सेण्टर थे, जो अनुसूचित जाति के छात्रों की आवश्यकताओं की पूर्ति कर रहे थे। आठवीं पंचवर्षीय योजना में 5 और नए केंद्र स्थापित किए गए। इस प्रकार सभी मण्डल मुख्यालयों को आच्छादित कर दिया गया। इसके अतिरिक्त सरकार ने अनुसूचित जाति के लड़कों और लड़कियों के लिए प्री-मेडिकल और प्री-इंजीनियरिंग परीक्षाओं की तैयारी हेतु 13 कोचिंग केंद्रों की स्थापना का प्रस्ताव किया था।

सुझाव

अनुसूचित जाति, अनुसूचित जनजाति और पिछड़ी जाति के प्राथमिक, उच्च प्राथमिक, हाईस्कूल और इण्टरमीडिएट छात्रों की छात्रवृत्ति दर में वृद्धि किए जाने की आवश्यकता है। बच्चों को छात्रवृत्ति की वितरण प्रक्रिया को त्वरित गतियुक्त बनाया जाना चाहिए। पुस्तक सहायता का लाभ कम से कम 20 प्रतिशत अनुसूचित जाति/अनुसूचित जनजाति के बच्चों तक बढ़ाया जाना चाहिए। यह भी सुझाव है कि पोशाक के लिए अनुदान अनुसूचित जाति/ अनुसूचित जनजाति के गरीब परिवारों की बहुसंख्य लड़कियों की सहायता के लिए प्रदान किया जाना चाहिए। यह पाया गया है कि महिला शिक्षिकाओं का प्रतिशत अभी तक कम है और ग्रामीण क्षेत्रों में तो यह काफी कम है। इसका मुख्य कारण कामकाजी महिलाओं के लिए रहने के स्थान की अनुपलब्धता है। संस्थाओं में काम करते हुए अधिकांश महिला शिक्षिकाएँ अपने परिवारों के साथ रहना चाहती हैं। इस स्थिति में सुधार हेतु कामकाजी महिला छात्रावासों और अधिक शिक्षक-आवासों के निर्माण की आवश्यकता है।

अध्याय 8

कार्मिक प्रबंधन

भर्ती एवं चयन

सचिवालय स्तर पर शिक्षा विभागों में प्रमुख सचिव, सचिव और विशेष सचिव के पद आई.ए.एस. संवर्ग तथा संयुक्त सचिव पी.सी.एस. संवर्ग से संबंधित है। यद्यपि उप सचिव और अनुसचिव के पद सचिवालय सेवा से संबंधित हैं। तथापि संयुक्त सचिव स्तर तक के दो पद प्रादेशिक शिक्षा सेवा से संबंधित हैं और शिक्षा विभाग के अधिकारियो में से प्रतिनियुक्ति पर भरे जाते हैं।

शिक्षा के विभिन्न क्षेत्रों के निदेशकों यथा-शिक्षा निदेशक (माध्यमिक), शिक्षा निदेशक (बेसिक), निदेशक, (एस.सी.ई.आर.टी.), निदेशक (प्रौढ़ शिक्षा), अपर निदेशक, संयुक्त निदेशक, उप निदेशक, सहायक निदेशक, मण्डलीय उप निदेशक, मण्डलीय सहायक निदेशक (बेसिक), जिला विद्यालय निरीक्षक, प्राचार्य, डायट और जिला प्रौढ़ शिक्षा अधिकारी श्रेणी एक समूह से संबंधित हैं और प्रादेशिक शिक्षा सेवा श्रेणी दो समूह में से चयन कर पदस्थापित किए जाते है। जिला स्तर पर प्राथमिक शिक्षा की देखरेख करने वाले जिला शिक्षा अधिकारी (बेसिक), राजकीय इण्टर कॉलेजों (बालक/बालिका) के प्रधानाचार्य, जिला अनौपचारिक शिक्षा अधिकारी और सह जिला विद्यालय निरीक्षक श्रेणी दो से संबंधित है। जिला शिक्षा अधिकारी (बेसिक) की सहायता करने वाले उप विद्यालय निरीक्षक और राजकीय हाईस्कूलों के प्रधानाचार्य सभी राजपत्रित हैं और अधीनस्थ शिक्षा सेवा राजपत्रित संवर्ग से संबंधित हैं। श्रेणी दो तक के पद सीधी भर्ती (60 प्रतिशत) के साथ-साथ निरीक्षण शाखा और शिक्षण शाखा से पदोन्नति (40 प्रतिशत) से भरे जाते हैं। प्रति उप विद्यालय निरीक्षक सीधी भर्ती से और राजकीय/ बेसिक शिक्षा परिषद/सहायता प्राप्त जूनियर हाईस्कूलों के प्रधानाध्यापकों के पद पदोन्नति से भी भरे जाते हैं और श्रेणी

तीन से संबंधित हैं हाईस्कूल और इण्टरमीडिएट कॉलेजों के अध्यापक श्रेणी तीन से संबंधित है।

सचिवालय स्तर पर उच्च शिक्षा सचिव (उच्च शिक्षा) द्वारा नियंत्रित की जाती है। संयुक्त निदेशकों, उप निदेशकों और सहायक निदेशकों का चयन विभागीय अधिकारियों में से किया जाता है।

50 प्रतिशत अधिकारियों का चयन उ.प्र. लोक सेवा आयोग द्वारा संचालित सेवा परीक्षा के माध्यम से सीधी भर्ती द्वारा होता है और 50 प्रतिशत की भर्ती निचले पदों से पदोन्नति द्वारा होती है। इण्टरमीडिएट कॉलेजों के प्रधानाचार्यों के पद हाईस्कूलों के संस्था-प्रधानों और उप विद्यालय निरीक्षकों के मध्य से अर्थात् अधीनस्थ शिक्षा सेवा (राजपत्रित) संवर्ग से पदोन्नति द्वारा भरे जाते हैं, और हाईस्कूलों के प्रधानाचार्यों के पद वरिष्ठ प्रवक्ताओं और निरीक्षण कर्मिकों के मध्य से पदोन्नति द्वारा भरे जाते हैं। प्रवक्ता पदों पर नियमित चयन राज्य लोक सेवा आयोग द्वारा किया जाता है।

अशासकीय इण्टरमीडिएट कॉलेजों के प्रधानाचार्य और अध्यापक माध्यमिक शिक्षा सेवा आयोग द्वारा नियुक्त किए जाते हैं। आवेदन-पत्र समाचार पत्रों में विज्ञप्ति के माध्यम से आमंत्रित किए जाते हैं। आयोग पैनल की संस्तुति करता है और संबंधित संस्था का प्रबंधतंत्र चयनित अभ्यर्थियों को नियुक्ति पत्र जारी करता है। एल.टी. संवर्ग और प्रवक्ता संवर्ग के 50 प्रतिशत पद सीधी भर्ती से और 50 प्रतिशत पदोन्नति से भरे जाते हैं।

पदस्थापन और स्थानांतरण

एल.टी. वेतनक्रम के अध्यापकों की नियुक्ति शिक्षा निदेशक (माध्यमिक) के माध्यम से आयोग से संस्तुति प्राप्त होने पर मण्डलीय संयुक्त शिक्षा निदेशक द्वारा की जाती है। प्रवक्ता वेतनक्रम में शिक्षकों का पदस्थापन अपर शिक्षा निदेशक (माध्यमिक) द्वारा किया जाता है। राजकीय हाईस्कूलों के प्रधानाचार्यों का पदस्थापन शिक्षा निदेशक द्वारा और राजकीय इण्टरमीडिएट कॉलेजों के प्रधानाचार्यों का राज्य सरकार द्वारा किया जाता है। इसी प्रकार निरीक्षण शाखा में, प्रति उप विद्यालय निरीक्षकों का पदस्थापन अपर शिक्षा निदेशक (बेसिक) द्वारा और उप विद्यालय निरीक्षकों का शिक्षा निदेशक (बेसिक) द्वारा किया जाता है। श्रेणी दो और ऊपर के अधिकारियों का पदस्थापन राज्य सरकार द्वारा किया जाता है।

एल.टी. वेतनक्रम के शिक्षक अपने मण्डलीय संवर्ग में मण्डलीय संयुक्त शिक्षा निदेशकों के नियंत्रण में होते हैं। प्रवक्ता वेतनक्रम के शिक्षक राज्य के मैदानी संवर्ग या पर्वतीय संवर्ग से संबंधित होते हैं। श्रेणी दो कोटि तक के स्तर के लिए

एक पृथक पर्वतीय संवर्ग स्थापित किया गया है। श्रेणी एक कोटि के सभी पद राज्य संवर्ग से संबंधित हैं। स्थानांतरण के अधिकार क्षेत्रीय अधिकारियों को एक निश्चित अवधि तक, वार्षिक स्थानांतरण के समय दिए जाते हैं। शासन को किसी शिक्षक को किसी भी समय स्थानांतरित करने का अधिकार है।

जहाँ तक क्षेत्र स्तरीय अधिकारियों का प्रश्न है, मण्डलीय संयुक्त निदेशक, मण्डलीय उप शिक्षा निदेशक, मण्डलीय सहायक शिक्षा निदेशक (बेसिक), जिला विद्यालय निरीक्षक, जिला शिक्षा अधिकारी (बेसिक) और जिला अनौपचारिक शिक्षा अधिकारियों के पद राज्य सरकार द्वारा संवेदनशील माने गए हैं और एक स्थान पर सामान्य ठहराव तीन वर्ष तक समझा जाता है परंतु ठहराव के मानक को सरकार द्वारा शायद ही कभी अपनाया जाता है। वास्तव में क्षेत्र स्तरीय अधिकारी जल्दी-जल्दी स्थानांतरित होते हैं। अध्ययन यह स्पष्ट करता है कि क्षेत्र स्तरीय अधिकारियों का उसी स्थान पर ठहराव तीन वर्ष से कम है।

विभिन्न क्षेत्रों के शिक्षा निदेशक शिक्षा के एक क्षेत्र से दूसरे में प्राय: स्थानांतरित नहीं होते हैं। जहाँ तक शिक्षा सचिवों के ठहराव का प्रश्न है, वे प्राय: जल्दी-जल्दी स्थानांतरित होते हैं। पिछले 10 वर्षों में, जैसा कि अध्ययन बताता है, शिक्षा सचिव का औसत ठहराव एक वर्ष से कम रहा है।

राजकीय विद्यालयों के प्राथमिक और उच्च प्राथमिक शिक्षकों के मामले में यथासंभव उनके अपने जनपदों में पदस्थापित करने के प्रयास किए जाते हैं। कोई शिक्षक एक विशेष स्कूल से 5 वर्ष के ठहराव के पूर्व सामान्यत: स्थानांतरित नहीं किया जाता है। 5 वर्ष के बाद भी सामान्यत: उन्हें स्थानांतरित नहीं किया जाता जब तक कि स्वयं शिक्षक की ओर से प्रार्थना न की गई हो या इसके लिए पर्याप्त प्रशासनिक आधार न हो। इन शिक्षकों के स्थानांतरण का अधिकार जनपद स्तरीय नियुक्ति अधिकारियों के पास होता है।

बेसिक शिक्षा परिषदीय विद्यालयों के शिक्षकों के स्थानांतरण के लिए अध्यक्ष जिला पंचायत की अध्यक्षता में एक तीन सदस्यीय जिला स्तरीय स्थानांतरण समिति होती है। नगर क्षेत्र के मामले में ऐसी समिति म्युनिसिपल बोर्ड/ निगम के अध्यक्ष के अधीन होती है। जिला शिक्षा अधिकारी (बेसिक) इन दोनों समितियों का सदस्य सचिव होता है। दोनों समितियों में तीसरा सदस्य एक क्षेत्र स्तरीय शिक्षा अधिकारी होता है।

इस प्रक्रिया में, समायोजन के प्रकरणों के अतिरिक्त 5 प्रतिशत से अधिक शिक्षकों को स्थानांतरित नहीं किया जा सकता। इस मानक से किसी भी प्रकार के विचलन के लिए राज्य स्तर पर बेसिक शिक्षा परिषद से पूर्व अनुमोदन की

आवश्यकता होती है। यह भी आवश्यक है कि स्थानांतरण केवल जून-जुलाई के दौरान ही प्रभावी किए जाएँ।

वेतनमान

शिक्षण और शिक्षणेत्तर कर्मचारियों के विभिन्न वर्गों के वेतनमान परिशिष्ट-IV में दिए गए हैं। पाँचवे वेतन आयोग की संस्तुतियों के आधार पर पुनरीक्षित वेतनमानों का भी उल्लेख किया गया है।

कल्याण और प्रोत्साहन योजनाएँ

शिक्षकों द्वारा दी गई योग्यतापरक सेवाओं के प्रत्यभिज्ञान के लिए राज्य सरकार द्वारा राज्य पुरस्कार और केंद्र सरकार द्वारा राष्ट्रीय पुरस्कारों की स्थापना की गई है। प्रतिवर्ष राष्ट्रीय पुरस्कारों के लिए शिक्षकों का चयन कर उन्हें शिक्षक दिवस अर्थात् 5 सितम्बर को राष्ट्रीय स्तर पर संमानित किया जाता है। राज्य पुरस्कारों के लिए चयनित शिक्षकों को शिक्षा विभाग द्वारा राज्य मुख्यालय पर आयोजित समारोह में सम्मानित किया जाता है।

राष्ट्रीय स्तर पर 302 पुरस्कारों में से राज्य का कोटा 36 और 32 पुरस्कार हैं जो क्रमशः प्राथमिक और माध्यमिक स्कूलों के शिक्षकों को दिया जाता है। इनमें 2 संस्कृत शिक्षक और 2 अरबी-फारसी शिक्षक सम्मिलित हैं। राज्य स्तर पर, कुल 38 पुरस्कारों में से 21 पुरस्कार प्राथमिक के लिए, माध्यमिक के लिए 11 पुरस्कार, संस्कृत पाठशालाओं के लिए 2 और शिक्षक-प्रशिक्षकों के लिए 4 पुरस्कार हैं। राज्य पुरस्कारों और राष्ट्रीय पुरस्कारों से सम्मानित शिक्षकों को 2 वर्षों का सेवा विस्तरण दिया जाता है। इसके अतिरिक्त शिक्षकों को शैक्षिक भ्रमण के लिए अनुदान दिया जाता है। आठ शहरों में, शिक्षक सदन स्थापित किए गए हैं जहाँ शिक्षक भ्रमण के समय नाम मात्रा के किराए पर आवास-स्थान की सुविधा प्राप्त कर सकते हैं। एक शिक्षक कल्याण प्रतिष्ठान की स्थापना की गई है और शिक्षकों की कमजोर वित्तीय दशा में चिकित्सा व्यय और शिक्षक पुत्रियों के विवाह के लिए एकमुश्त धनराशि स्वीकृत की जाती है। यह सुविधा अवकाश प्राप्त शिक्षकों के लिए भी प्रदान की जाती है। सभी नियमित राज्य कर्मचारी स्कूटर और भवन निर्माण ऋणों के लिए आवेदन कर सकते हैं और धनराशि की उपलब्धता की दशा में ऋण प्राप्त कर सकते हैं। अवकाश यात्रा सुविधा (एलटीसी), पेंशन और ग्रेच्युटी सुविधाएँ भी सभी राजकीय कर्मचारियों को उपलब्ध हैं। सभी नियमित राज्य कर्मचारी सामूहिक बीमा योजना से आच्छादित हैं। बेसिक ट्रेनिंग सर्टीफिकेट (बी.टी.सी.) के अभ्यर्थियों के चयन में, शिक्षक-पाल्यों को अधिमान अंक प्रदान किए जाते हैं।

सेवा शर्तें

शिक्षकों की सेवा, जिनकी नियुक्ति विभाग द्वारा अनुमोदित हो, को निर्धारित प्रक्रिया का पालन किए बिना समाप्त नहीं किया जा सकता। सहायता प्राप्त स्कूलों के नियमित शिक्षकों को वेतन का भुगतान वेतन वितरण अधिनियम 1971 के अधीन किया जाता है, जिसमें यह व्यवस्था दी गई है कि जिला विद्यालय निरीक्षक आगामी माह की 20वीं तारीख तक शिक्षक को नियमित वेतन भुगतान सुनिश्चित कराएगा, जिसमें चूक की दशा में त्रुटि करने वाले स्कूल-प्रबंधन के विरूद्ध कार्यवाही की जाएगी। अधिनियम शिक्षकों को नियमित वेतन भुगतान बैंक के माध्यम से कराने में अत्यंत सफल रहा है।

पदोन्नति के अवसर

प्रत्येक श्रेणी के कार्मिक के लिए पदोन्नति के अवसर प्रदान किए गए हैं। सामान्यतः शिक्षा विभाग में एक कर्मचारी कम से कम दो पदोन्नतियाँ प्राप्त करता है। पदोन्नति का मुख्य मानक वरिष्ठता और सेवा-अभिलेख हैं। उन शिक्षकों और प्रधानाचार्यों के लिए जो पदोन्नति के पद की अनुपलब्धता के कारण पदोन्नति नहीं प्राप्त करते, 10 वर्ष की नियमित संतोषजनक सेवा पर चयन वेतनमान तथा 16 वर्ष की संतोषजनक सेवा पर पदोन्नत वेतनमान प्रदान किया जाता है। तथापि, सभी पदोन्नतियों में यह अनिवार्य है कि कार्मिक को वांछित योग्यताधारी होना चाहिए जैसा कि संबंधित पद के लिए शासन द्वारा निर्धारित किया गया हो।

आचार संहिता

जैसा कि उ.प्र. राजकीय कर्मचारी आचरण नियमावली 1956 में संकेतित है, एक विशिष्ट आचरण संहिता है जो सभी राज्य कर्मचारियों पर, शिक्षा विभाग के कर्मचारियों सहित, लागू होती है। सहायता प्राप्त स्कूलों के शिक्षकों के लिए कोई विशेष आचरण संहिता, सेवा नियमावली के अतिरिक्त नहीं है। यदि किसी प्रकार का आचरण-भंग घटित होता है तो प्रकरण उ.प्र. माध्यमिक शिक्षा अधिनियम 1921 में प्रावधानित सेवा नियमों के अनुसार व्यवहृत किया जाता है।

कठिनाइयों का निवारण

यद्यपि शिक्षकों और प्रशासकों की कठिनाइयों के निवारण के लिए विशिष्ट रूप से स्थापित तंत्र नहीं है, शासन तथा विभाग सदैव शिक्षकों की समस्याओं के प्रति बहुत संवेदनशील रहा है। एक समयबद्ध कार्यक्रम, उनके सेवानैवृत्तिक लाभों के निस्तारण, सेवाओं के विनियमितीकरण, वेतन अवशेषों के भुगतान के लिए चलाया

जाता है। स्कूलों में शिक्षणेतर कर्मचारियों की नियुक्ति पर प्रतिबंध भी लागू किया गया है ताकि सेवाकाल में मृत शिक्षकों के आश्रितों को नियुक्त किया जा सके। जब पीड़ित शिक्षक के प्रत्यावेदन/अपील पर ध्यान नहीं दिया जाता और त्वरित निस्तारण नहीं होता, वे अपने संघों से संपर्क करते हैं या न्यायालय में वाद दायर करते हैं। शैक्षिक प्रशासकों की कठिनाइयों के निवारण का कोई स्थापित तंत्र नहीं है। शिक्षा अधिकारियों का संघ वस्तुतः निष्प्रभावी है और पीड़ित अधिकारी को इसके निवारण के लिए न्यायालय की ही शरण लेनी होती है। कभी-कभी अधिकारी सेवा के अंतिम समय में और यहाँ तक कि सेवा-निवृत्ति के दिन भी निलंबित किए गए हैं। ऐसे अधिकारियों की संख्या काफी है, जिनके सेवानैवृत्तिक लाभ उनके विरुद्ध जांच कार्यवाही के कारण रोके गए हैं।

न्यायिक मामले

राजकीय या सहायता प्राप्त स्कूलों में कार्यरत शिक्षकों की कठिनाइयों के निवारण के लिए कोई विशेष रूप से स्थापित व्यवस्था नहीं है। अशासकीय/निजी विद्यालयों के प्रबंधतंत्र द्वारा कभी-कभी शिक्षकों की वास्तविक मांगों के प्रति भी कार्यवाही नहीं की जाती है और इसलिए पीड़ित शिक्षक न्यायालय में जाते हैं। अधिकांश वाद रिट याचिकाओं के माध्यम से उच्च न्यायालय में दाखिल किए जाते हैं। निचली अदालतों में विधिक वाद कम ही दाखिल किए जाते हैं। यह उल्लेखनीय है कि अधिकतर मामले नियुक्ति, पदोन्नति, वेतन, पेंशन, शिक्षकों के स्थानांतरण और प्रबंधकीय विवादों से संबंधित होते हैं। बहुत कम प्रकरण ही प्रवेश, परीक्षा और लगभग नगण्य प्रकरण पाठ्यक्रम, नियोजन, शिक्षण विधियों आदि से संबंधित होते हैं। वर्ष 1998 के अंत तक माध्यमिक शिक्षा से संबंधित लगभग 9000 प्रकरण और प्राथमिक शिक्षा से संबंधित 4600 प्रकरण निचली (जिला) अदालतों, उच्च न्यायालय इलाहाबाद/ लखनऊ और भारत के सर्वोच्च न्यायालय में दर्ज किए गए थे। शैक्षिक प्रशासक न्यायालय प्रकरणों का प्रतिवाद करने की समस्या से कठिनाई से निपट पाते हैं। अधिकारियों का काफी समय और ऊर्जा न्यायालय प्रकरण में ही व्यय हो जाती है। अधिकतर प्रकरण सहायता प्राप्त निजी विद्यालयों के शिक्षकों से संबंधित होते हैं और स्कूलों का प्रबंधतंत्र विभाग से कोई सहयोग नहीं करता वरन् वे याची का ही पक्ष समर्थन करते हैं।

शिक्षकों के लिए आवासीय सुविधाएँ

राज्य में शिक्षकों को उपलब्ध आवासीय सुविधाओं के बारे में सूचना सारणी 8.1 में दी गई है, जो यह दर्शाती है कि प्राथमिक और उच्च प्राथमिक विद्यालयों के

बहुसंख्य शिक्षक अपने आवासों में अवस्थान करते हैं। प्रतिदर्श के इण्टरमीडिएट कॉलेजों के सभी शिक्षकों में से केवल पाँचवाँ भाग राजकीय आवासों में रहता है।

सारणी 8.1

आवासीय सुविधा के आधार पर स्थानीय शिक्षक

(प्रतिशत में)

विद्यालय का प्रकार	प्रतिदर्श विद्यालयों की संख्या	निजी आवास	किराये का आवास	राजकीय आवास	अन्य
प्राथमिक	96	62.5	25.0	3.1	9.4
उच्च प्राथमिक	63	42.8	41.3	6.4	9.5
हाईस्कूल	42	30.9	54.8	4.8	9.5
इण्टरमीडिएट	62	38.7	33.9	19.3	8.1

स्रोत: क्षेत्र अध्ययन

कार्य-निष्पादन का मूल्यांकन

शैक्षिक प्रशासकों तथा शिक्षकों, शिक्षणेतर कर्मचारियों के कार्य निष्पादन का मूल्यांकन वार्षिक गोपनीय आख्याओं के आधार पर किया जाता है। प्रशासकों के बारे में ये आख्याएँ संबंधित व्यक्ति के विषय में उनसे द्वितीय उच्च अधिकारी का मंतव्य निम्नांकित बिंदुओं के संदर्भ में होती हैं-(क) ईमानदारी और सत्यनिष्ठा, (ख) विभागीय नियमों-विनियमों की जानकारी (ग) निरीक्षणों/ भ्रमणों की संख्या (घ) अधीनस्थ पर नियंत्रण, प्रशासन में कार्यदक्षता, (च) अन्य अधिकारियों से समन्वय (छ) अनुशासन, जनता से व्यवहार। वरिष्ठ अधिकारी की टिप्पणियों की उनसे वरिष्ठ अधिकारी के स्तर पर समीक्षा की जाती है और उससे उच्च अधिकारी के स्तर पर अंतिम रूप दिया जाता है। इस प्रकार वार्षिक गोपनीय आख्याओं में कम से कम तीन वरिष्ठ अधिकारियों की टिप्पणियाँ समाहित होती हैं, प्रतिवेदक अधिकारी, समीक्षक अधिकारी और स्वीकर्ता अधिकारी। जिला स्तरीय शिक्षा अधिकारियों की वार्षिक गोपनीय आख्याएँ जिला अधिकारी द्वारा भी लिखी जाती हैं और मण्डल स्तरीय अधिकारियों की मण्डलायुक्त द्वारा लिखी जाती हैं।

अधिकारियों के कार्य निष्पादन पर वार्षिक गोपनीय आख्याओं में प्रतिकूल टिप्पणियाँ उन्हें लिखित में संसूचित की जाती हैं, जिससे कि वे अपने कार्य, व्यवहार प्रदर्शन में सुधार कर सकें। संबंधित अधिकारी प्रतिकूल प्रविष्टियों के विलोप के लिए प्रत्यावेदन दे सकते हैं। वार्षिक गोपनीय आख्याओं में प्रतिकूल टिप्पणियाँ पदोन्नति, दक्षतारोक, चयन वेतनमान, प्रोन्नत वेतनमान और सेवा-विस्तरण को

प्रभावित करती हैं। सर्वेक्षण यह दर्शाता है कि वार्षिक गोपनीय आख्याएँ शासन द्वारा निर्धारित समय-सारणी के अनुसार पूरी नहीं की जाती हैं और कभी-कभी संबंधित अधिकारी की वार्षिक गोपनीय आख्याओं की अनुपलब्धता के कारण पदोन्नतियाँ अवरूद्ध हो जाती हैं।

कैरियर (भविष्य) का विकास

सभी शिक्षकों/कर्मचारियों को अपनी योग्यता बढ़ाने की अनुमति इस प्रतिबंध के साथ दी जाती है कि इससे विद्यालय का शिक्षण कार्य नहीं प्रभावित होगा। यदि कोई शिक्षक वांछित उच्चतर योग्यता प्राप्त कर लेता है और कोई पदोन्नति का पद उपलब्ध है तो उसे पदोन्नति प्रदान कर दी जाती है। इसी प्रकार यदि एक अप्रशिक्षित शिक्षक वांछित प्रशिक्षण योग्यता प्राप्त कर लेता है तो उसे प्रशिक्षित वेतनमान प्रदान कर दिया जाता है। अधिकारियों के लिए तथापि ऐसा कोई प्रावधान नहीं है कि सेवा में रहते हुए उच्चतर योग्यता प्राप्त कर लेने के आधार पर उसे कोई लाभ मिल सके। अधिकारियों का उच्चीकरण मात्र वरिष्ठता और सेवा अभिलेख पर ही आधारित होता है।

प्रशिक्षण

सेवारत अप्रशिक्षित शिक्षकों के लिए कंडेंस्ड प्रशिक्षण पाठ्यक्रम संचालित किए जाते हैं। माध्यमिक विद्यालय शिक्षकों के लिए वर्तमान में कोई नियमित सेवारत प्रशिक्षण कार्यक्रम संचालित नहीं किया जाता है। पिछला वृहद् सेवारत शिक्षण प्रशिक्षण वर्ष 1987 में नयी शिक्षा नीति 1986 को अंगीकार करने के बाद संचालित किया गया था। कभी-कभी शिक्षकों के लिए विशिष्ट विषयों पर कार्यशालाएँ आयोजित की जाती हैं। राजकीय इण्टर कॉलेजों के नव-पदोन्नत प्रधानाचार्यों को एक से दो सप्ताह का अभिमुखीकरण प्रशिक्षण प्रदान किया जाता है ताकि उन्हें नवीन दायित्वों की जानकारी हो सके।

शिक्षणेतर कर्मचारियों को विभिन्न विषयों पर कार्य-अभिमुखी प्रशिक्षण दिया जाता है जिसके अंतर्गत लेखा, कार्यालय रखरखाव, नवीन पद्धतियाँ आदि सम्मिलित हैं। ये कार्यक्रम अल्प अवधि सामान्यतः एक सप्ताह के होते हैं और इनमें कनिष्ठ कर्मचारी प्रतिभाग के लिए भेजे जाते हैं। शिक्षा विभाग के पास वर्तमान में नियमित अभिमुखीकरण पाठ्यक्रमों हेतु कोई स्थापित व्यवस्था नहीं है।

शैक्षिक प्रशासकों के लिए सेवारत प्रशिक्षण कार्यक्रम विभिन्न प्रशिक्षण संस्थाओं में आयोजित किए जाते हैं। सीधी भर्ती के अधिकारियों के लिए तीन माह का एक आधारभूत पाठ्यक्रम, प्रशासनिक प्रशिक्षण संस्थान, नैनीताल में संचालित किया जाता है और उसके उपरांत एक वर्ष का विभागीय प्रशिक्षण क्षेत्र में उनके जाने के पूर्व विभिन्न संस्थानों में विविध विषयों पर प्रदान किया जाता है। विभिन्न

पुनश्चर्या पाठ्यक्रमों/ अभिमुखीकरण कार्यक्रमों/ शैक्षिक योजना एवं प्रशासन में डिप्लोमा हेतु अधिकारी एन.सी.ई.आर.टी. और नीपा भी भेजे जाते है। वरिष्ठ अधिकारी भी उच्च स्तरीय सेमीनार/ कार्यशालाओं में प्रतिभाग करते हैं। उ.प्र. बेसिक शिक्षा परियोजना (उ.प्र. बी.ई.पी.) के अन्तर्गत एक उच्च स्तरीय प्रशिक्षण संस्थान, राज्य शैक्षिक प्रबंधन और प्रशिक्षण संस्थान (सीमेट), इलाहाबाद में स्थापित किया गया है जिसमें शिक्षा विभाग के अधिकारियों को शिक्षा के नियोजन, प्रबंधन और प्रशासन में प्रशिक्षण/पुनश्चर्या प्रशिक्षण प्रदान किया जाता है।

समस्याएँ और सुझाव

- अधिकारियों और शिक्षण कर्मचारियों का चयन जब पद रिक्त हो उसी समय नहीं किया जाता और पद लंबी अवधि तक रिक्त पड़े रहते हैं। इससे शिक्षा का प्रशासन और बच्चों का शिक्षण भी प्रभावित होता है।
- वार्षिक गोपनीय आख्याओं के लेखन की वर्तमान प्रणाली की समीक्षा की आवश्यकता है जिससे इसे अधिक वस्तुनिष्ठ और तथ्यात्मक बनाया जा सके।
- शिक्षा विभाग में न्यायिक विवाद के मामले अत्यधिक बढ़ रहे हैं और परिणामतः शिक्षा अधिकारियों को बहुत अधिक मामलों के प्रतिवाद की समस्या का सामना करना पड़ रहा है इसका अधिकारियों के कार्य तथा कार्यक्षमता पर हतोत्साहित करने वाला प्रभाव पड़ रहा है। जनपद स्तर पर शिक्षकों की कठिनाइयों के समय से निस्तारण की प्रणाली विकसित करने की आवश्यकता है।
- उपलब्ध प्रशिक्षण कार्यक्रम/ पाठ्यक्रम शिक्षकों और प्रशासकों के लिए अत्यंत अपर्याप्त हैं। शिक्षकों के लिए सेवारत प्रशिक्षण प्रदान करने और पुनश्चर्या/अभिमुखीकरण कार्यक्रम संचालित करने की अनुभूत आवश्यकता है। प्रत्येक जनपद में डायट को विशेषज्ञ कर्मिकों से समृद्ध किया जाना चाहिए और शिक्षकों के लिए सेवारत शिक्षक-प्रशिक्षण आयोजित करने का दायित्व सैापा जाना चाहिए।

अध्याय-9

वित्तीय प्रबंधन

आय-व्ययक व्यवस्था

जनपद स्तर पर, जिला विद्यालय निरीक्षक तथा जिला बेसिक शिक्षा अधिकारी क्रमशः माध्यमिक तथा प्राथमिक शिक्षा के क्षेत्रों के आय-व्ययक को तैयार करने तथा उसे समेकित करने के लिए उत्तरदायी होते हैं। इसी के साथ ये अपने कार्यालयों के भी आय-व्ययक तैयार कराते हैं। जिला योजना के अंतर्गत, किसी नई योजना/कार्यक्रम का समावेश किए जाने की स्थिति में निर्धारित प्रारूप पर नई माँग/माँगों का प्रस्ताव तैयार कर उसे संबंधित क्षेत्र के समेकित आय-व्ययक अनुमान के साथ संबंधित निदेशालय को भेजा जाता है, जिससे कि उसका समावेश आय-व्ययक के अनुमानों में किया जा सके। मण्डल स्तर के मण्डलीय उप शिक्षा निदेशक तथा सहायक शिक्षा निदेशक (बेसिक) भी अपने कार्यालय से संबंधित आय-व्ययक अनुमानों को तैयार कर, संबंधित शिक्षा निदेशालय को भेजते हैं। राज्य शैक्षिक अनुसंधान और प्रशिक्षण परिषद के अधीन विभिन्न विभागों/विशिष्ट संस्थाएँ भी अपने कार्यालय/विभाग के आय-व्ययक अनुमानों को तैयार कर, उसे निदेशक, राज्य शैक्षिक अनुसंधान और प्रशिक्षण परिषद को प्रेषित करते हैं।

निदेशालय स्तर पर प्रत्येक शिक्षा निदेशक अपने नियंत्रणाधीन निदेशालय से संबंधित आय-व्ययक अनुमानों की संरचना तथा उसे संहत रूप में प्रस्तुत करने के लिए उत्तरदायी हैं। आय-व्ययक अनुमान जनपद, मण्डल तथा अन्य इकाइयों से प्राप्त अनुमानों के आधार पर तैयार किया जाता है तथा इसे महालेखाकार, उ.प्र. के माध्यम से वित्त विभाग को अग्रसारित कराया जाता है। इसी के साथ निदेशक आय-व्ययक अनुमानों की प्रतियाँ सचिवालय स्तर पर शिक्षा विभाग तथा वित्त विभाग को भी प्रेषित करते हैं। शिक्षा विभाग प्राप्त आय-व्ययक अनुमानों का परीक्षण करने के उपरांत वित्त विभाग को अपनी टिप्पणी के साथ प्रस्तुत करता है। वस्तुतः

आय-व्ययक अनुमानों के तैयार करने का दायित्व वित्त विभाग का है, जो अनुमानों की प्राप्तियों और संवितरण (भुगतान) का निर्धारण करता है।

उत्तर प्रदेश विधान सभा और विधान परिषद की प्रक्रिया, नियमों तथा कार्य-संचालन के अनुसार आय-व्ययक को निम्नांकित चरणों से गुजरना होता है: विधान मण्डल को प्रस्तुत किया जाना, सामान्य चर्चा, विधान सभा में अनुदान माँगों पर मतदान, विनियोजन विधेयक का विधान सभा में प्रस्तुत किया जाना, उस पर चर्चा तथा उसका पारित होना और उसके उपरांत विधान परिषद में उस पर चर्चा और विनियोजन विधेयक पर राज्यपाल की अनुमति प्राप्त होना। विनियोजन विधेयक पर राज्यपाल की अनुमति प्राप्त होने के बाद वित्त विभाग सचिवालय के सभी प्रशासनिक विभागों को, शिक्षा विभाग सहित, इससे अवगत कराता है। शिक्षा विभाग इस संबंध में आवश्यक कार्यवाही कर आय-व्ययक की विभिन्न मदों में उपलब्ध धनराशि/आवंटन की सूचना विभिन्न विभागाध्यक्षों को प्रेषित करता है। व्यय की नई मदों की स्वीकृति शिक्षा विभाग द्वारा वित्त विभाग से सहमति प्राप्त कर निर्गत की जाती है।

आय-व्ययक में आयोजनागत तथा आयोजनेतर पक्ष का वर्गीकरण होता है। आयोजनागत मद् में किए गए प्रावधान विकास कार्यक्रमों की गतिविधियों पर व्यय किए जाते हैं। सामान्यतः चालू गतिविधियों को बनाए रखने के लिए आयोजनेतर पक्ष में प्रावधान किया जाता है।

सहायता अनुदान और वेतन संवितरण व्यवस्था

प्रत्येक अशासकीय विद्यालय की प्रबंध समिति को अनुसूचित बैंक अथवा सहकारी बैंक में एक पृथक् खाता खोलना होता है, जो जिला विद्यालय निरीक्षक/जिला बेसिक शिक्षा अधिकारी तथा प्रबंधन समिति के एक सदस्य द्वारा संयुक्त रूप से संचालित किया जाता है। इस खाते का उपयोग संस्था के अध्यापकों तथा अन्य कर्मियों के वेतन संवितरण के लिए किया जाता है। संस्था के प्रधानाचार्य/प्रधानाचार्या द्वारा वेतन एवं अनुदान देयक तैयार किए जाते हैं और उन्हें संस्था की प्रबंध समिति की ओर से प्रबंधक द्वारा हस्ताक्षरित किया जाता है। सहायता अनुदान देयक, परीक्षण के उपरांत, जिला स्तरीय शिक्षा अधिकारी द्वारा प्रति-हस्ताक्षरित किया जाता है और कोषागार को भेजा जाता है। कोषागार द्वारा देयक की पुष्टि करने के उपरांत उसे पारित कर बैंक को भुगतान के लिए भेजा जाता है। अध्यापक अथवा अन्य कर्मचारियों के वेतन का भुगतान धनराशि के स्थानांतरण द्वारा किया जाता है, जो संस्था के बैंक में उनके (अध्यापक तथा कर्मी) के पृथक् खाते में लेखाबद्ध किया जाता है। बैंक में संबंधित अध्यापक/कर्मी का खाता न होने की स्थिति में चेक द्वारा धनराशि स्थानांतरित की जाती है।

परिषदीय प्राथमिक तथा उच्च प्राथमिक स्कूलों में वेतन देयकों को प्रधानाध्यापक द्वारा तैयार किया जाता है और उसे जनपद स्तरीय कार्यालय को प्रेषित किया जाता है। जिला बेसिक शिक्षा अधिकारी कार्यालय के लेखाधिकारी वेतन देयकों की जाँच करते हैं और वेतन वितरण हेतु अनुदान की वांछित धनराशि कोषागार को प्रेषित करते हैं। कोषागार जिसकी पुष्टि करने के उपरांत देयकों को संबंधित बैंक में अध्यापकों के वेतन भुगतान हेतु प्रेषित करते हैं। प्रत्येक स्कूल अध्यापक का बैंक में अपना एक खाता होता है, जिसमें उसके वेतन की धनराशि भेजी जाती है।

राजकीय हाईस्कूल तथा इण्टरमीडिएट कॉलेजों के प्रधानाचार्यों को आहरण और वितरण अधिकारी के अधिकार दिए गए हैं। ये अधिकारी कोषागार से संस्था के शिक्षण और शिक्षणेतरकर्मियों के वेतन का आहरण करते हैं।

संपरीक्षा और लेखा

प्रत्येक आहरण वितरण अधिकारी से यह अपेक्षित होता है कि वह एक मासिक व्यय-विवरणिका तैयार कर निदेशालय स्तर के संबंधित नियंत्रक अधिकारी को उपलब्ध कराए। कोषागार द्वारा की जाने वाली पूर्व संपरीक्षा तथा उत्तर प्रदेश महालेखाकार कार्यालय द्वारा की जाने वाली संपरीक्षा के अलावा राज्य मुख्यालय से शिक्षा निदेशक तथा मण्डलीय उप शिक्षा निदेशक शिक्षण संस्थाओं के लेखों की नियतकालिक जाँच के लिए संपरीक्षा दलों को भेजता है। प्रत्येक सहायता प्राप्त अशासकीय विद्यालय सोसाइटीज़ रजिस्ट्रेशन एक्ट, 1860 के अधीन पंजीकृत एक संस्था होती है। अतएव स्थानीय स्वायत्तशासी विभाग भी इन स्कूलों/विद्यालयों के लेखों की आवधिक जाँच हेतु संपरीक्षा दलों को भेजता है।

शैक्षिक वित्त का स्रोत

शैक्षिक वित्त संचालन हेतु कोई कर अथवा विशेष उप कर नहीं लगाया जाता है। शासन द्वारा सहायता प्राप्त तथा राजकीय स्कूलों के संपूर्ण व्ययभार का वहन किया जाता है। राज्य में शैक्षिक वित्त के प्रमुख स्रोतों में राज्य तथा केंद्र सरकारों और स्थानीय निकायों के अनुदान, शुल्क और स्थायी निधि हैं। सारणी 9.1 में विभिन्न प्रकार की संस्थाओं के स्रोतवार आवर्तक आय के वर्ष 1979-80 तथा 1988-89 के विवरण दिए गए हैं। सभी प्रकार की संस्थाओं की आवर्तक आय का मुख्य स्रोत शासन से प्राप्त धनराशि है। इण्टरमीडिएट कॉलेजों के विद्यार्थियों से लिए जाने वाले शुल्क भी वित्त का महत्वपूर्ण प्रतिशत हैं, जो सन् 1988-89 में 16.24 प्रतिशत था।

सारणी 9.1

(प्रतिशत)

विभिन्न संस्थाओं हेतु आवर्ती आय (1979-80 और 1988-89)

क्र. सं.	स्रोत	जू. कॉलेज/ पी.वी.सी./ इण्टरमीडिएट/हायर सेकंडरी विद्यालय		हाईस्कूल		उच्च प्राथमिक विद्यालय		प्राथमिक विद्यालय		समस्त व्यासायिक संस्थान		समस्त प्रकार के संस्थान (उच्च शिक्षा सहित)	
		1979-80	1988-89	1979-80	1988-89	1979-80	1988-89	1979-80	1988-89	1979-80	1988-89	1979-80	1988-89
1	शासन*	79.35	77.07	72.22	76.69	70.30	82.59	60.10	85.72	94.44	96.48	64.85	81.95
2	विश्वविद्यालय	–	–	–	–	–	–	–	–	–	–	5.30	–
3	स्थानीय निकाय	0.93	3.65	1.47	3.04	6.73	11.13	37.99	13.08	0.52	0.99	11.95	8.05
4	फीस	18.06	16.24	22.37	15.95	20.51	–	1.15	–	2.73	0.49	13.71	7.20
5	स्थाई निधि	0.21	3.04	0.89	4.32	1.03	6.28		1.20	–	2.04	0.46	2.80
6	अन्य स्रोत	1.45	–	3.05	–	1.42	–	0.76	–	2.31	–	3.73	–
7	योग	100.00	100.0	100.00	100.00	100.00	100.00	100.00	100.00	100.00	100.00	100.00	100.00

*केन्द्र और राज्य

स्रोत: एजूकेशन इन इंडिया वाल्यूम II , 1979-80(1987) और 1988-89 (1993), भारत सरकार, मानव संसाधन एवं विकास मंत्रालय, शिक्षा विभाग, नई दिल्ली

सारणी 9.2

विभिन्न प्रकार की संस्थाओं हेतु स्रोतवार अनावर्तक मद(1979-88 और 1988-89)

क्र. सं.	स्रोत	जू. कॉलेज/ पी.वी.सी./ इण्टरमीडिएट/हायर सेकंडरी		हाईस्कूल		उच्च प्राथमिक विद्यालय		प्राथमिक विद्यालय		समस्त व्यासायिक संस्थान		समस्त प्रकार के संस्थान (उच्च शिक्षा सहित)	
		1979-80	1988-89	1979-80	1988-89	1979-80	1988-89	1979-80	1988-89	1979-80	1988-89	1979-80	1988-89
1.	शासन*	79.67	35.45	60.18	79.21	77.81	90.00	88.17	50.41	–	92.06	67.38	76.12
2.	विश्वविद्यालय	–	–		–	–	–	–	–	–	–	13.85	–
3.	स्थानीय निकाय	2.69	32.80	1.42	2.94	19.31	5.81	10.97	46.11	–	4.78	3.60	14.55
4.	अन्य स्रोत	20.64	31.75	38.40	17.85	2.88	4.19	0.86	3.48	–	3.16	15.17	9.33
5.	योग	100.00	100.0	100.00	100.00	100.00	100.00	100.00	100.00	100.00	100.00	100.00	100.00

*केन्द्र और राज्य

स्रोत: एजूकेशन इन इंडिया वाल्यूम II, 1979-80(1987) और 1988-89 (1993),
भारत सरकार, मानव संसाधन एवं विकास मंत्रालय, शिक्षा विभाग, नई दिल्ली

सारणी 9.2 में शिक्षा के लिए स्रोतवार अनावर्तक मद् में उपलब्ध होने वाले वित्तीय संसाधनों का विवरण दिया गया है। यह स्प्ष्ट है कि दो तिहाई से अधिक धनराशि शासन के स्रोतों से प्राप्त होती है। इसके बाद उच्च प्राथमिक तथा प्राथमिक स्तर को छोड़कर अन्य स्रोतों से आय होती है। फिर भी राजकीय स्रोत से प्राप्त होने वाली धनराशि का प्रतिशत वर्ष 1979-80 के 67.38 प्रतिशत से बढ़कर वर्ष 1988-89 में 76.12 प्रतिशत हो गया था।

विद्यालयों की शुल्क संरचना

कक्षा-12 तक की शिक्षा निःशुल्क है। वस्तुतः राज्य सरकार स्कूलों और कॉलेजों को शिक्षण शुल्क की प्रतिपूर्ति कर आर्थिक सहायता प्रदान करता है, जो वर्ष 1993-94 में रु. 1200 लाख था। प्राथमिक और उच्च प्राथमिक स्कूलों में कक्षा 2-5 तक एक रूपया प्रतिमाह प्रति विद्यार्थी तथा कक्षा 6-8 में दो रूपया प्रति माह प्रति विद्यार्थी "विकास अभिदान" नामक निधि हेतु सत्र के 10 माह के लिए लिया जाता है। इस धनराशि से स्कूलों का रखरखाव किया जाता है। स्कूल के सभी अनुसूचित जाति तथा जनजाति एवं 10 प्रतिशत गरीब बच्चे इस अभिदान से मुक्त होते हैं।

सभी शुल्कों को दो श्रेणी में विभक्त किया जाता है-अनुरक्षण अनुदान और विद्यार्थी निधि। गत 30 वर्षों से शुल्क की समान दरें लागू हैं। अशासकीय सहायता प्राप्त विद्यालयों की शुल्क आय की 80-85 प्रतिशत की धनराशि राज्य सरकार अनुरक्षण मद में कोषागार में जमा कर देती है, जबकि राजकीय संस्थाएँ इस शुल्क आय की पूरी धनराशि कोषागार में अनुरक्षण मद में जमा करती हैं। अशासकीय सहायता प्राप्त संस्थाएँ 20-15 प्रतिशत आय को ही स्कूल के रख-रखाव के लिए अपने पास रख लेती हैं। राजकीय स्कूलों को विद्यालय के रख-रखाव, भवन तथा अन्य गतिविधियों के लिए पृथक से धनराशि उपलब्ध कराई जाती है। विद्यार्थी निधि के अंतर्गत लिए जाने वाले शुल्क को एक पृथक् खाता खोलकर रखा जाता है, जिसे अशासकीय सहायता प्राप्त तथा राजकीय संस्थाओं के प्रधानाध्यापक/प्रधानाचार्य द्वारा संचालित किया जाता है।

शिक्षा पर व्यय

विभिन्न प्रकार की संस्थाओं में शिक्षा के आवर्तक व्यय की मदों का वर्ष 1979-80 तथा 1988-89 का विवरण सारणी 9.4 में दिया गया है। ऐसा पाया गया है कि कुल व्यय का लगभग 75 प्रतिशत सभी संस्थाओं में शिक्षण कर्मियों के वेतन पर व्यय होता है और लगभग 10 प्रतिशत शिक्षणेतर कर्मियों के वेतन पर व्यय होता है। अवशेष 15 प्रतिशत धनराशि अन्य मदों, जैसे-स्कूल भवन का रखरखाव, उपकरण, काष्ठोपकरण, पुस्तकालय आदि पर व्यय होती है। वर्ष 1979-80 में

लगभग 3 प्रतिशत धनराशि छात्रवृत्तियों और छात्र सहायता पर व्यय की गई, जो 1988–89 में घटकर 1.62 प्रतिशत हो गई है। यह भी इंगित होता है कि प्राथमिक तथा उच्च प्राथमिक स्कूलों के अध्यापकों के वेतन पर अधिक प्रतिशत में धनराशि व्यय होती है, जबकि व्यवसायिक संस्थाओं में इसका प्रतिशत न्यूनतम है।

सारणी 9.3

विद्यालयों में शुल्क ढाँचा

(रुपए में)

क्र.सं.	शुल्क	कक्षाएँ			
		XI-XII	IX-X	VI-VIII -	
1	शिक्षण शुल्क	–	–	–	–
2	पुनः प्रवेश	1.00	1.00	1.00	-
3	विद्यालय पंजिका	1.00	1.00	1.00	-
4	दण्ड शुल्क	0.10	0.10	0.10	प्रतिदिन
5	विकास	8.00	5.00	2.00	प्रति मास
6	विज्ञान	3.00	1.50	1.30	प्रति वर्ष
7	पंखा	1.50	1.50	1.50	प्रति मास
8	कला	–	–	0.50	प्रति मास
9	संगीत	1.00	1.00	1.00	प्रति मास
10	वाचनालय	8.00	8.00	4.00	प्रति वर्ष
11	पत्रिकायें	5.00	5.00	3.00	प्रति वर्ष
12	श्रव्य-दृश्य	0.50	0.50	0.50	प्रति मास
13	खेलकूद	3.00	2.00	2.00	प्रति मास
14	रेड क्रास	0.20	0.20	0.10	प्रति मास
15	स्काउट्स और गाईड्स	–	–	0.30	प्रति मास
16	गृह परीक्षा	8.00	8.00	5.00	प्रति परीक्षा
17	प्रगति आख्या	1.00	1.00	1.00	प्रति वर्ष
18	जलपान	0.50	0.50	0.50	प्रति मास
19	चिकित्सा	0.30	0.30	0.30	–
20	गरीब छात्रनिधि	0.10	0.10	0.10	प्रति मास

स्रोत- विद्यालयी शिक्षा विभाग, उत्तर प्रदेश

शिक्षा की आवर्तक मदों पर व्यय का विवरण सारणी 9.5 में दिया गया है। इस मद पर होने वाला व्यय मुख्यतः पुस्तकालय, भवनों आदि पर होता है। यह पाया गया है कि इस मद पर होने वाले कुल व्यय की लगभग 38 प्रतिशत धनराशि भवनों पर व्यय होती है तथा 60 प्रतिशत अन्य मदों पर व्यय की जाती है।

सारणी 9.4

विभिन्न प्रकार की संस्थाओं द्वारा मदवार आवर्तक व्यय विवरण (1974-80 और 1988-89)

(प्रतिशत में)

क्र. सं.	स्रोत	इण्टरमीडिएट		हाईस्कूल		उच्च प्राथमिक विद्यालय		प्राथमिक विद्यालय		समस्त व्यसायिक संस्थान		समस्त प्रकार के संस्थान (उच्च शिक्षा सहित)	
		1979-80	1988-89	1979-80	1988-89	1979-80	1988-89	1979-80	1988-89	1979-80	1988-89	1979-80	1988-89
1	शैक्षिक और अकादमिक कर्मचारियों का वेतन	69.31	70.46	65.56	61.32	86.90	87.86	94.33	88.00	32.36	46.00	71.73	74.18
2	गैर-शैक्षिक कर्मचारियों का वेतन	15.00	14.60	21.56	23.43	9.23	–	3.69	–	17.09	5.12	8.35	6.06
3	हॉस्टल	0.21	0.25	1.14	0.09	–	–	–	–	–	0.04	0.07	0.10
4	पुस्तकालय	0.20	0.20	0.31	0.25	0.07	–	1.13	–	2.73	0.49	13.17	7.20
5	छात्रवृत्ति	4.29	3.85	3.22	2.30	0.56	–	0.10	–	2.79	0.81	3.07	1.62
6	उपकरण, रसायन और भंडार में खर्च होने वाली वस्तुएँ	0.59	0.51	0.07	0.48	0.62	–	0.10	–	1.82	0.11	1.34	0.22
7	अन्य	10.40	10.13	8.14	12.13	2.62	12.14	1.35	12.00	43.31	47.43	2.27	10.62
	योग	100.00	100.0	100.00	100.00	100.00	100.00	100.00	100.00	100.00	100.00	100.00	100.00

स्रोत: एजूकेशन इन इंडिया वाल्यूम-II, 1979-80(1987) और 1988-89 (1993), भारत सरकार, मानव संसाधन एवं विकास मंत्रालय, शिक्षा विभाग, नई दिल्ली

सारणी 9.5

मदवार अनावर्तक व्यय विवरण (1979-80 और 1988-89)

(प्रतिशत)

क्र. सं	मद	इण्टरमीडिएट		हाईस्कूल		उच्च प्राथमिक विद्यालय		प्राथमिक विद्यालय		समस्त व्यासायिक संस्थान		समस्त प्रकार के संस्थान (उच्च शिक्षा सहित)	
		1979-80	1988-89	1979-80	1988-89	1979-80	1988-89	1979-80	1988-89	1979-80	1988-89	1979-80	1988-89
1	पुस्तकालय	6.63	3.36	5.17	3.95	0.71	–	0.48	–	–	2.41	4.94	1.43
2	भवन	44.83	96.58	44.55	56.00	81.48	–	70.94	22.22	–	13.52	38.12	37.88
3	अन्य मद	48.54	0.06	50.28	40.05	17.81	100.00	28.58	77.78	–	84.07	56.94	60.69
	योग	100.00	100.0	100.00	100.00	100.00	100.00	100.00	100.00	100.00	100.00	100.00	100.00

स्रोत: एजूकेशन इन इंडिया वाल्यूम-II, 1979-80(1987) और 1988-89 (1993), भारत सरकार, मानव संसाधन एवं विकास मंत्रालय, शिक्षा विभाग, नई दिल्ली

विकास व्यय की प्रवृत्ति

सातवीं पंचवर्षीय योजना (1985-90) तथा वार्षिक योजनाओं (1990-91 तथा 1991-92) में शिक्षा के विकास (आयोजनागत) मद के आय-व्ययक प्रावधान की प्रवृत्ति से जैसा कि सारणी 9.6 में दिया गया है, यह स्प्ष्ट होता है कि यह कुल आयोजनागत मदों मे होने वाले व्यय का मात्र 4 प्रतिशत ही सातवीं पंचवर्षीय योजना अवधि में था और लगभग यह स्थिति आगामी दो वर्षों में बनी रही।

सारणी 9.6

शिक्षा पर आयोजनागत प्राविधानित व्यय (1985-90, 1990-91 और 1991-92)

(रु. लाख में)

मद	1985-90	1990-91	1991-92
शिक्षा पर आयोजनागत व्यय	48225	17629	13909
कुल आयोजनागत व्यय	1194870	320820	415800
कुल व्यय के सापेक्ष शिक्षा पर आयोजनागत व्यय का प्रतिशत	4.04	5.49	4.34

स्रोत : आय व्ययक साहित्य एवं आठवीं पंचवर्षीय योजना प्रतिवेदन तथा वार्षिक योजनायें, उत्तरप्रदेश सरकार

प्रति विद्यार्थी शिक्षा पर व्यय

सारणी 9.7 में उच्चतर माध्यमिक/इण्टरमीडिएट, हाईस्कूल, मिडिल/उच्च प्राथमिक तथा प्राथमिक स्तरों के राज्य तथा राष्ट्रीय स्तर पर प्रति विद्यार्थी शिक्षा के व्यय का विवरण दिया गया है।

सारणी 9.7

प्रति विद्यार्थी शिक्षा पर व्यय

शिक्षा स्तर	1979-80		1988-89	
	उत्तर प्रदेश	अखिल भारत	उत्तर प्रदेश	अखिल भारत
उच्चतर माध्यमिक/ इण्टरमीडिएट विद्यालय	352.2	380.0	765.2	972.9
हाईस्कूल विद्यालय	266.2	347.9	579.1	776.5
उच्च प्राथमिक विद्यालय	188.1	189.6	350.0	477.5
प्राथमिक विद्यालय	104.4	142.2	248.0	241.2

स्रोत: एजूकेशन इन इंडिया वाल्यूम-II, 1979-80(1987) और 1988-89 (1993), भारत सरकार, मानव संसाधन एवं विकास मंत्रालय, शिक्षा विभाग, नई दिल्ली

यह प्रमाणित होता है कि राज्य में प्रति विद्यार्थी शिक्षा का व्यय राष्ट्रीय औसत से लगातार 1979-80 तथा 1988-89 में सभी स्तरों पर कम रहा है। वर्ष 1988-89 में प्राथमिक स्कूल के स्तर पर यह स्थिति भिन्न है।

व्यय की प्रवृत्ति से यह ज्ञात होता है कि राज्य सरकार को विद्यालयों की आवर्तक व्यय मद हेतु, विशेष रूप से प्राथमिक तथा उच्च प्राथमिक स्तर के लिए, अधिक धनराशि उपलब्ध कराई जानी चाहिए। अध्यापकों के वेतन का संवितरण विकास खण्ड स्तर पर किया जाए। इसके लिए जनपद स्तर के अधिकारी के स्थान पर विकास खण्ड स्तर के शिक्षा अधिकारी को आहरण वितरण अधिकारी का दायित्व सौंपा जाए। विकास खण्ड तथा ग्राम स्तरों पर स्थानीय संसाधनों को जुटाने के लिए जन-सहभागिता प्राप्त की जाए।

अध्याय–10

सूचना प्रबंधन

सांख्यिकीय प्रणाली

राज्य में सूचना प्रबंधन हेतु विभिन्न स्तरों पर विद्यमान शैक्षिक प्रशासन तंत्र ही उत्तरदायी है। माध्यमिक शिक्षा निदेशालय स्तर पर एक सांख्यिकीय कोष्ठक है, जिसमें एक सांख्यकीय अधिकारी, दो सांख्यिकीय सहायक तथा 10 अंवेषक-कम्प्यूटर्स और दस सहायक हैं।

जनपद स्तर पर जिला विद्यालय निरीक्षकों तथा जिला बेसिक शिक्षा अधिकारियों द्वारा आँकड़ों और सूचनाओं का संकलन संस्थानों से किया जाता है। जिला विद्यालय निरीक्षक हाईस्कूल तथा इण्टरमीडिएट कॉलेजों से सूचनाओं के संकलन के लिए उत्तरदायी है, जबकि जिला बेसिक शिक्षा अधिकारी प्राथमिक तथा उच्च प्राथमिक स्कूलों के लिए इस हेतु उत्तरदायी है।

आँकड़ा संकलन प्रणाली

प्राथमिक तथा उच्च प्राथमिक विद्यालयों के प्रधानाध्यापक संकुल के सभी प्राथमिक तथा उच्च प्राथमिक स्कूलों की सूचनाओं को संकलित करते हैं और विकास खण्ड स्तर पर प्रति उप विद्यालय निरीक्षक को प्रस्तुत करते हैं, जो बाद में इसे जिला बेसिक शिक्षा अधिकारी कार्यालय को उपलब्ध कराते हैं।

जिला विद्यालय निरीक्षक तथा जिला बेसिक शिक्षा अधिकारी विभिन्न योजनाओं का अनुश्रवण करते हैं और इसी के साथ हाईस्कूलों के प्रधानाध्यापकों, इण्टरमीडिएट कॉलेजों के प्रधानाचार्यों तथा विकास खण्ड स्तरीय कर्मियों की बैठकों में आवश्यक सूचनाओं और आँकड़ों का संकलन भी करते हैं। ये बैठकें प्रत्येक माह आयोजित होती हैं। इन जनपदीय शिक्षा अधिकारियों द्वारा आँकड़ों को संहत रूप में तैयार करने के उपरांत अपेक्षित सूचनाएँ शिक्षा निदेशालय को निर्धारित प्रारूप पर उपलब्ध कराई जाती है। इसी प्रकार मण्डलीय सहायक शिक्षा निदेशक (बेसिक)

तथा मण्डलीय उप शिक्षा निदेशक मण्डल स्तर पर सूचनाओं को संकलित करते हैं और मासिक तथा त्रैमासिक आख्याएँ राज्य स्तर को प्रेषित करते हैं। ये अधिकारी मण्डल स्तर पर अन्तर्विभागीय समन्वयन के लिए भी उत्तरदायी हैं।

राज्य स्तर पर विभिन्न कार्यक्रमों का अनुश्रवण मण्डलीय अधिकारियों की सहायता से किया जाता है। राज्य स्तर पर मण्डलीय अधिकारियों की मासिक बैठकें होती हैं तथा जनपद स्तरीय अधिकारियों की त्रैमासिक अथवा वर्ष में दो बार बैठकें आयोजित की जाती हैं, जिससे कि विभिन्न प्रकरण/योजनाओं पर इनके दृष्टिकोण/विचारों को प्राप्त किया जा सके।

तालिका 10.1 में सावधिक प्रपत्र (पीरियौडिकल्स) विवरणिकाएँ (रिटर्नस) तथा आख्याओं की संख्या का उल्लेख किया गया है, जिन्हें संबंधित शिक्षा निदेशकों द्वारा प्राप्त किया जाता है।

सारणी 10.1

शिक्षा निदेशकों द्वारा अधीनस्थ अधिकारियों से प्राप्त की जानेवाली सावधिक सूचनाएँ एवं विवरणिकाएँ

सावधिक विवरणी (रिटर्न) का नाम	अधिकारी जिनसे प्राप्त की जाती है	निदेशालय में प्राप्त होने की तिथि/अवधि
(क.) वित्तीय विवरणी		
1. भवनों और आवासों की मरम्मत में बचत तथा व्यय का (स्टेटमेंट) विवरण	जिला विद्यालय निरीक्षक/ जिला बेसिक शिक्षा अधिकारी/मण्डलीय संयुक्त शिक्षा निदेशक / मण्डलीय उप शिक्षा निदेशक	28 फरवरी
2. आय और व्यय का मासिक (स्टेटमेंट) विवरण	आहरण वितरण अधिकारियों द्वारा	प्रत्येक माह की 5 तारीख को
(ख.) सहायता-अनुदान विवरणी		
1. अनावर्तक अनुदानों का उपभोग प्रमाण पत्रा	जिला बेसिक शिक्षा अधिकारी/ जिला विद्यालय निरीक्षक आंग्ल-भारतीय विद्यालय के निरीक्षक, मण्डलीय उप शिक्षा निदेशक	30 जून
(ग.) सेवा विवरणी		
1. भ्रष्टाचार में लिप्त राजकीय कर्मचारियों के विरुद्ध कार्यवाही संबंधी सूचना	मण्डलीय संयुक्त शिक्षा निदेशक मण्डलीय उप शिक्षा निदेशक	त्रैमासिक

2. राजपत्रित / अराजपत्रित राज्य कर्मचारियों के विरुद्ध कार्यवाही संबंधी सूचना	मण्डलीय सहायक शिक्षा निदेशक/ मण्डलीय उप शिक्षा निदेशक	त्रैमासिक
3. अनुसूचित जाति/अनु.जन.जाति कर्मचारियों का (स्टेटमेंट) विवरण	मण्डलीय सहायक शिक्षा निदेशक/ मण्डलीय उप शिक्षा निदेशक	त्रैमासिक और मासिक
4. संस्थान कार्यालय और जनपदवार राजपत्रित/ अराजपत्रित कर्मचारियों का स्टाफ-स्टेटमेंट	मण्डलीय सहायक शिक्षा निदेशक/ मण्डलीय उप शिक्षा निदेशक	वार्षिक, 31 मार्च
5. राज्य कर्मचारियों की पेंशन-स्वीकृति की त्रैमासिक रिपोर्ट	मण्डलीय सहायक शिक्षा निदेशक/ मण्डलीय उप शिक्षा निदेशक	31 जुलाई, 31 अक्तूबर, 31 जनवरी
(घ.) सांख्यिकी विवरणी		
1. शिक्षा की प्रगति का वार्षिक प्रकाशन	शिक्षा कार्यालय इकाइयों और जिला विद्यालय निरीक्षक/बेसिक शिक्षा अधिकारी	31 दिसम्बर
2. प्रपत्र ई.एस.I (एस) और ई. एस.IV (एस) पर विद्यालयों की वार्षिक सांख्यिकी	जिला विद्यालय निरीक्षक/बेसिक शिक्षा अधिकारी	31 मार्च
3. प्रपत्र ई.एस. II (एस) पर विद्यालयों की वार्षिक सांख्यिकी	जिला विद्यालय निरीक्षक/बेसिक शिक्षा अधिकारी	30 जून
4. प्रपत्र ई.एस. III पर वार्षिक परीक्षा परिणामों से संबंधित	सभी संबंधित अधिकारी	31 दिसम्बर
5. कम्प्यूटरीकृत प्रपत्र एस 1, एस 2, एस 3 और एस 4 पर प्राथमिक, उच्च प्राथमिक, माध्यमिक विद्यालयों तथा व्यावसायिक पाठ्यक्रमों संबंधी, विद्यालयों की वार्षिक सांख्यिकी	जिला विद्यालय निरीक्षक/बेसिक शिक्षा अधिकारी	31 दिसम्बर

(ङ) बेसिक शिक्षा परिषद विवरणी		
1. बेसिक शिक्षा परिषद के शिक्षकों के वेतन भुगतान का स्टेटमेंट	जिला बेसिक शिक्षा अधिकारी	प्रत्येक माह की 5 तारीख को
2. बेसिक शिक्षा परिषद को स्वीकृत अनुदानों का उपभोग प्रमाण पत्र	जिला बेसिक शिक्षा अधिकारी	30 अप्रैल
3. प्राथमिक शिक्षा के लिए स्वीकृत अनुदानों का उपभोग प्रमाणपत्र	जिला बेसिक शिक्षा अधिकारी	01 जून
4. बेसिक शिक्षा परिषद के भवन निर्माण की प्रगति आख्या	जिला बेसिक शिक्षा अधिकारी	प्रत्येक माह की 5 तारीख तक
(च.) विविध विवरणी		
1. प्राथमिक और माध्यामिक स्तर के अधिकारियों में भाषाई अल्पसंख्यकों की सांख्यिकी	जिला विद्यालय निरीक्षक/ जिला बेसिक शिक्षा अधिकारी	30 अप्रैल
2. राष्ट्रीय बचत योजना की सांख्यिकी	मण्डलीय संयुक्त शिक्षा	मासिक

स्रोत. शिक्षा निदेशालय, उ.प्र. इलाहाबाद/ लखनऊ

निदेशालय स्तर पर आधारिक स्रोत से संकलित किए गए सभी आँकड़ों का परीक्षण किया जाता है। आँकड़ों में यदि अस्थिरता पाई जाती है तो उनका प्रतिवर्ष सांख्यिकीय कार्यशालाएँ उपयुक्त स्तर, राज्य/मण्डल/जनपद मुख्यालय पर आयोजित कर, समाधान किया जाता है। विवरणिकाओं को संकलित कर उनका कुल योग तैयार किया जाता है, जिससे कि पूरे प्रदेश की संख्याएँ तैयार हो सकें। तदुपरांत निर्धारित प्रारूप पर समेकित सूचनाएँ मानव संसाधन विकास मंत्रालय, शिक्षा विभाग को प्रेषित की जाती हैं। प्रदेश में इन आँकड़ों को शैक्षिक नियोजन और प्रबंधन के उद्देश्य से भी प्रयोग किया जाता है। शिक्षा निदेशकों द्वारा भी अपेक्षित संख्या में सावधिक प्रपत्र, विवरणिकाएँ और आख्याएँ प्रेषित की जाती हैं, जैसा कि सारणी 10.2 से विदित होता है।

सारणी 10.2

शिक्षा निदेशकों से उच्चाधिकारियों को प्रेषित सावधिक प्रपत्र/ विवरणी

क्रमांक	रिटर्न का नाम	प्रेषक	कार्यालय जिसे भेजा गया
1	2	3	4
I. वित्तीय विवरणी			
1	शिक्षा बजट के अधिक और बचत की रिपोर्ट(आयोजनागत और आयोजनेतर)	शिक्षा निदेशक	उ.प्र. शासन, त्रैमासिक (25 नवम्बर, 25 जनवरी, 31 मार्च)
2.	शिक्षा बजट	शिक्षा निदेशक	उ.प्र. शासन (1 अक्तूबर)
3.	शिक्षा पूरक बजट	शिक्षा निदेशक	उ.प्र. शासन (15 दिसम्बर)
4.	नवीन माँगों की अनुसूची	शिक्षा निदेशक	उ.प्र. शासन (15 अक्तूबर)
5.	लोक लेखा समिति	शिक्षा निदेशक	उ.प्र. शासन (15 अक्तूबर)
6.	लंबित आडिट रिपोर्ट	शिक्षा निदेशक	उ.प्र. शासन (15 अक्तूबर)
7.	हाईस्कूल / इण्टर / डिग्री स्तर की राष्ट्रीय छात्रावृत्तियाँ / राष्ट्रीय ऋण छात्रावृत्तियाँ	शिक्षा निदेशक	राज्य और केंद्र सरकार
8.	अग्नि, गबन आदि के कारण वित्तीय क्षति की रिपोर्ट	शिक्षा निदेशक	राज्य सरकार
II. सेवा विवरणी			
1.	राजकीय कर्मचारियों के विरूद्ध आरंभ की गयी स्थापित मौलिक जाँच की रिपोर्ट	शिक्षा निदेशक	राज्य सरकार (त्रैमासिक)
2.	छः माह से अधिक लंबित राज्य कर्मचारियों की संख्या संबंधी सूचना	शिक्षा निदेशक	राज्य सरकार (त्रैमासिक)
3.	विभिन्न संवर्गो में नियुक्त अनुसूचित जाति और अनुसूचित जनजाति के अभ्यर्थियों की संख्या और प्रतिशत के विषय में रिपोर्ट	शिक्षा निदेशक	राज्य और केंद्र सरकार (वार्षिक एवं त्रैमासिक)

4.	(राजकीय) राजपत्रित अधिकारियों की गोपनीय आख्याएँ	शिक्षा निदेशक	राज्य सरकार (वार्षिक)
5.	श्रेणी I, II के राजपत्रित और अराजपत्रित कर्मचारियों का स्टाफ स्टेटमेंट	शिक्षा निदेशक	राज्य सरकार (त्रैमासिक)
6.	लंबित/निस्तारित पेंशन मामलों की रिपोर्ट	शिक्षा निदेशक	राज्य सरकार एवं केंद्र सरकार (त्रैमासिक)
7.	भाषाई अल्पसंख्यकों और उनकी संस्थाओं के विषय में रिपोर्ट	शिक्षा निदेशक	राज्य सरकार एवं केंद्र सरकार (त्रैमासिक)
8.	अशासकीय संस्थाओं के प्रांतीयकरण संबंधी प्रस्ताव	शिक्षा निदेशक	राज्य सरकार (वार्षिक)
9.	नवीन राजकीय संस्थाओं के खोलने संबंधी प्रस्ताव	शिक्षा निदेशक	राज्य सरकार (वार्षिक)
10.	छात्र संख्या में वृद्धि के आधार पर संस्थाओं में नवीन अनुभाग खोलने तथा अतिरिक्त पदों की स्वीकृति संबंधी सूचना	शिक्षा निदेशक	राज्य सरकार (वार्षिक)
III. सांख्यिकी विवरणी			
1.	प्रपत्र ई एस I (एस), ईएस II (एस), ईएस III (एस) और ईएस IV (एस) पर विद्यालयों की वार्षिक सांख्यिकी	शिक्षा निदेशक (माध्यमिक)	राज्य/केंद्र सरकार
2.	कम्प्यूटरीकृत प्रपत्र एस1, एस2, एस3 और एस 4 के आधार पर संकलित विद्यालयों की वार्षिक सांख्यिकी	शिक्षा निदेशक (माध्यमिक)	राज्य/केंद्र सरकार
3.	वार्षिक प्रकाशन 'शिक्षा की प्रगति'	शिक्षा निदेशक (माध्यमिक)	राज्य सरकार
4.	वार्षिक चयनित सांख्यिकी		राज्य/केंद्र सरकार
IV. बेसिक शिक्षा परिषद विवरणी			
1.	शिक्षकों के वेतनादि के लिए बेसिक शिक्षा परिषद को	शिक्षा निदेशक (माध्यमिक)	राज्य सरकार (त्रैमासिक)

	अनुदान का मोचन		
2.	अनुदान उपभोग प्रमाण पत्र	शिक्षानिदेशक	राज्य सरकार (30 जून)
3.	प्राथमिक और उच्च प्राथमिक विद्यालयों के निर्माण की आख्या	शिक्षा निदेशक	राज्य सरकार (मासिक)
V.	**विविध**		
1.	राष्ट्रीय बचत योजना के आँकड़े	शिक्षा निदेशक	राज्य सरकार (त्रैमासिक)

टिप्पणी : शिक्षा निदेशक (संबंधित निदेशालय)

स्रोत : शिक्षा निदेशालय, उ.प्र.।

प्रकाशन

विभिन्न शिक्षा निदेशालयों द्वारा निम्नांकित प्रमुख सांख्यकीय और शैक्षिक प्रकाशन निकाले जाते हैं :

1. **'शिक्षा की प्रगति'**–प्रदेश में यह प्रकाशन शिक्षा की प्रगति से संबंधित सांख्यकीय सूचनाओं पर आधारित है, जिसे माध्यमिक शिक्षा निदेशालय के सांख्यिकीय प्रकोष्ठ द्वारा प्रति वर्ष प्रकाशित कराया जाता है।
2. **'कार्यपूर्ति दिग्दर्शिका-आय-व्ययक'**–प्रशासनिक सुधार आयोग की संस्तुतियों के अनुपालन में प्रदेश का शिक्षा विभाग प्रत्येक वर्ष नियमित रूप से "परफॉर्मेंस बजट" (कार्यपूर्ति दिग्दर्शिका-आय-व्ययक) तैयार कर उसे प्रकाशित कराता है। यह प्रकाशन 1975-76 से नियमित रूप से किया जा रहा है, जिसे विधान मण्डल के दोनों सदनों में प्रस्तुत किया जाता है।
3. **'प्रयास'**–एस.सी.ई.आर.टी. द्वारा प्रयास नामक प्रकाशन प्रतिवर्ष निकाला जाता है। यह प्रकाशन एस.सी.ई.आर.टी. की विभिन्न इकाइयों/विभागों एवं मुख्यालय की गतिविधियों से संबंघित होता है।
4. **'चिन्तन'**–एस.सी.ई.आर.टी., उ.प्र. द्वारा विभिन्न अध्ययनों एवं शोध कार्यों, जो इसकी इकाइयों/विभागों द्वारा किए जाते हैं, निष्कर्षों और संस्तुतियों को संकलित कर प्रकाशित किया जाता है। वर्ष 1995 तक चिन्तन के 5 अंकों का प्रकाशन हो चुका था।
5. **'माध्यम'**–माध्यमिक शिक्षा निदेशालय द्वारा अब तक 'माध्यम' के 11 अंकों का प्रकाशन कराया जा चुका है। इसमें सभी अद्यतन सूचनाएँ, आदेश, परिनियमों, जो विशेष रूप से माध्यमिक शिक्षा के शैक्षिक प्रशासकों और अन्य अधिकारियों के लिए उपयुक्त हैं, का प्रकाशन विगत वर्षों में किया गया।
6. **'संकल्प'**–एस.सी.ई.आर.टी. द्वारा संकल्प नामक द्विमासिक पत्रिका का

प्रकाशन किया जाता है। इसके माध्यम से अध्यापकों के व्यावसायिक विकास हेतु सामग्री उपलब्ध करायी जाती है। इस पत्रिका के संपादक मण्डल में उ.प्र. बेसिक शिक्षा परियोजना जनपदों के कार्यरत शिक्षक हैं तथा इसके अतिरिक्त एक समन्वयक भी इस कार्य में सहायता देते हैं।

कम्प्यूटर का प्रयोग

सांख्यिकीय प्रकोष्ठ में कम्प्यूटर का प्रयोग नहीं किया जाता है। शिक्षा निदेशक के शिविर कार्यालयों में स्थापित कम्प्यूटर का प्रयोग सीमित उद्देश्य से किया जाता है। जनपद स्तर पर प्राथमिक तथा उच्च प्राथमिक अध्यापकों के वेतन वितरण के कार्य को कम्प्यूटरीकृत करने की कार्यवाही आरम्भ की गई है।

हाईस्कूल तथा इण्टरमीडिएट शिक्षा परिषद, उ.प्र. द्वारा परीक्षा कार्य से संबंधित कतिपय चरणों को कम्प्यूटरीकृत किया गया है। इन कार्यों में विशेष रूप से नामावलियों की तैयारी, परीक्षाफल की तैयारी तथा उसकी घोषणा, परीक्षाफल का विश्लेषण आदि है।

समस्याएँ एवं सुझाव

राज्य सरकार को शिक्षा विभाग में सूचना प्रबंधन की ओर विशेष ध्यान दिए जाने की आवश्यकता है, क्योंकि सांख्यिकीय संकलन और उसके प्रकाशन में लगभग 2-3 वर्ष का समय लगता है। इसका मुख्य कारण यह बताया गया है कि जिला विद्यालय निरीक्षक/जिला बेसिक शिक्षा अधिकारी और उप शिक्षा निदेशक/सहायक शिक्षा निदेशक (बेसिक) के पास कर्मियों की कमी है। इसलिए सूचनातंत्र को विशेष रूप से जनपद तथा मण्डल स्तर पर सुदृढ़ीकृत करने की आवश्यकता है। इससे सूचनाओं और आँकड़ों के संकलन तथा उनके विश्लेषण में होने वाले विलंब में निश्चित रूप से कमी आएगी। समय की इस दूरी/विलंब को दूर करने के लिए यह सुझाव है कि एक कम्प्यूटरीकृत सूचना प्रणाली निदेशालय, मण्डलीय तथा जनपद स्तरों पर स्थापित की जाए, जिससे कि शैक्षिक आयोजकों को सहायता मिल सके। ऐसे कर्मी जो शैक्षिक आयोजन में संख्यात्मक प्रविधियों का प्रयोग करते हैं, उन्हें तकनीकी प्रशिक्षण प्रदान किया जाए। ऐसे प्रशिक्षण कार्यक्रमों का आयोजन राज्य, मण्डल, जनपद तथा विकास खण्ड स्तर पर किया जाना आवश्यक है। यह प्रशिक्षण कार्यक्रम अल्पावधि के रखे जाएँ और निर्धारित अंतराल पर आयोजित कराए जाएँ।

अध्याय-11

शैक्षिक नियोजन

संगठनात्मक व्यवस्थाएँ

सचिवालय स्तर पर, प्रमुख सचिव, शिक्षा राज्य में शैक्षिक नियोजन के समग्र प्रभारी हैं। उनकी सहायता के लिए एक संयुक्त/ उप सचिव (शिक्षा) होते हैं। निदेशालय स्तर पर प्रत्येक शिक्षा निदेशक अपने-अपने निदेशालय के नियोजन कार्य को देखते हैं। इसके अतिरिक्त, माध्यमिक शिक्षा निदेशालय में एक नियोजन प्रकोष्ठ है, जिसमें एक उप शिक्षा निदेशक तथा सहायक कर्मी हैं। निदेशालय की एक सांख्यिकी इकाई/ सर्वेक्षण इकाई भी है, जो योजनाओं के निर्माण हेतु आवश्यक आँकड़े उपलब्ध कराती है।

नियोजन प्रक्रिया

योजनाओं का निर्माण संबंधित शिक्षा निदेशालय द्वारा किया जाता है और माध्यमिक शिक्षा निदेशालय स्तर पर नियोजन प्रकोष्ठ द्वारा इसे संकलित किया जाता है। योजनाएँ सामान्यतः शिक्षा के प्रत्येक स्तरों पर सुविधाओं के विस्तार कार्यक्रमों तथा इसके साथ ही गुणात्मक सुधार कार्यक्रमों को आच्छादित करती है। ड्राफ्ट पंचवर्षीय/ वार्षिक योजना सहायक आँकड़ों और औचित्य सहित निर्धारित प्रपत्रों पर शिक्षा सचिव को भेजी जाती हैं। सचिवालय स्तर पर सावधानीपूर्वक मूल्यांकन के उपरांत यह राज्य नियोजन विभाग/ राज्य योजना आयोग के विचारार्थ और तदनन्तर योजना आयोग (भारत सरकार) को प्रस्तुत की जाती है, जहाँ 'वर्किंग ग्रुप्स' में इस पर विचार-विमर्श किया जाता है। योजना का अनुमोदन हो जाने के उपरांत, राज्य नियोजन विभाग योजना परिव्यय का आवंटन विभिन्न विभागों को सूचित करता है। योजना कार्यक्रमों की प्रगति की समीक्षा क्षेत्रीय अधिकारियों से प्राप्त सावधि रिपोर्ट/ विवरणी के आधार पर की जाती है।

नियोजन की विकेंद्रित प्रणाली के अंतर्गत राज्य में प्रत्येक जनपद को अपनी योजना बनाने के लिए सक्षम बनाया गया है। जिला योजना में वे ही योजनाएँ/कार्यक्रम सम्मिलित किए जाते हैं जो स्थान-निर्धारण और लाभ के क्षेत्र के युगल मानदण्डों पर आधारित हैं। शैक्षिक सुविधाओं को उपलब्ध कराने हेतु धन-आवंटन संबंधी सभी निर्णय जनपद स्तर पर लिए जाते हैं। इस प्रकार जिला तथा मण्डलीय नियोजन समितियों द्वारा तैयार और अनुमोदित की गई जिला योजनाओं का संपरीक्षण राज्य स्तर पर भी नियोजन विभाग में प्रशासनिक विभाग की सहायता से किया जाता है। बजट को विधायी स्वीकृति प्राप्त हो जाने के बाद, वित्तीय स्वीकृतियाँ सीधे जनपद स्तरीय अधिकारियों को निर्गत कर दी जाती हैं।

योजना विभाग और अन्य विभाग यथा ग्रामीण विकास और समाज कल्याण भी शैक्षिक योजना निर्माण की प्रक्रिया में सम्मिलित किए जाते हैं। शैक्षिक योजनाओं का ऐसे सभी विभागों से समन्वयन सचिवालय स्तर पर सुनिश्चित किया जाता है। योजना विभाग वार्षिक योजना के क्रियान्वयन का अनुश्रवण त्रैमासिक योजना समीक्षा बैठकों में करता है।

शैक्षिक सुविधाओं का विस्तार

राज्य सरकार के मानकों के अनुसार मैदानी इलाकों में प्राथमिक विद्यालय 300 या अधिक आबादी वाली किसी बस्ती की 1.5 किमी की परिधि में और पर्वतीय क्षेत्रों में केवल 1 किमी की परिधि में उपलब्ध कराया जाना चाहिए। एक उच्च प्राथमिक विद्यालय किसी बस्ती, जिसकी आबादी 800 या अधिक हो, की 3 किमी परिधि में आरम्भ किया जा सकता है।

शैक्षिक सुविधाएँ प्रदान करने के लिए निर्णय जैसा कि उपर कहा गया है, उ.प्र. बेसिक शिक्षा अधिनियम 1972 द्वारा निर्धारित दिशा-निर्देशों के अनुरूप गठित जिला स्तरीय नियोजन समितियों द्वारा लिए जाते हैं। नवीन प्राथमिक/ उच्च प्राथमिक स्कूल खोलने के लिए सामान्यतः ग्रामवासियों से, अपेक्षित है कि विद्यालय भवन निर्माण के लिए वांछित भूमि दान करें। ग्राम शिक्षा समिति विद्यालय भवन निर्माण के लिए उत्तरादायी होती है। विद्यालय भवन का खाका (डिजाइन) राज्य लोक निर्माण विभाग द्वारा तैयार किया जाता है। विद्यालय भवन के 'डिजाइन' की विशिष्टियों को दर्शाने वाली रूपरेखा और राज्य सरकार द्वारा अनुमोदित इकाई लागत का विवरण ग्राम शिक्षा समिति को उपलब्ध कराया जाता है।

केंद्रपुरोनिधानित योजनाएँ

आपरेशन ब्लैक बोर्ड : वर्ष 1984-85 में उत्तर प्रदेश में 895 विकास खण्ड थे। भारत सरकार द्वारा ऑपरेशन ब्लैक बोर्ड योजना के अंतर्गत तीन क्रमिक वर्षों में शिक्षण-अधिगम सामग्री की आपूर्ति हेतु स्वीकृति प्रदान की गई। सारणी

11.1 में ऑपरेशन ब्लैक बोर्ड योजना के अंतर्गत विद्यालयों का आच्छादन प्रदर्शित है।

सारणी 11.1

ऑपरेशन ब्लैक बोर्ड योजना में आच्छादित विद्यालय

वर्ष	विकास खण्डों की संख्या	प्राथमिक स्कूलों की संख्या	स्वीकृत राशि (हजार में)
1987-88	277	18924	151587
1988-89	372	26633	186657
1989-90	246	19831	157378
योग	895	65388	495622

स्रोत: बेसिक शिक्षा निदेशालय, उ.प्र.।

इस कार्यक्रम के अंतर्गत ग्रामीण क्षेत्रों के 65,388 प्राथमिक विद्यालय आच्छादित किए गए थे। प्रत्येक विद्यालय में न्यूनतम शिक्षण अधिगम सामग्री सुनिश्चित करने के लिए 37 सामग्रियों की आपूर्ति की गई थी।

वर्ष 1986-87 में राज्य में 7,224 एकल अध्यापकीय प्राथमिक विद्यालय थे। भारत सरकार द्वारा राज्य को प्रत्येक एकल अध्यापकीय प्राथमिक विद्यालय में दूसरा अध्यापक उपलब्ध कराने के लिए सहायता दी गई। इस प्रकार वर्ष 1989-90 तक 7,224 शिक्षक नियुक्त किए गए थे।

योजना का दूसरा महत्वपूर्ण घटक है विद्यालय भवनों का निर्माण। सारणी 11.2 वर्ष 1987-88 और 1989-90 के मध्य निर्मित विद्यालय भवनों का विवरण प्रदर्शित करती है।

सारणी 11.2

निर्मित विद्यालय भवनों की संख्या

वर्ष	भवनहीन/जर्जर विद्यालयों की संख्या	र्निमित विद्यालयों की संख्या
1987-88	2311	2042
1988-89	4249	3620
1989-90	4590	4590
1990-91	उपलब्ध नहीं	898
योग	11150	11150

स्रोत : बेसिक शिक्षा निदेशालय, उत्तर प्रदेश।

प्रौढ़ शिक्षा कार्यक्रम : प्रौढ़ शिक्षा कार्यक्रम राज्य में वर्ष 1979-80 में

आरंभ किया गया था। राज्य साक्षरता मिशन प्राधिकरण की स्थापना वर्ष 1988 में कार्यक्रम को आगे मजबूती प्रदान करने के लिए की गई थी। अब तक कार्यक्रम 63 केंद्र प्रायोजित ग्रामीण कार्यात्मक साक्षरता परियोजनाओं (आर.एफ.एल.पी.) 57 राज्य प्रौढ़ शिक्षा परियोजनाओं, स्वयंसेवी संगठनों, कार्यात्मक साक्षरता के लिए जन कार्यक्रम (एमपीएफएल) और टीएलसी के माध्यम से क्रियान्वित किया गया है। छठी और सातवीं पंचवर्षीय योजनाओं की अवधि में राज्य में कुल 71.69 लाख निरक्षर व्यक्तियों को साक्षर बनाया गया। वर्ष 1990-91 में कुल 19.97 लाख और 1991-92 में 23.61 लाख व्यक्तियों को भी इस कार्यक्रम के अंतर्गत आच्छादित किया गया। फिर भी, राष्ट्रीय साक्षरता मिशन (एनएलएम) की रणनीति पारंपरिक केंद्र-आधारित उपागम परिवर्तित होकर टीएलसी कार्यक्रम के अंतर्गत क्षेत्र आधारित अभियान उपागम हो जाने के कारण जारी सभी प्रौढ़ शिक्षा परियोजनाएँ वर्ष 1993 में रद्द कर दी गईं। उत्तर साक्षरता सतत शिक्षा कार्यक्रम के लिए राज्य में 4,365 जन शिक्षा निलयम् (केंद्र सरकार द्वारा 2,108 और राज्य सरकार द्वारा 2257) स्थापित किए गए थे। तथापि जन शिक्षण निलयम् का कार्य कई कारणों से संतोषजनक नहीं है यथा उनकी अपर्याप्त संख्या, पठन सामग्री की कमी, समुदाय से सहयोग की कमी और वर्तमान योजनाओं के बारे में सूचनाओं की कमी।

शिक्षा का व्यवसायीकरण : शिक्षा के व्यवसायीकरण की केंद्र पुरोनिधानित योजना के अंतर्गत व्यावसायिक पाठ्यक्रम वर्ष 1989-90 में 200 माध्यमिक विद्यालयों में, 1990-91 में 260 विद्यालयों में और 1991-92 में 250 विद्यालयों में लागू किया गया था। आठवीं पंचवर्षीय योजना अवधि में इन सुविधाओं का विस्तार 500 अतिरिक्त माध्यमिक विद्यालयों में प्रस्तावित था।

विद्यालयों में विज्ञान शिक्षण में सुधार : विद्यालयों में विज्ञान शिक्षण में सुधार की एक केंद्र पुरोनिधानित योजना विज्ञान शिक्षण की गुणवत्ता में सुधार और वैज्ञानिक अभिवृत्ति के विकास के लिए वर्ष 1987-88 में आरंभ की गई थी। योजना के अंतर्गत भारत सरकार द्वारा राज्य सरकार को शत-प्रतिशत सहायता निम्नांकित उद्देश्यों हेतु प्रदान की जाती है: (क) उच्च प्राथमिक विद्यालयों के लिए विज्ञान किट का प्रावधान (ख) माध्यमिक और उच्चतर माध्यमिक विद्यालयों में विज्ञान प्रयोगशालाओं का उच्चीकरण और संवर्द्धन (ग) माध्यमिक और उच्चतर माध्यमिक विद्यालयों को पुस्तकालय सहायता (घ) विज्ञान शिक्षकों के प्रशिक्षण के लिए जिला संसाधन केंद्रों की स्थापना (ड.) शिक्षण सामग्री का विकास आदि।

सारणी 11.3 भारत सरकार द्वारा राज्य को विभिन्न केंद्र पुरोनिधानित योजनाओं के अंतर्गत प्रदत्त वित्तीय सहायता को संकेतित करती है।

सारणी 11.3

केंद्र पुरोनिधानित योजना के अंतर्गत प्रदत्त सहायता (रू. लाख में)

योजनाएँ	1987-88	1988-89	1989-90	1990-91	1991-92	1992-93
अनौपचारिक शिक्षा	1082.33	544.31	485.30	925.46	1616.36	1624.60
व्यवसायीकरण	892.88	800.69	203.69	707.25	99.15	581.39
विज्ञान शिक्षा	313.47	300.00	98.10	13.45	–	–

स्रोत: वार्षिक आख्या, मानव संसाधन विकास मंत्रालय, 1992–93, भाग–1

योजना परिव्यय

सारणी 11.4 सातवीं और आठवीं योजना के परिव्ययों का तुलनात्मक चित्र तथा शिक्षा के विभिन्न खण्डों में सातवीं योजना के सापेक्ष प्रतिशत वृद्धि संकेतित करती है। यह देखा गया है कि राज्य द्वारा प्राथमिक शिक्षा को प्राथमिकता दी गई है, क्योंकि 60 प्रतिशत से अधिक धनराशि इस खण्ड (सेक्टर) को उपलब्ध कराई गई। साथ ही साथ सातवीं योजना की तुलना में आठवीं योजना में प्राथमिक शिक्षा खण्ड (सेक्टर) को आवंटित धनराशि में 165.58 प्रतिशत वृद्धि हुई।

सारणी 11.4

सातवीं और आठवीं योजना का परिव्यय

(लाख में)

सेक्टर का नाम	आठवीं योजना (1992–97)	सातवीं योजना (1985–90)	वृद्धि/कमी (प्रतिशत में)
प्राथमिक शिक्षा	70368	26486	+165.68
माध्यमिक शिक्षा	22067	90696	+142.61
उच्च शिक्षा	17606	3737	+371.13
प्रौढ़ शिक्षा	2323	2375	–2.23
भाषा विकास	2341	234	+900.43
एस.सी.ई.आर.टी	411	161	+155.25
खेलकूद	221	258	–14.34
सार्वजनिक पुस्तकालय	438	230	+45.53
योग	115775	42550	+172.10

स्रोत: वार्षिक योजना, 1995–96, उ.प्र. सरकार ।

समस्याएँ और सुझाव

शैक्षिक नियोजन की वर्तमान प्रक्रिया अधिकतर शीर्ष से आधार की ओर उन्मुख

संरचना है। राज्य ने केवल इधर ही जनपद स्तरीय नियोजन, जिला नियोजन समितियों के गठन के माध्यम से, आरम्भ किया है, जो शैक्षिक विकास की योजनाओं की संरचना करती है। सुझाव यह है कि नियोजन प्रक्रिया को अधिक यर्थाथपरक और जनतांत्रिक बनाने के लिए सूक्ष्म स्तरीय नियोजन (माइक्रोप्लानिंग) और ग्राम/संकुल स्तर पर विद्यालय मानचित्रण अभ्यासों को अंगीकार करके शैक्षिक सुविधाओं के विकास हेतु नियोजन किया जाए। स्थानीय संसाधनों का अधिकतम उपयोग करने हेतु ग्राम शिक्षा समिति के सदस्यों, पंचायत, महिला सदस्यों, गैर सरकारी संगठनों, युवको के संगठनों, अध्यापकों और विकास खण्ड स्तरीय शिक्षा के अधिकारियों का सहयोग अपेक्षित है। ग्राम स्तरीय योजनाओं की विकास खण्ड स्तर की योजनाओं में और विकास खण्ड स्तर की योजनाओं को जिला स्तर की योजनाओं में सम्मिलित करना, शिक्षा के विकास के लिए अति आवश्यक है।

अध्याय-12

निरीक्षण तथा पर्यवेक्षण

विद्यालयों में निरीक्षण हेतु शिक्षा विभाग द्वारा निर्धारित मुख्य उद्देश्य इस प्रकार हैं :- (क) संस्था के प्रधान से तात्कालिक महत्व के प्रकरणों पर विचार-विमर्श करना (ख) कक्षाओं का निरीक्षण करना तथा शिक्षण अधिगम प्रक्रिया की कार्यक्षमता और प्रभावकारिता का मूल्यांकन करना, (ग) इस बात का ठीक-ठीक निश्चय करना कि स्थानीय विद्यालय शैक्षिक जरूरतों को किस सीमा तक पूरा करता है और क्षेत्र के अन्य विद्यालयों के साथ इसका संबंध और (घ) शिक्षण और शिक्षणेतर कर्मचारियों के वेतन का नियमित तथा उचित वितरण सुनिश्चित करना।

निरीक्षण का मानक

जिला विद्यालय निरीक्षक को मानक के अनुसार जिले के सभी मान्यताप्राप्त हाईस्कूल और इण्टरमीडिएट का प्रत्येक दो वर्ष में कम से कम एक बार निरीक्षण करना चाहिए। उसे वर्ष में इन विद्यालयों का नियमित वीक्षण (विजिट) भी करना चाहिए। इसके अलावा उसके लिए ऐसे हाईस्कूल का जिसका पूर्ण निरीक्षण नहीं हुआ है का वीक्षण करना भी आवश्यक है। निरीक्षण आख्या मण्डलीय उप शिक्षा निदेशक को भेजी जाती है, जो यदि आवश्यक समझता है तो अपनी टिप्पणियों सहित इसे शिक्षा निदेशक को भेजता है। अन्य बातों के अलावा आख्या में शिक्षकों की योग्यता और उपयुक्तता के विषय में विवरण, स्कूलों में उपकरण, संचालित खेलकूद और पाठ्यसहगामी गतिविधियाँ, संस्था में अनुशासन, पुस्तकालय, विद्यालय भवन की स्थिति और फीस, वित्तीय प्रबंधन, परीक्षा परिणाम आदि का विवरण होता है।

नामिका निरीक्षण में, नामिका के सह-सदस्य, शैक्षिक कार्यों के संदर्भ में उपर्युक्त बिंदुओं पर अपनी अलग-अलग आख्या निरीक्षण पूर्ण होने के तुरंत बाद जिला विद्यालय निरीक्षक को प्रस्तुत करते हैं।

प्राथमिक तथा उच्च प्राथमिक स्कूलों के मामले में प्रत्येक उप विद्यालय निरीक्षक से अपेक्षा की जाती है कि वे एक वर्ष नें मैदानी क्षेत्र में 60 विद्यालयों का तथा पर्वतीय क्षेत्रों में 40 विद्यालयों का निरीक्षण करेंगे। निरीक्षण अधिकारी को एक वर्ष में प्रत्येक संस्था का न्यूनतम 3 माह के अंतराल पर कम से कम दो बाद निरीक्षण करना होता है। प्रथम निरीक्षण शैक्षिक सत्र में दिसंबर के अंत तक पूरा होना चाहिए और दूसरा, मार्च के अंत तक।

सारणी 12.1 के अनुसार सर्वेक्षण यह उद्घाटित करता है कि निरीक्षण अधिकारी निर्धारित मानक के अनुसार सभी विद्यालयों का निरीक्षण करने में सक्षम नहीं हो पाते। प्रतिदर्श जनपदों के सभी निरीक्षण अधिकारियों ने कहा कि वे प्रतिवर्ष सभी स्कूलों को आच्छादित नहीं कर सके क्योंकि उन्हें कई अन्य कार्य भी करने पड़ते थे, जैसे गैर-मान्यता प्राप्त स्कूलों की मान्यता के लिए निरीक्षण, परिषदीय विद्यालयों के साथ-साथ सहायता प्राप्त विद्यालयों के शिक्षण और शिक्षणेतर कर्मचारियों का वेतन भुगतान, छात्रवृत्तियों की स्वीकृति और वितरण, राष्ट्रीय कार्यक्रमों यथा-अल्प बचत, वृक्षारोपण, परिवार कल्याण, जिला नियोजन समिति की बैठकें, खण्ड विकास समिति, निर्वाचन कार्य, जनगणना कार्य, विभिन्न प्रकार की शिकायतों की जाँच, स्कूल भवन निर्माण कार्य का पर्यवेक्षण आदि।

सारणी-12.1

1990-91 की अवधि में निरीक्षित प्रतिदर्श विद्यालयों का प्रतिशत

विद्यालय का प्रकार	प्रतिदर्श विद्यालयों की संख्या	निरीक्षित विद्यालय	
		संख्या	प्रतिशत
प्राथमिक	96	90	93.7
उच्च प्राथमिक	63	60	95.2
हाईस्कूल	42	11	26.2
इण्टरमीडिएट	62	26	41.9

स्रोत: क्षेत्र अध्ययन।

यह पाया गया है कि निरीक्षण अधिकारी सामान्यतः हाईस्कूल को आधा दिन तथा इण्टरमीडिएट को एक दिन से अधिक का समय देते हैं (सारणी 12.2)। वे सामान्यतः प्राथमिक और उच्च प्राथमिक स्कूलों के निरीक्षण में आधा या एक दिन व्यतीत करते हैं।

सारणी 12.2

निरीक्षण में लगा समय

विद्यालय का प्रकार	प्रतिदर्श विद्यालयों की संख्या	निरीक्षित विद्यालयों की संख्या	निरीक्षण में लगा समय					
			1/2 दिन		1 दिन		1 से अधिक दिन	
			विद्यालयों की संख्या	प्रतिशत	विद्यालयों की संख्या	प्रतिशत	विद्यालयों की संख्या	प्रतिशत
प्राथमिक	96	90	48	53.3	40	44.5	2	2.2
उच्च प्राथमिक	63	60	29	48.3	24	40.0	7	11.7
हाईस्कूल	42	11	5	45.5	2	18.1	4	36.4
इण्टरमीडिएट	62	26	6	23.1	3	11.5	17	65.4
समस्त विद्यालय	263	187	88	47.1	69	36.9	30	16.0

स्रोत: क्षेत्र अध्ययन।

जिला विद्यालय निरीक्षक/प्रति उप-विद्यालय निरीक्षकों के लिए निर्धारित विद्यालयों की संख्या

प्रतिदर्श में चयनित 4 जिलों में हाईस्कूलों और इण्टरमीडिएट कॉलेजों की संख्या सारणी 12.3 में प्रदर्शित है। प्रति निरीक्षण अधिकारी हाईस्कूलों और इण्टरमीडिएट कॉलेजों की संख्या में जनपद से जनपद में विभिन्नता है। उदाहरण के लिए एक वर्ष में एक जिला विद्यालय निरीक्षक को नैनीताल में 80 और बुलन्दशहर में 48 इण्टरमीडिएट कॉलेजों/हाईस्कूलों का निरीक्षण करना है, फिर भी सारणी 12.1 के अनुसार निरीक्षण अधिकारी प्रतिदर्श में चयनित 26.2 प्रतिशत हाईस्कूलों और 4.19 प्रतिशत इण्टर कॉलेजों का ही निरीक्षण कर सके।

पृथक अनुच्छेद जैसा कि सारणी 12.4 में प्रदर्शित है प्रति उप विद्यालय निरीक्षक (एस.डी.आई.) के लिए निरीक्षण हेतु निर्धारित औसत विद्यालयों की संख्या 55 है।

जिला बेसिक शिक्षा अधिकारी की कार्यविधि

प्रथम और द्वितीय सर्वेक्षण के दौरान जिला बेसिक शिक्षा अधिकारी के कार्यों की तुलना जैसा कि सारणी 12.5 में प्रदर्शित है, यह बताती है कि जिला बेसिक शिक्षा अधिकारियों द्वारा वीक्षण(विजिट्स) और निरीक्षण को यात्रा और आगंतुकों से मिलने के कार्य को कम समय दिया गया, जबकि द्वितीय सर्वेक्षण में संगोष्ठियों और बैठकों में प्रतिभाग जैसी गतिविधियों को अधिक समय दिया गया। कार्यालय कार्य पर व्यतीत समय दोनों सर्वेक्षणों में लगभग समान पाया गया (सारणी12.1)।

सारणी 12.3

जिला विद्यालय निरीक्षकों/सह जिला विद्यालय निरीक्षकों के निरीक्षण हेतु प्रति अधिकारी विद्यालयों की संख्या

जिला	प्रतिदर्श जिलों में विद्यालयों की संख्या		कुल विद्यालय	स्वीकृत पद जि.वि.नि+स. जि.वि.नि.	प्रति निरीक्षक अधिकारी विद्यालयों की औसत (4÷5) संख्या
	हाईस्कूल	इण्टरमीडिएट			
1	2	3	4	5	6
बुलंदशहर	110	85	195	1+3=4	49
झांसी	32	32	64	1+0=1	64
नैनीताल	74	86	160	1+1=2	80
वाराणसी	61	122	183	1+2=3	61
योग	277	325	602	4+6=10	60

स्रोत- क्षेत्र अध्ययन।

सारणी 12.4

प्रति उप विद्यालय निरीक्षकों के निरीक्षण हेतु विद्यालयों की संख्या

जिला	प्रतिदर्श विद्यालयों की संख्या		कुल विद्यालय	स्वीकृत पद प्रति उपविद्यालय निरीक्षक	प्रति निरीक्षक अधिकारी विद्यालयों की औसत (4÷5) संख्या
	प्राथमिक	उच्च प्राथमिक			
1	2	3	4	5	6
बुलंदशहर	1346	149	1495	31	48
झांसी	802	180	982	17	58
नैनीताल	1334	302	1636	31	53
वाराणसी	1789	513	2302	38	61
योग	5271	1144	6415	117	55

स्रोत-क्षेत्र अध्ययन।

सारणी 12.5

बेसिक शिक्षा अधिकारी का कार्य विवरण

क्रमांक	क्रियाएँ	औसत समय (प्रतिशत)		
		प्रथम सर्वेक्षण	द्वितीय सर्वेक्षण	वृद्धि/कमी
1.	वीक्षण एवं निरीक्षण	24.0	15.0	−9
2.	यात्रा	7.0	5.0	−2

3.	आगंतुकों का स्वागत	10.4	5.7	− 4.7
4.	बैठकों एवं गोष्ठियों में प्रतिभाग	6.6	11.3	+ 4.7
5.	कार्यालय कार्य	47.0	46.7	− 0.3
6.	अन्य क्रियाएँ	5.0	16.3	+ 11.3

स्रोत- क्षेत्र अध्ययन।

प्रति उप विद्यालय निरीक्षकों का कार्य विवरण :

विकास खण्ड स्तर पर एक प्रति उप विद्यालय निरीक्षक अपने समय का 42.5 प्रतिशत समय वीक्षण और निरीक्षण पर तथा 22.5 प्रतिशत समय कार्यालय कार्य पर लगाता है (सारणी 12.6)। यह पाया गया है कि उसके समय का 10 प्रतिशत बैठकों में भाग लेने इत्यादि में व्यतीत होता है। समस्याओं के निस्तारण आदि तथा अन्य कार्यों में क्रमशः 7 प्रतिशत और 9.5 प्रतिशत समय व्यतीत होता है (सारणी 12.2)।

उत्तर प्रदेश

जिला बेसिक शिक्षा अधिकारी के क्रियाकलाप

विभिन्न क्रियाओं पर व्यतीत समय

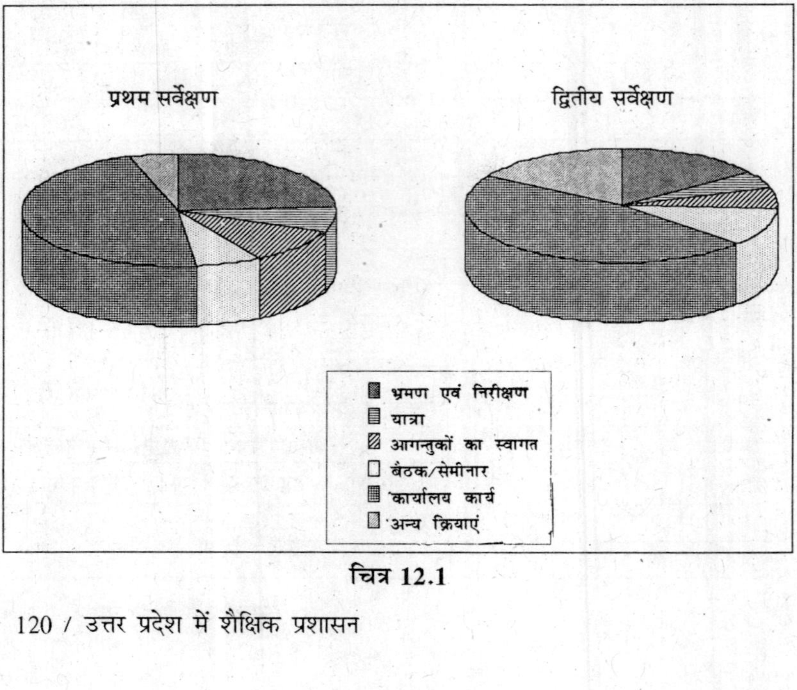

चित्र 12.1

सारणी 12.6
प्रति उप विद्यालय निरीक्षक का कार्य विवरण

(प्रतिशत)

क्रमांक	क्रिया	लगा समय
1.	वीक्षण एवं निरीक्षण	42.5
2.	यात्रा	5.5
3.	आगंतुकों का स्वागत	1.0
4.	संघों/संगठनों के प्रतिनिधियों के साथ बैठक	2.0
5.	बैठक एवं गोष्ठियों में प्रतिभाग	10.0
6.	कार्यालय कार्य	22.5
7.	शिकायतों का निवारण, न्यायालयी प्रसंग, अनुशासनात्मक प्रकरण	7.0
8.	अन्य क्रियाएँ	9.5
	योग	100.0

स्रोत- क्षेत्र अध्ययन।

विषय पर्यवेक्षण

निरीक्षकों का एक पैनल संस्थाओं का वीक्षण करता है और विभिन्न गतिविधियों का पर्यवेक्षण करता है। आदर्श पाठों का प्रस्तुतीकरण भी नामिका निरीक्षण का भाग है। वे शिक्षक जो उत्कृष्ट प्रदर्शन का उदाहरण स्थापित करते हैं, उनकी गतिविधियों और प्रदर्शन को रेखांकित किया जाता है और अन्य शिक्षकों के संज्ञान में भी लाया जाता है। इसके अंतर्गत अनुश्रवण की कार्यवाही भी होती है, जिसमें सुझाव, टिप्पणियाँ और मंतव्य संबंधित शिक्षकों की कमियों के निवारण की दृष्टि से उनके समक्ष रखा जाता है।

निरीक्षण आख्या को तैयार करने का एक निर्धारित प्रारूप है। नामिका निरीक्षण के समय स्कूल द्वारा एक 'स्कूल अध्ययन आख्या' तैयार की जाती है, जो नामिका निरीक्षकों को प्रस्तुत की जाती है। प्रत्येक नामिका निरीक्षण के उपरांत जिला विद्यालय निरीक्षकों द्वारा निरीक्षण-आख्या मण्डलीय उप शिक्षा निदेशक को यथा आवश्यक अपनी टिप्पणियों सहित, यदि आवश्यक हो तो, निदेशक को प्रेषित करने हेतु तथा उसकी एक प्रति संबंधित संस्था को प्रेषित की जाती है।

निरीक्षण के संबंध में क्षेत्र अध्ययन के माध्यम से संकलित संमतियाँ सारणी 12.7 में दी गई हैं, जो यह प्रदर्शित करती हैं कि 77.7 प्रतिशत विद्यालयों ने निरीक्षण को उपयोगी तथा 12.6 प्रतिशत ने मात्र संतोषजनक पाया हैं। 166 स्कूलों में से 77 प्रतिशत प्राथमिक स्कूलों के प्रधान वार्षिक निरीक्षण को उपयोगी पाते हैं और

14.3 प्रतिशत संतोषजनक, परंतु उच्च प्राथमिक स्कूलों के प्रकरण में लगभग 80 प्रतिशत स्कूल निरीक्षण को उपयोगी मानते हैं और केवल 15 प्रतिशत इसे संतोषजनक पाते हैं। हाईस्कूल और इण्टरमीडिएट स्तर पर क्रमशः 72 प्रतिशत और 77 प्रतिशत स्कूल निरीक्षणों को उपयोगी पाते हैं। समग्र रूप से 9.6 प्रतिशत स्कूल निरीक्षण को शिक्षा की गुणवत्ता के सुधार में वास्तव में उपयोगी नहीं मानते।

सारणी 12.7

वार्षिक निरीक्षण के बारे में विद्यालय प्रधानों के सुझाव

विद्यालय की श्रेणी	उत्तरवादियों की संख्या	उपयोगी		संतोषजनक		अनुपयोगी	
		प्रधानों की संख्या	प्रतिशत	प्रधानों की संख्या	प्रतिशत	प्रधानों की संख्या	प्रतिशत
प्राथमिक	70	54	77.1	10	14.3	6	8.6
उच्च प्राथमिक	46	37	80.4	7	15.2	2	4.4
हाईस्कूल	11	8	72.7	2	18.2	1	9.1
इण्टरमीडिएट	39	30	76.9	2	5.1	7	18.0
योग	166	129	77.7	21	12.6	16	9.6

स्रोत- क्षेत्र अध्ययन।

संस्थाओं के प्रधानों से भी निरीक्षण और पर्यवेक्षण में सुधार के लिए अपने सुझाव देने के लिए कहा गया था, जैसा कि सारणी 12.8 में प्रदर्शित है।

सारणी 12.8

निरीक्षण में सुधार हेतु सुझाव

विद्यालय की श्रेणी	सुझाव				
	उत्तरवादियों की संख्या	निरीक्षण सकारात्मक एवं रचनात्मक होना चाहिए	बहुधा निरीक्षण की आवश्यकता	आकस्मिक निरीक्षण की आवश्यकता	विषय-विशेषज्ञों की सहभागिता होनी चाहिए
प्राथमिक	21	47.6	42.8	4.8	4.8
उच्च प्राथमिक	16	37.5	56.3	–	6.2
हाईस्कूल	2	–	–	100.00	–
इण्टरमीडिएट	9	–	44.5	44.5	11.0
समस्त विद्यालय	48	33.3	45.8	14.6	6.3

स्रोत- क्षेत्र अध्ययन।

उत्तर प्रदेश
जिला बेसिक शिक्षा अधिकारी के क्रियाकलाप
विभिन्न क्रियाओं पर व्यतीत समय

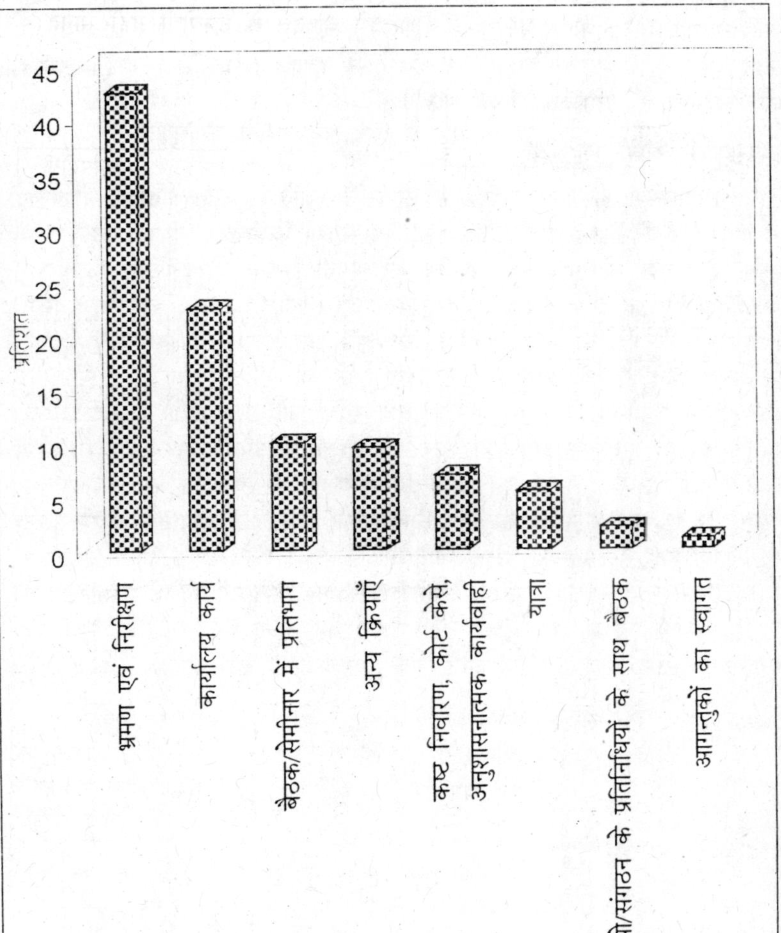

चित्र 12.2

प्रतिदर्श स्कूलों के प्राथमिक से उच्चतर माध्यमिक स्तर के लगभग 45.8 प्रतिशत प्रधानाध्यापकों और प्रधानाचार्यों ने निरीक्षण व्यवस्था को सुधारने के लिए निरीक्षण अधिकारियों द्वारा और अधिक बार निरीक्षण किए जाने की आवश्यकता व्यक्त की । निरीक्षण का स्वरूप त्रुटियां ढूँढ़ने के अभ्यास के स्थान पर सुझावात्मक और दृष्टिकोण में रचनात्मक होना चाहिए। शत-प्रतिशत हाईस्कूलों तथा 44.5 प्रतिशत इण्टरमीडिएट कॉलेज के प्रधानों ने अचानक निरीक्षणों की आवश्यकता बताई। मात्र 6.3 प्रतिशत स्कूलों के प्रधानों ने सुझाव दिया कि विषय-विशेषज्ञों को निरीक्षण में नियोजित किया जाए।

समस्याएँ और सुझाव

निरीक्षण व्यवस्था को अनेक दृष्टियों से सुदृढ़ किए जाने की आवश्कता है। उदाहरण के लिए प्रति निरीक्षण अधिकारी स्कूलों की संख्या विशेषकर प्रतिदर्श जनपदों में राज्य के मानक से अधिक है। स्कूलों की बढ़ती संख्या को दृष्टिगत रखते हुए जनशक्ति में सतत अभिवृद्धि की आवश्यकता है। विद्यालय संकुल व्यवस्था, जिसमें 4 से 5 प्राथमिक और उच्च प्राथमिक विद्यालय एक उच्चतर माध्यमिक विद्यालय से संबद्ध रहते हैं, को राज्य में लागू किए जाने की आवश्यकता है। इससे जहाँ एक ओर माध्यमिक विद्यालयों में उपलब्ध सुविधाओं यथा खेल के मैदान और पुस्तकालय को प्राथमिक और उच्च प्राथमिक स्कूलों के उपयोग में लाने में सहायता मिलेगी वहीं दूसरी ओर इन स्कूलों के क्रियाकलापों के नियोजन और प्रबंधन को सुधारने में भी यह सहायक होगी। यह व्यवस्था स्कूलों में गुणात्मक सुधार लाने में भी सहायक हो सकेगी। इसके अतिरिक्त जिला शिक्षा और प्रशिक्षण संस्थानों के संकाय सदस्यों के साथ नामिका निरीक्षण में अन्य विशेषज्ञों को जोड़ा जा सकता है। वे संस्थाएँ जिनका विगत वर्ष में निरीक्षण नहीं हुआ था, उन्हें विद्यालयों की वार्षिक निरीक्षण योजना तैयार करते समय प्राथमिकता देनी चाहिए।

अध्याय-13

अकादमिक सहायता प्रणाली

राज्य शैक्षिक अनुसंधान और प्रशिक्षण परिषद तथा इससे संबद्ध संस्थाएँ, जिला शिक्षा और प्रशिक्षण संस्थान, हाईस्कूल तथा इण्टरमीडिएट शिक्षा परिषद् तथा नवीन स्थापित राज्य शैक्षिक प्रबंधन एवं प्रशिक्षण संस्थान अकादमिक सहायता के प्रमुख संस्थान हैं, जिनका प्रमुख दायित्व प्रदेश की शिक्षा व्यवस्था में गुणात्मक सुधार लाना है।

राज्य शैक्षिक अनुसंधान और प्रशिक्षण परिषद (एस.सी.ई.आर.टी.)

राज्य शैक्षिक अनुसंधान और प्रशिक्षण परिषद की स्थापना वर्ष 1981 में प्रदेश की शिक्षा के स्तर में सुधार हेतु की गई।

परिषद के प्रमुख उद्देश्य हैं :

- शिक्षा में क्रियात्मक शोध को प्रोत्साहन प्रदान करना तथा शैक्षिक शोध कार्यों में समन्वय स्थापित करना।
- सेवापूर्व तथा सेवारत प्रशिक्षण कार्यक्रमों का आयोजन।
- विद्यालय प्रसार सेवाओं में संलग्न अभिकरणों (ऐजंसीज) को शैक्षिक शोध में प्रशिक्षण और मार्गदर्शन प्रदान करना।
- शिक्षा विभाग की संस्थाओं और उसके कर्मियों को शिक्षण और शिक्षा में नवाचार/अभिनव प्रयोगों की उन्नत विधियों और तकनीकों से परिचित कराना।
- परिषद के उद्देश्यों की प्राप्ति हेतु राज्य, विश्वविद्यालयों के शिक्षा विभाग तथा अन्य अकादमिक संस्थाओं के साथ कार्य करना।
- स्कूल स्तरीय शिक्षा की अद्यतन सूचनाओं और विचारों का संचयन और उनका प्रसारण।
- स्कूल स्तरीय शिक्षा के स्तर को उठाने हेतु राज्य प्रशासन तथा अन्य

उत्तर प्रदेश
राज्य शैक्षिक अनुसंधान और प्रशिक्षण परिषद

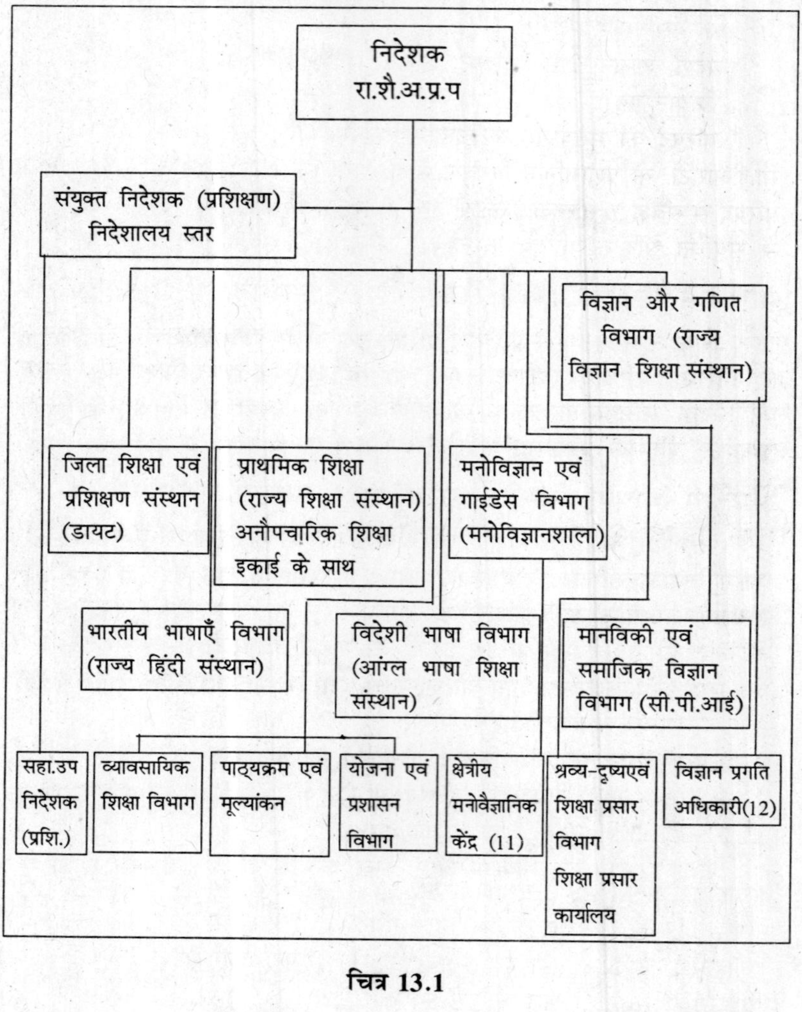

चित्र 13.1

अभिकरणों को परामर्श देना।

- परिषद के उद्देश्यों की प्राप्ति हेतु आवश्यक सामग्री, पुस्तकें, पत्रिकाएँ तथा अन्य साहित्य की संरचना और उनका प्रकाशन

- शिक्षा में शोध और नवाचार परियोजनाओं को प्रोत्साहित करना तथा विद्यालयों में प्रसार सेवाओं की सुविधा और शैक्षिक कर्मियों के लिए उच्च स्तरीय व्यावसायिक प्रशिक्षण की व्यवस्था।
- प्रदेश शासन द्वारा निर्दिष्ट शैक्षिक शोध और प्रशिक्षण कार्यक्रमों का क्रियान्वयन।

परिषद का मुख्यालय लखनऊ में अवस्थित है। यह परिषद निदेशक, एस.सी.ई.आर.टी. के प्रशासनिक नियंत्रण में है, जैसा कि चित्र 13.1 से स्पष्ट है। इस परिषद से संबद्ध 7 संघटक इकाइयाँ तथा 3 विभाग भी हैं। इन इकाइयों तथा विभागों से संबंधित संक्षिप्त परिचय निम्नांकित अनुच्छेदों में दिया गया है:

प्रारंभिक शिक्षा विभाग (राज्य शिक्षा संस्थान, इलाहाबाद)

राज्य शिक्षा संस्थान की स्थापना, 1964 में हुई थी। एस.सी.ई.आर.टी. के गठन के उपरांत 1981 से राज्य शिक्षा संस्थान का नाम प्रारम्भिक शिक्षा विभाग किया गया।

एक सलाहकार निकाय के अतिरिक्त यह संस्था संप्रति शोध, प्रशिक्षण, प्रकाशन, यूनिसेफ प्रायोजित परियोजनाओं तथा प्रसार कार्य में प्रवृत्त है।

भारतीय भाषाएँ विभाग (राज्य हिंदी संस्थान, वाराणसी)

वर्ष 1969 में राज्य हिंदी संस्थान, उत्तर प्रदेश, वाराणसी की स्थापना राजकीय सेंट्रल पैडागॉजिकल इंस्टीट्यूट, इलाहाबाद की एक इकाई के रूप में की गई थी। इस संस्थान की स्थापना हिंदी शिक्षकों के प्रशिक्षण और हिंदी शिक्षण में गुणात्मक सुधार के लिए की गई। 1981 में इस इकाई को एस.सी.ई.आर.टी. में सम्मिलित किया गया तथा इसका नामकरण 'भारतीय भाषा विभाग' किया गया। प्रदेश में यह संस्थान हिंदी अध्यापकों के लिए हिंदी के शिक्षण और अधिगम से संबंधित सेवारत प्रशिक्षण, कार्यशालाएँ, सम्मेलन, तथा विचार-गोष्ठियाँ आयोजित करता है।

मानविकी तथा सामाजिक विज्ञान विभाग (राजकीय सेंट्रल पैडागॉजिकल इंस्टीट्यूट, इलाहाबाद)

इलाहाबाद में 1896 में राजकीय प्रशिक्षण विद्यालय की स्थापना की गई थी, जिसे वर्ष 1948 में उच्चीकृत करते हुए राजकीय सेण्ट्रल पैडागॉजिकल इंस्टीट्यूट, इलाहाबाद का नाम दिया गया। अब यह संस्था मानविकी तथा सामाजिक विज्ञान विभाग की संघटक इकाई के रूप में एस.सी.ई.आर.टी., यू.पी. के नियंत्रणाधीन है।

विज्ञान तथा गणित शिक्षा विभाग (राज्य विज्ञान शिक्षा संस्थान, इलाहाबाद)

राज्य विज्ञान शिक्षा संस्थान की स्थापना 1965 में भारत सरकार की शत-प्रतिशत

वित्तीय सहायता से की गई थी। इस संस्थान के प्रमुख कृत्यों में प्राथमिक स्तर पर विज्ञान और गणित शिक्षण का विकास तथा इस क्षेत्र में शोध कार्य और सेवारत प्रशिक्षण कार्यक्रमों का आयोजन है, इसके अतिरिक्त विज्ञान और गणित की शिक्षण-अधिगम-सामग्रियों का निर्माण और प्रकाशन और उसके साथ ही इससे संबंधित प्रसार सेवाएँ भी प्रदान करना है।

दृश्य-श्रव्य शिक्षा विभाग (शिक्षा प्रसार विभाग, इलाहाबाद)

यह विभाग क्रियात्मक साक्षरता, सामाजिक शिक्षा में नये प्रयोगों, उपयुक्त तकनीकी तथा अनुरूपण (सिमुलेशन) गतिविधियों आदि के विकास से संबद्ध है। यह विभाग दूरस्थ गांव के व्यक्तियों को शैक्षिक कार्यक्रमों को सचल-चलचित्रों द्वारा प्रक्षेपण दल की सहायता से और सचल पुस्तकालय के माध्यम से उपलब्ध कराता है। कम लागत की शिक्षण सामग्रियों तथा फिल्म स्ट्रिप्स को तैयार करने हेतु अध्यापकों का सेवारत प्रशिक्षण कार्यक्रम भी यह विभाग आयोजित करता है।

मनोविज्ञान और निर्देशन विभाग (मनोविज्ञानशाला), इलाहाबाद

आचार्य नरेन्द्र देव समिति (1937) की संस्तुतियों के अनुपालन में मनोविज्ञानशाला की स्थापना इलाहाबाद में वर्ष 1947 में राज्य के विद्यालयों के बच्चों को उपयुक्त और गुणवत्तायुक्त मनोवैज्ञानिक सेवाएँ उपलब्ध कराने के लिए की गई। मनोविज्ञानशाला का मुख्य उद्‌देश्य है 5-20 वयवर्ग के विद्यार्थियों को निःशुल्क शैक्षिक, व्यावसायिक तथा वैयक्तिक निर्देशन प्रदान करना। मनोविज्ञानशाला के अधीन 10 क्षेत्रीय मनोवैज्ञानिक केन्द्र हैं, जो लखनऊ, फैजाबाद, गोरखपुर, वाराणसी, कानपुर, झांसी, आगरा, मेरठ, बरेली, नैनीताल और पौड़ी गढ़वाल में स्थापित हैं।

विदेशी भाषाएँ विभाग (आंग्ल भाषा शिक्षण संस्थान उ.प्र, इलाहाबाद)

आंग्ल भाषा शिक्षण संस्थान की स्थापना वर्ष 1956 में इलाहाबाद में की गई। इस संस्थान का मुख्य दायित्व आंग्ल भाषा शिक्षण सहायता योजना के अंतर्गत केंद्रीय आंग्ल तथा विदेशी भाषाएँ संस्थान (सी.आई.ई.एफ.एल.), हैदराबाद की सहायता से प्रदेश में आंग्ल भाषा शिक्षण को सुदृढ़ करना तथा उसका विकास करना है।

राज्य शैक्षिक तकनीकी संस्थान, उ.प्र., लखनऊ

भारत सरकार द्वारा शिक्षा विभाग, उ.प्र. के नियंत्रण में शैक्षिक तकनीकी कोष्ठक का गठन 1976-77 में किया गया। इसका गठन प्राथमिक शिक्षा के प्रसार और सार्वभौमीकरण के लक्ष्य की प्राप्ति की दृष्टि से शैक्षिक सर्वेक्षण, शोध और मूल्यांकन द्वारा सभी स्तरों पर शिक्षा की गुणवत्ता में सुधार करने और इसके द्वारा प्रभावी अधिगम

को सुनिश्चित करने के लिए किया गया है। वर्ष 1984 में आई.एन.एस.ए.टी./आई. बी. की उपलब्धता हो जाने पर एक शैक्षिक टी.वी. कार्यक्रम उत्पादन केंद्र की स्थापना भारत सरकार के शत-प्रतिशत अनुदान से की गई। इसका मुख्य उद्‌देश्य उत्तर प्रदेश के तीन जनपदों-गोरखपुर, आज़मगढ़ और बस्ती में प्राथमिक स्कूलों में शिक्षा प्रदान करना था। राज्य शैक्षिक तकनीकी संस्थान दोनों इकाइयों का सम्मिश्र संगठन है।

एस.सी.ई.आर.टी. की 7 संघटक इकाइयों के अलावा तीन अन्य विभाग- पाठ्यक्रम और मूल्यांकन विभाग, शैक्षिक प्रशासन और नियोजन विभाग और व्यावसायिक शिक्षा हैं, जो संप्रतिक्रियाशील हैं।

जिला शिक्षा और प्रशिक्षण संस्थान (डायट)

राष्ट्रीय शिक्षा नीति, 1986 के अनुसार जिला शिक्षा और प्रशिक्षण संस्थानों की स्थापना उत्तर प्रदेश में की गई है। इन संस्थानों की संकल्पना जनपद स्तर पर परिवर्तन के संवाहक के रूप में की गई है, जो शिक्षा की गुणवत्ता में योगदान देंगे। इन संस्थानों का दायित्व नवाचारयुक्त, शैक्षिक गतिविधियों तथा प्रशिक्षण कार्यक्रमों का आयोजन है और साथ ही जनपद में शिक्षा का नियोजन करना है। प्रदेश में 83 जनपदों में से 65 जनपदों के लिए जिला शिक्षा और प्रशिक्षण संस्थान की स्थापना हेतु भारत सरकार के स्तर से स्वीकृतियाँ चरणबद्ध रूप में प्रदान की गईं।

जिला शिक्षा और प्रशिक्षण संस्थानों के प्रमुख कार्य इस प्रकार हैं -

1. प्रारंभिक स्कूलों के अध्यापकों (सेवापूर्व तथा सेवारत शिक्षा), प्रधानाध्यापकों, स्कूल संकुलों के प्रधानों, विकास खण्ड स्तर के शिक्षा विभाग के अधिकारियों, अनौपचारिक शिक्षा, प्रौढ़ शिक्षा (प्रारंभिक स्तर) तथा सतत शिक्षा के निर्देशकों और पर्यवेक्षकों, ग्राम शिक्षा समिति, समुदाय के प्रमुख व्यक्तियों, युवाओं और अन्य स्वयं सेवियों जो शिक्षा की गतिविधियों से संबद्ध हों एवं संदर्भ व्यक्तियों, जो उपर्युक्त कार्यक्रमों का आयोजन लक्ष्य वर्ग हेतु डायट्स के अतिरिक्त अन्य केंद्रों पर करते हों के लिए प्रशिक्षण और अनुस्थापन कार्यक्रमों का आयोजन।
2. जनपद में प्रारंभिक और प्रौढ़ शिक्षा व्यवस्था को अकादमिक संसाधन सहायताः (अ) प्रसार गतिविधियों द्वारा (ब) अध्यापकों और अनुदेशकों के लिए अधिगम केंद्र और संदर्भ व्यक्तियों की व्यवस्था द्वारा (स) स्थानीय स्तर पर सुसंगत सामग्रियों, शिक्षण सामग्रियों, मूल्यांकन उपकरण आदि के विकास द्वारा और (द) प्रारंभिक शिक्षा तथा अनौपचारिक शिक्षा/प्रौढ़ शिक्षा कार्यक्रमों के मूल्यांकन केंद्र के रूप में कार्य करने द्वारा और
3. प्रारम्भिक शिक्षा तथा प्रौढ़ शिक्षा के क्षेत्र में उद्‌देश्यों की प्राप्ति हेतु जनपद

की विशिष्ट समस्याओं के समाधान हेतु क्रियात्मक शोध और प्रयोगों को करना।

प्रत्येक जिला शिक्षा और प्रशिक्षण संस्थान के लिए राज्य सरकार द्वारा अनुमोदित अभिकर्मियों का विवरण सारणी 13.1 में दिया गया है।

सारणी 13.1

डायट में पद और वेतनमान

क्र.सं.	पद का नाम	पदों की संख्या	वेतनमान
1.	प्राचार्य	1	3700-4750
2.	उप प्राचार्य	1	3000-4500
3.	वरिष्ठ प्रवक्ता	6	2200-4000
4.	प्रवक्ता	17	1600-2660
5.	सांख्यिकीकार	1	1400-2300
6.	कार्यानुभव शिक्षक	1	1400-2300
7.	तकनीकी सहायक	1	1400-2300
8.	कार्यालय अधीक्षक	1	1400-2300
9.	पुस्तकालयाध्यक्ष	1	1400-2300
10.	लेखाकार	1	1400-2300
11.	आशुलिपिक	1	1200-2040
12.	लिपिक	9	950-1500
13.	प्रयोगशाला सहायक	2	950-1500
14.	श्रेणी-घ कर्मचारी	5	750-940
	कुल	48	

स्रोत- राज्य शैक्षिक अनुसंधान और प्रशिक्षण परिषद्, लखनऊ

जिला शिक्षा और प्रशिक्षण संस्थान के प्राचार्य तथा उप प्राचार्य क्रमशः मण्डलीय उप शिक्षा निदेशक तथा जिला विद्यालय निरीक्षक स्तर के अधिकारी हैं जबकि वरिष्ठ प्रवक्ताओं का स्तर प्रधानाचार्य, राजकीय इण्टरमीडिएट कॉलेज/सह जिला विद्यालय निरीक्षक के स्तर के समतुल्य है। संस्थान के प्रवक्ता इण्टरमीडिएट कॉलेज के परास्नातक अध्यापकों के समान हैं तथा इनकी शैक्षिक योग्यता तथा विशेषज्ञता उनके समतुल्य है।

हाईस्कूल तथा इण्टरमीडिएट शिक्षा परिषद, उत्तर प्रदेश

हाईस्कूल तथा इण्टरमीडिएट शिक्षा परिषद की स्थापना 1921 में इलाहाबाद में यूनाइटेड प्रोविंसेज़ लेजिसलेटिव काउंसिल अधिनियम द्वारा इण्टरमीडिएट शिक्षा

के नियंत्रण और पर्यवेक्षण तथा पाठ्यक्रम निर्धारण के लिए की गई (चित्र 13.2)। सम्प्रति यह संस्था विश्व की सबसें बड़ी परीक्षा का निकाय है। अधिनियम का संशोधन 1975 तथा 1978 में किया गया। तदनुसार पुनर्गठित परिषद में शिक्षा निदेशक पदेन सभापित है। परिषद के अन्य सदस्यों में राज्य सरकार द्वारा नामित दो राजकीय संस्थाओं के प्रधान, दो राजकीय संस्थाओं के अध्यापक, 12 अशासकीय संस्थाओं के प्रधान, जिनका चुनाव क्षेत्रों से और निर्धारित प्रक्रिया के अनुसार होता है, 12 अशासकीय संस्थाओं के अध्यापक जिनका चुनाव क्षेत्रों से और निर्धारित प्रक्रिया के अनुसार होता है, 5 विश्वविद्यालयों के अध्यापक (कृषि तथा इंजीनियरिंग विश्वविद्यालय के अतिरिक्त), कृषि शिक्षा प्रदान करने वाले महाविद्यालय अथवा कॉलेज के एक अध्यापक, इंजीनियरिंग कॉलेज अथवा विश्वविद्यालय के एक अध्यापक, मेडिकल कॉलेज के एक प्रोफेसर, राज्य विधान सभा के निर्वाचित सदस्यों में से 5 सदस्य, राज्य विधान परिषद के निर्वाचित सदस्यों में से 3 सदस्य, शिक्षा से संबद्ध 5, महिला शिक्षा से संबद्ध 3 महिलाएँ, निदेशक तकनीकी शिक्षा, उत्तर प्रदेश (पदेन सदस्य), उद्योगों के 3 प्रतिनिधि, प्राचार्य राजकीय महिला प्रशिक्षण महाविद्यालय, इलाहाबाद, निदेशक राज्य विज्ञान शिक्षा संस्थान, इलाहाबाद, प्राचार्य राजकीय सी.पी.आई., इलाहाबाद (पदेन सदस्य), प्राचार्य राजकीय रचनात्मक प्रशिक्षण महाविद्यालय, लखनऊ (पदेन सदस्य), निदेशक मनोविज्ञानशाला, इलाहाबाद (पदेन सदस्य), आयुक्त केंद्रीय विद्यालय संगठन, नई दिल्ली (पदेन सदस्य), एक जिला विद्यालय निरीक्षक, मण्डलीय बालिका विद्यालय निरीक्षिका, राष्ट्रीय शैक्षिक अनुसंधान और प्रशिक्षण परिषद, नई दिल्ली द्वारा नामित एक प्रतिनिधि और सचिव माध्यमिक शिक्षा परिषद पदेन सदस्य हैं। परिषद के निर्वाचित सदस्यों के अतिरिक्त सभी सदस्यों का मनोनयन प्रदेश शासन द्वारा किया जाता है।

शासन को इस हेतु भी अधिकृत किया गया है कि वह अल्पसंख्यक, अनुसूचित जाति और अनुसूचित जनजाति जिनका अन्यथा उपयुक्त प्रतिनिधित्व न हुआ हो में से अधिकतम 5 व्यक्तियों को परिषद सदस्य मनोनीत कर ले।

प्रदेश शासन द्वारा सचिव परिषद की नियुक्ति ऐसी शर्तों और अवधि के लिए की जाती है, जिसे प्रदेश शासन द्वारा उपयुक्त समझा जाता है।

परिषद के मुख्य कृत्यों में स्कूलों को मान्यता प्रदान करना (हाईस्कूल तथा इण्टरमीडिएट कक्षाओं के लिए पाठ्यक्रमों और पाठ्यपुस्तकों का निर्धारण करना; हाईस्कूल तथा इण्टरमीडिएट परीक्षाओं का संपादन करना; सफल परीक्षार्थियों को प्रमाण पत्र प्रदान करना; हाईस्कूल तथा इण्टरमीडिएट की राष्ट्रीयकृत पाठ्यपुस्तकों की संरचना और प्रकाशन हेतु आवश्यक व्यवस्था करना; अन्य परिषदों द्वारा आयोजित परीक्षाओं को समकक्षता प्रदान करना और मूल्यांकन और पाठ्यक्रम प्रशिक्षण में शोध कार्य कराना सम्मिलित हैं।

उत्तर प्रदेश
हाईस्कूल एवं इण्टरमीडिएट शिक्षा परिषद
(माध्यमिक)

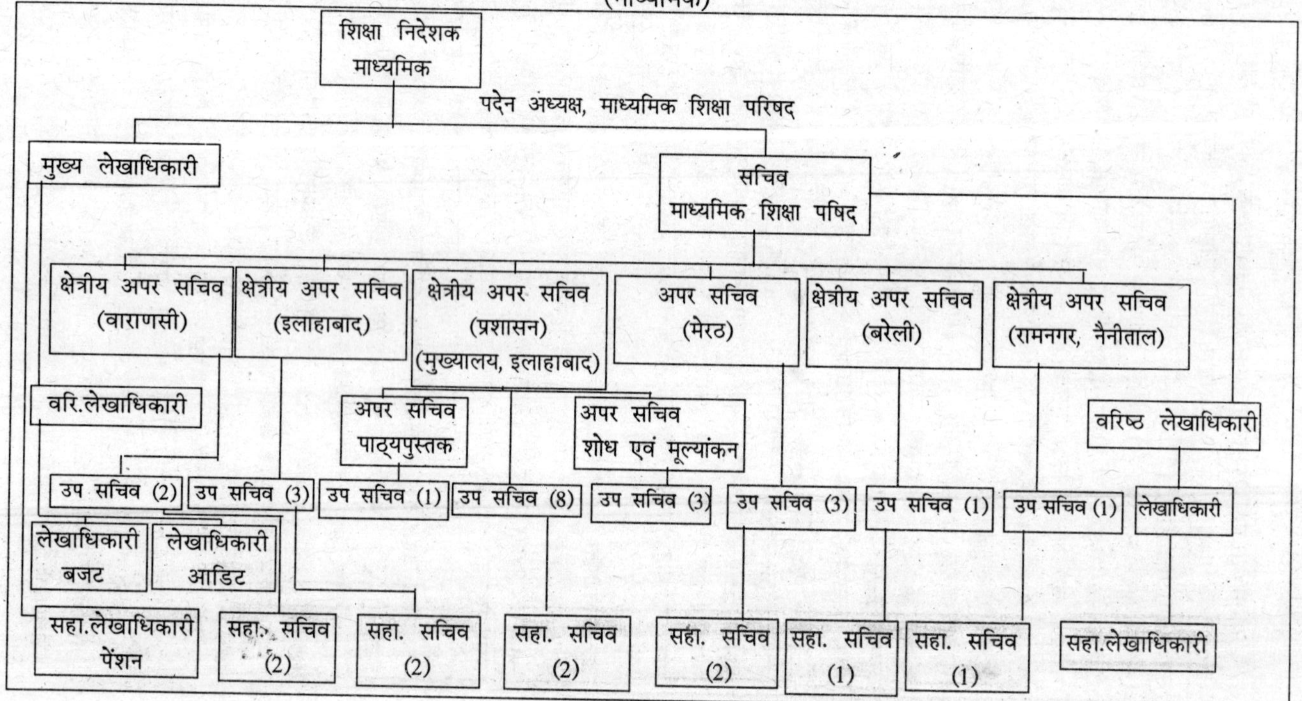

चित्र 13.2

माध्यमिक शिक्षा परिषद के कार्य में उत्तरोत्तर वृद्धि होने के फलस्वरूप परिषद द्वारा केंद्रित रूप में इलाहाबाद से इनकी गतिविधियों के नियंत्रण और संचालन में कठिनाई का अनुभव किए जाने पर 5 क्षेत्रीय कार्यालयों की स्थापना की गई। ये क्षेत्रीय कार्यालय-मेरठ (1973) वाराणसी (1978) बरेली (1981) इलाहाबाद (1987) और रामनगर नैनीताल (1997) क्षेत्रीय सचिव के नियंत्रण में हैं तथा परिषद का मुख्यालय अभी भी इलाहाबाद में है एवं सचिव इसके सर्वोपरी कार्यकारी प्रधान हैं। मोटे तौर पर केंद्रीय कार्यालय नीति निर्धारण, पाठ्यक्रम संरचना, प्रश्न पत्रों का निर्माण और उनकी परीक्षा केंद्रों पर आपूर्ति, पाठ्यक्रम और मूल्यांकन के क्षेत्र में शोध कार्य, राष्ट्रीयकृत पाठ्यपुस्तकों की संरचना और उनका निर्धारण, भविष्य की योजनाओं के लिए अपेक्षित सांख्यिकीय का रखरखाव और क्षेत्रीय कार्यालयों द्वारा परीक्षा से संबंधित कार्यवाही पूर्ण करने पर परीक्षाफल की घोषणा करता है। क्षेत्रीय कार्यालय को परीक्षा के पूर्व के तथा परीक्षा के बाद के सभी दायित्व स्थानांतरित कर दिए गए हैं। वर्ष 1998 में परिषद के क्षेत्रीय कार्यालयों के परीक्षा का कार्यभार का विवरण सारणी 13.3 में दिया गया है। वर्ष 1998 में परीक्षा की दृष्टि से रामनगर क्षेत्रीय कार्यालय प्रभावी नहीं था।

सारणी 13.2
परिषद का कार्यभार

(1998)

क्षेत्रीय कार्यालय	हाईस्कूल		इण्टरमीडिएट	
	विद्यार्थियों की संख्या		विद्यार्थियों की संख्या	
	पंजीकृत	सम्मिलित	पंजीकृत	सम्मिलित
मेरठ	570636	535188	277127	250026
वाराणसी	639206	616704	314624	296163
बरेली	249332	232660	103197	95743
इलाहाबाद	586239	549509	279394	257259
कुल	**2045413**	**1934061**	**974342**	**899191**

स्रोत: उ.प्र. हाईस्कूल और इण्टरमीडिएट शिक्षा परिषद, इलाहाबाद।

पत्राचार शिक्षा संस्थान

उत्तर प्रदेश हाईस्कूल तथा माध्यमिक शिक्षा परिषद की इण्टरमीडिएट परीक्षाओं में व्यक्तिगत परीक्षार्थी के रूप में सम्मिलित होने वाले अभ्यर्थियों के मार्गदर्शन हेतु तथा शिक्षण के अवसरों को उपलब्ध कराए जाने के उद्देश्य से पत्राचार शिक्षा संस्थान की स्थापना वर्ष 1980 में की गई। विषय-विशेषज्ञों की सहायता से यह संस्थान पत्राचार पाठ्य शिक्षण सामग्री को तैयार करता है। प्रदेश में इस योजना

के अंतर्गत 407 पंजीकरण केंद्र हैं। अभ्यर्थियों को प्रतिवर्ष इन पंजीकरण केंद्रों पर दो बार 10 दिवसीयसंपर्क शिविरों में बुलाया जाता है, जिनमें पंजीकृत स्वयंपाठियों की अध्ययनगत कठिनाइयों का निदान किया जाता है।

संस्थान द्वारा 1985 में एक दूसरी पत्राचार सतत अध्ययन संपर्क योजना प्रारंभ की गई। इस योजनांतर्गत अभ्यर्थियों को कक्षा शिक्षण के लाभ की सुविधा भी प्रदान की जाती है। यह 8 महीनों का कार्यक्रम होता है, जिसमें 3 शिक्षक पाठों की प्रतिदिन 4 दिवसों तक प्रति सप्ताह व्यवस्था की जाती है। यह योजना संस्थागत विद्यार्थियों के सामान्य कक्षा शिक्षण की भाँति ही संतोषजनक है और राज्य के 117 केंद्रों पर संचालित है।

राज्य शैक्षिक प्रबंधन और प्रशिक्षण संस्थान (सीमेट)

राज्य शैक्षिक प्रबंधन और प्रशिक्षण संस्थान, 17 नवम्बर, 1994 से अस्तित्व में आया है। यह एक स्वायत्तशासी संस्था है, जो सोसाइटीज़ रजिस्ट्रेशन एक्ट, 1860 के अधीन पंजीकृत है। यह संस्थान जुलाई, 1995 से क्रियाशील है। इस संस्थान के निम्नांकित मुख्य उद्देश्य हैं:-

- शैक्षिक प्रशासन के सभी स्तरों के नियोजन और प्रबंधन में शोध, मूल्यांकन तथा प्रयोगात्मक कार्यों को अंगीकार करना।
- शैक्षिक मूल्यांकन की प्रणाली का विकास तथा उसका प्रबंधन।
- शैक्षिक नियोजन और प्रबंधन के क्षेत्र में प्रशासन के सभी स्तरों को वृत्तिक आधार और संसाधन सहायता प्रदान करना।
- शैक्षिक कर्मियों और समुदाय के अग्रणी व्यक्तियों के लिए सेवापूर्व तथा सेवारत प्रशिक्षण कार्यक्रमों और अनुस्थापन पाठ्यक्रमों का राज्य, मण्डल तथा जनपद स्तरों पर आयोजन।
- शैक्षिक नियोजन, प्रबंधन तथा मूल्यांकन के क्षेत्रों में राज्य, राष्ट्र और अंतर्राष्ट्रीय स्तर की सूचनाओं का अभिलेखीकरण तथा उनका प्रसारण।
- शैक्षिक नियोजन, प्रबंधन तथा मूल्यांकन के क्षेत्रों में प्रशिक्षण, शोध, अनुश्रवण तथा मूल्यांकन के लिए राज्य में तथा राज्य के बाहर के राजकीय और अशासकीय संगठन, संस्थाओं और अभिकरणों के साथ "नेटवर्क" की स्थापना।
- शोध कार्यों को जिनमें नियोजन तकनीकों का तुलनात्मक अध्ययन भी सम्मिलित हो, को करना था, ऐसे कार्यों में सहयोग देना, उनका समन्वयन करना और उन्हें प्रोत्साहित करना।
- प्रदेश के अतिरिक्त अन्य राज्यों, भारत सरकार तथा अन्य शैक्षिक संस्थाओं को उनके अनुरोध पर परामर्शी सेवाएँ प्रदान करना, और
- शैक्षिक नियोजन और प्रशासन में अन्य प्रदेशों को उनके अनुरोध पर प्रशिक्षण

और शोध कार्यों की सुविधाओं को उपलब्ध कराना तथा उनके साथ ऐसे कार्यक्रमों में सहभागिता स्थापित करना।

प्रशिक्षण और शोध के विभिन्न पहलुओं से संबंधित सीमैट के पाँच अकादमिक विभाग हैं: (क) नीति और नियोजन विभाग (ख) प्रबंधन विभाग (ग) शैक्षिक वित्त विभाग (घ) शोध, मूल्यांकन और शैक्षिक नवाचार विभाग और (ङ.) शैक्षिक प्रबंधन सूचना प्रणाली विभाग।

इन विभागों के अतिरिक्त सीमैट की दो अन्य इकाइयाँ प्रशिक्षण तथा शोध के लिए हैं।

संस्थान की प्रशिक्षण इकाई द्वारा चार प्रकार के प्रशिक्षण कार्यक्रमों का आयोजन किया जाता है। यह प्रशिक्षण कार्यक्रम निम्नवत् हैं:

संवर्ग आधारित

संवर्ग आधारित प्रशिक्षण कार्यक्रमों का आयोजन प्रतिभागियों को विभिन्न शैक्षिक नियोजन और प्रबंधन के पहलुओं से परिचित कराने के उद्देश्य से किया जाता है, जिससे वे अपने पदों के दायित्वों को प्रभावी और नवाचार आधारित रीति से संपादित कर सकें।

संवर्ग आधारित प्रमुख कार्यक्रमों में, जिनका आच्छादन किया गया है सहायक बेसिक शिक्षा अधिकारी/प्रति उप विद्यालय निरीक्षक, उप बेसिक शिक्षा अधिकारी, बेसिक शिक्षा अधिकारी, प्राचार्य तथा जिला शिक्षा और प्रशिक्षण संस्थान (डायट) के नियोजन और प्रबंधन इकाई के संकाय सदस्यों, जिला प्राथमिक शिक्षा कार्यक्रम (डीपीईपी) के जनपद के जिला समन्वयकों और अल्पसंख्यक शैक्षिक संस्थाओं के प्रधानों का प्रशिक्षण सम्मिलित है।

विषय आधारित

बेसिक शिक्षा के क्षेत्र में गुणात्मक अभिवृद्धि हेतु नियोजन तथा प्रबंधन से संबंधित महत्वपूर्ण विषयों/प्रकरणों को केंद्रित करते हुए सीमैट द्वारा विषय आधारित प्रशिक्षण कार्यक्रमों का आयोजन किया जाता है, जिनका उद्देश्य विभिन्न स्तर के शैक्षिक कर्मियों की क्षमता का संवर्द्धन किया जाना है। इस प्रकार के कार्यक्रमों में मिश्रित दल होते हैं, जिनमें आधारभूत स्तर से लेकर जनपद स्तरीय शैक्षिक अभिकर्मी प्रतिभाग करते हैं। प्रमुख विषयों में सूक्ष्म नियोजन तथा शाला मानचित्रण, शोध कार्य विधि, लैंगिक समानता शैक्षिक नेतृत्व, वित्तीय प्रबंधन, शैक्षिक सूचना प्रबंधन प्रणाली, परियोजना/सूचना प्रबंधन प्रणाली, ईएमआईएस/पीएमआईएस, विकास खण्ड संसाधन केंद्रों तथा न्याय पंचायत संसाधन केंद्र (संकुल संसाधन केंद्र) का प्रबंधन, वार्षिक योजना और आय-व्ययक निर्माण, पंचवर्षीय परिप्रेक्ष्य योजना की संरचना तथा विद्यालय प्रबंधन एवं क्रियात्मक शोध सम्मिलित है।

क्षेत्र स्तरीय प्रशिक्षण

स्थानीय स्तर के शैक्षिक कर्मियों के लिए क्षेत्र स्तरीय संवर्ग आधारित तथा विषयगत कार्यक्रमों का आयोजन संस्थान द्वारा किया जाता है। इस कार्यक्रम के आयोजन के पीछे धारणा यह है कि स्थानीय परिस्थितियों के परिप्रेक्ष्य में प्रतिभागियों के लिए प्रशिक्षण अधिक उपयोगी होगा। अब तक जो प्रमुख कार्यक्रम कराए गए उनमें सहायक बेसिक शिक्षा अधिकारियों का प्रशिक्षण, क्रियात्मक शोध तथा स्कूल प्रबंध हैं।

सेवापूर्वागम प्रशिक्षण

उत्तर प्रदेश शैक्षिक सेवा के नव-नियुक्त अधिकारियों के लिए संस्थान प्रशिक्षण कार्यक्रम आयोजित करता है।

शोध कार्य

इस क्षेत्र में प्रमुखतः तीन प्रकार के शोध कार्यों का संपादन संस्थान द्वारा किया जाता है:

(अ) प्रायोजित : इसके अंतर्गत संस्थान द्वारा प्राथमिक शिक्षा के क्षेत्र में अन्य अभिकरणों, जैसे-विश्वविद्यालय, गैर-सरकारी संगठन तथा प्रतिष्ठित विशेषज्ञों के शोध कार्यों को प्रायोजित किया जाता है। इसका मुख्य उद्देश्य बेसिक शिक्षा की विद्यमान समस्याओं पर नीति विषयक सुझावों तथा उनके समाधान को प्राप्त करना है।

(ब) सहभागात्मक शोध : संस्थान अंतर्राष्ट्रीय तथा राष्ट्रीय संस्थाओं, जैसे-आईआईईपी पेरिस, केईडीआई सियोल, नीपा और एनसीईआरटी, नई दिल्ली आदि के सहभाग से भी शोध कार्य करता है।

(ग) संस्थागत शोध : उपर्युक्त के अतिरित संस्थान के विभिन्न विभागों द्वारा भी शोध परियोजनाएँ ली जाती हैं, जो बेसिक शिक्षा के क्षेत्र में प्रासंगिक होती हैं और उनसे संबंधित समस्याओं का समाधान उनके माध्यम से ढूँढनें का प्रयत्न किया जाता है।

क्षमता संवर्द्धन हेतु नवाचार

स्थानीय स्तर के शैक्षिक कर्मियों की अंतर्निहित क्षमताओं के विकास की संकल्पना पर यह कार्यक्रम प्रारम्भ किया गया, जिससे कि उन्हें अपनी आंतरिक शक्तियों की पहचान हो सके और वे अपने स्कूल के प्रबंधन की दृष्टि से उसकी समस्याओं का समाधान स्वयं कर सकें। इस कार्यक्रम के प्रमुख क्षेत्र हैं- क्रियात्मक शोध तथा स्कूल प्रबंधन।

नेटवर्किंग

सीमेट द्वारा राज्य/राष्ट्रीय तथा अंतर्राष्ट्रीय स्तर की विभिन्न प्रतिष्ठित संस्थाओं, जैसे-आईआईईपी, यूनेस्को-पेरिस और केईडीआई सियोल, नीपा नई दिल्ली, एनएसडीएआरटी, एनबीएसएनएए मसूरी, एनसीईआरटी नई दिल्ली, आईआईटी कानपुर, आईआईएम लखनऊ, एटीआई नैनीताल के साथ सहलग्नता स्थापित की गई है।

नेटवर्किंग का प्रमखु उद्देश्य यह है कि एक दूसरे के अनुभवों के सहभागी बनकर अच्छी समझ विकसित करना, शिक्षा के क्षेत्र की सफलताओं और अवरोधों का परस्पर संज्ञान करना तथा विभिन्न स्तरों पर प्राप्त सूचनाओं के प्रसार के साथ ही सीमेट के संकाय सदस्यों की क्षमताओं का विकास और संवर्धन करना।

शैक्षिक सूचना प्रबंधन प्रणाली (ईएमआईएस)

संस्थान द्वारा सहायक बेसिक शिक्षा अधिकारी/प्रति उप विद्यालय निरीक्षकों तथा कम्प्यूटर प्रोग्रामर्स के लिए डीआईएसई का साफ्टवेयर का प्रशिक्षण कार्यक्रम आयोजित किया जाता है और उन्हें जनपद और राज्य स्तरों पर शैक्षिक आँकड़ों के प्रभावी उपयोग के लिए कम्प्यूटर के द्वारा अनुभव भी प्राप्त कराया जाता है। संस्थान में ईएमआईएस आँकड़ों की परियोजनाओं के नियोजन और अनुश्रवण हेतु प्रशिक्षण देने की क्षमता है।

प्रकाशन

संस्था के प्रमुख प्रकाशनों में : (क) अभिनव-शैक्षिक प्रबंधन की हिंदी पत्रिका (ख) प्रशिक्षण संदर्शिकाएँ (ग) शैक्षिक प्रबंधन से संबंधित विशिष्ट विषयों पर लघु पुस्तिकाएँ (हैण्डबुक्स) (घ) न्यूज़ लैटर (सीमेट की गतिविधियों का त्रैमासिक वृत्ति-पत्र) (ङ.) विद्यालय मान्यता नियम, विद्यालय की मान्यता से संबंधित नियमों का संकलन (च) शोध सारांश: प्रायोजित शोध और क्रियात्मक शोध का सारांश।

सीमेट क्षेत्रीय शोध और संसाधन केंद्र के रूप में

देश में उत्तर प्रदेश के सीमेट को यह गौरव प्राप्त है कि यह देश में पहला पूर्ण रूप से क्रियाशील सीमेट है। अतः इसको क्षेत्रीय शोध और संसाधन केंद्र (आरआरआरसी) का स्तर दिया गया है। इसके अंतर्गत प्रमुख आयोजित कार्यक्रम हैं : हिंदी भाषी प्रदेशों, जैसे-उत्तर प्रदेश, मध्य प्रदेश, बिहार, राजस्थान, हरियाणा तथा हिमाचल प्रदेश के डीपीईपी शैक्षिक कर्मियों का प्रशिक्षण तथा माध्यमिक तथा उच्च शिक्षा के क्षेत्र में तैयार किए गए आवश्यकतानुरूप कार्यक्रमों का आयोजन। ऐसे कार्यक्रमों का आयोजन राष्ट्रीय तथा अंतर्राष्ट्रीय अभिकरणों के अनुरोध पर भी संस्थान द्वारा किया जाता है।

पाठ्य पुस्तक उत्पादन प्रणाली

पाठ्य पुस्तकों की गुणवत्ता का विकास करने तथा उनकी समय से आपूर्ति के लिए राष्ट्रीयकृत पाठ्य पुस्तकें 1941 से प्रारम्भ की गईं। इस प्रक्रिया का धीरे-धीरे प्राथमिक से उच्चतर माध्यमिक स्तर तक प्रसार किया गया। कक्षा 1-8 के लिए अब तक कुल 87 पाठ्य पुस्तकें राष्ट्रीयकृत हैं तथा कक्षा-9-12 के लिए इनकी संख्या 42 है। प्रारंभिक स्तर पर राष्ट्रीयकृत पाठ्य पुस्तकों की तैयारी, उत्पादन और मुद्रण का कार्य पाठ्य पुस्तक अधिकरी कार्यालय द्वारा देखा जाता है तथा माध्यमिक स्तर पर यह कार्य हाईस्कूल तथा इण्टरमीडिएट शिक्षा परिषद की पाठ्य पुस्तक राष्ट्रीयकरण इकाई द्वारा देखा जाता है।

पाठ्य पुस्तकों के लेखन का दायित्व लेखक मण्डल का है, जिसमें शिक्षाविद्, विषय-विशेषज्ञ, अध्यापक, जिनका दीर्घकालिक अनुभव और ख्याति है, सम्मिलित हैं। लेखक मण्डल को एक विशेषज्ञों के दल द्वारा परामर्श दिया जाता है, जिसे परामर्शदाता मण्डल कहा जाता है। दृष्टांतों, मानचित्रों, लेखाचित्रों तथा लेखाकृतियों का नियोजन लेखक मण्डल द्वारा परामर्शदाता मण्डल से विचार-विमर्श कर किया जाता है तथा पाठ्य पुस्तक अनुभाग के कलाकारों का मत भी प्राप्त किया जाता है। जब पाण्डुलिपियां तैयार हो जाती हैं तब उसे समीक्षक मण्डल को दिया जाता है, जो पूरी पाठ्य सामग्री की समीक्षा कर उस पर सुझाव देते हैं, और उनकी दृष्टि में आवश्यक संशोधनों का (यदि कोई हो) समावेश किया जाता है। लेखकों, परामर्शदाताओं तथा समीक्षकों के पूरे दल में 10-15 व्यक्ति सम्मिलित होते हैं तथा पाण्डुलिपियों की तैयारी में लगभग 6-12 माह का समय लगता है। जब पाण्डुलिपियाँ अंतिम रूप से तैयार हो जाती हैं तब इसे ख्याति प्राप्त तथा उत्कृष्ट मुद्रकों को आदर्श प्रतियाँ तैयार करने के लिए दिया जाता है। इन आदर्श प्रतियों को अन्य मुद्रकों और प्रकाशकों को मुद्रण हेतु दिया जाता है, जिनका निर्धारण राज्य द्वारा एतदर्थ नियुक्त एक समिति द्वारा किया जाता है। पाठ्य पुस्तकें जब मुद्रित हो जाती हैं, तब उनका निरीक्षण संबंधित निदेशक द्वारा कराया जाता है, जिससे कि यह सुनिश्चित हो सके कि उनका मुद्रण पाठ्य पुस्तक अधिकारी/पाठ्य पुस्तक राष्ट्रीयकरण अनुभाग द्वारा उपलब्ध कराई आदर्श प्रति के अनुरूप ही हुआ है। इसके उपरांत पाठ्य पुस्तकें खुले बाजार में विक्रय के लिए जारी की जाती हैं। पाठ्य पुस्तकों के वितरण और विक्रय की पूरी प्रक्रिया कतिपय शर्तों के अधीन मुद्रकों, प्रकाशकों और पुस्तक विक्रेताओं द्वारा संपन्न की जाती है।

उपर्युक्त उल्लिखित प्रक्रिया में वर्ष 1998 में कतिपय संशोधन किए गए। प्रकाशकों और मुद्रकों से निविदाएँ मांगी गईं। प्रदेश शासन द्वारा गठित समिति द्वारा विभिन्न तकनीकी और वित्तीय प्रस्तावों (निविदाओं) का परीक्षण करने के उपरांत मुद्रकों और प्रकाशकों को पुस्तकों का मुद्रण कार्य आवंटन किया गया।

राष्ट्रीय प्रतिभा खोज परीक्षा

राष्ट्रीय शैक्षिक अनुसंधान और प्रशिक्षण परिषद (एनसीईआरटी) द्वारा एक अखिल भारतीय राष्ट्रीय प्रतिभा खोज परीक्षा प्रतिवर्ष आयोजित की जाती है। इस परीक्षा के माध्यम से विभिन्न विषयों में उच्चतर अध्ययन हेतु विद्यार्थियों का चयन छात्रवृत्ति देने हेतु किया जाता है। उ.प्र. में एनटीएसई से संबंधित दो वर्षों–1983 तथा 1993 की सूचनाएँ तुलना करने की दृष्टि से सारणी 13.3 में दी गई हैं।

सारणी 13.3

राष्ट्रीय प्रतिभा खोज परीक्षाओं में विद्यार्थियों का प्रदर्शन (1983 और 1993)

	उत्तर प्रदेश		अखिल भारत	
	1983	1993	1983	1993
1. कुल सम्मिलित विद्यार्थियों की संख्या	9707	7860	74033	103898
2. चयनित विद्यार्थियों की संख्या	33(5प्रतिशत)	68(9प्रतिशत)	680	750
3. कुल सम्मिलित की तुलना में चयनित विद्यार्थियों का प्रतिशत	0.34	0.86	0.92	0.72
4. कक्षा 9-12 में कुल नामांकित बच्चों की तुलना में परीक्षा में सम्मिलित बच्चों का प्रतिशत	0.47	0.24	0.64	0.54

टिप्पणी: अखिल भारतीय स्तर पर चयनित विद्यार्थियों के संदर्भ में प्रतिशत का उल्लेख कोष्ठक में किया गया है।

स्रोत: राष्ट्रीय शैक्षिक अनुसंधान और प्रशिक्षण परिषद, नई दिल्ली।

विद्यार्थियों की प्रगति के मूल्यांकन की प्रणाली

प्रदेश में लागू नीति के अनुसार कक्षा 1-2 में बच्चों की संप्राप्ति का स्तर कुछ भी हो, उसे कक्षा में रोका नहीं जाता है। अध्यापकों से यह अपेक्षित है कि वे विद्यार्थियों का सतत मूल्यांकन करें और यह भी सुनिश्चित करें कि विद्यार्थियों की प्रगति संतोषजनक है। कक्षा 3 से विद्यार्थियों की उच्चतर कक्षा में प्रोन्नति उनकी अर्द्धवार्षिक तथा वार्षिक परीक्षाओं के परिणामों पर आधारित होती है। यह परीक्षाएँ संबंधित अध्यापकों द्वारा संपादित की जाती हैं। अध्यापकों को मुख्यतः निदानात्मक तथा उपचारात्मक उद्देश्य से सावधिक मूल्यांकन भी करते रहना होता है। विद्यार्थियों को प्रथम बार बाह्य परीक्षा कक्षा-5 के स्तर पर देनी होती है। सभी मान्यता प्राप्त स्कूलों में पढ़ने वाले बच्चों की यह समान परीक्षा संबंधित प्रति उप विद्यालय निरीक्षक द्वारा आयोजित कराई जाती है, किंतु उत्तर पुस्तिकाओं का मूल्यांकन संबंधित

स्कूल के अध्यापकों द्वारा किया जाता है। उच्च प्राथमिक (कक्षा-8) की समाप्ति पर परीक्षाओं का आयोजन स्कूल द्वारा ही किया जाता है। यह व्यवस्था उन उच्च प्राथमिक विद्यालयों (6-8 कक्षाएँ) में भी है, जो माध्यमिक स्कूलों की एक इकाई के रूप में संचालित हैं। हाईस्कूल तथा इण्टरमीडिएट कॉलेज के विद्यार्थियों के मूल्यांकन के लिए हाईस्कूल तथा इण्टरमीडिएट शिक्षा परिषद द्वारा टेक्निकल परीक्षाएँ आयोजित की जाती हैं। हाईस्कूल टेक्निकल और इण्टरमीडिएट टेक्निकल परीक्षाएँ भी परिषद द्वारा आयोजित होती हैं।

अध्याय-14

संस्थागत नियोजन एवं प्रबंधन

यह अध्याय राज्य के नैनीताल, बुलंदशहर, वाराणसी और झाँसी सहित 4 जनपदों के अध्याय-1 में दिए गए विवरण के अनुसार आठ विकास खण्डों में से चुने हुए प्राथमिक से लेकर उच्च माध्यमिक स्तर के 263 प्रतिदर्श विद्यालयों में संचालित सर्वेक्षण पर आधारित है। यह संस्था- प्रधानों के कार्य रेखांकन (प्रोफाइल) के साथ ही साथ राज्य में संस्थागत नियोजन और प्रबंधन के विभिन्न पहलुओं को आच्छादित करता है।

शिक्षकों की संख्या निश्चित करना

राज्य सरकार ने विभिन्न स्तरों पर विद्यालयों की जनशक्ति निश्चित करने के मानक निर्धारित किए हैं। प्राथमिक विद्यालय में एक प्रधानाचार्य और दूसरे सहायक अध्यापक के न्यूनतम पद सृजित किए जाते हैं। वर्तमान में, राज्य में कोई भी एकल अध्यापकीय विद्यालय नहीं है। उच्च प्राथमिक स्तर पर, आरंभ में, एक पद प्रधानाध्यापक और चार पद सहायक अध्यापकों के सृजित किए जाते हैं। एक उच्च प्राथमिक विद्यालय में किसी कक्षा के छात्रों की अधिकतम संख्या 35 निश्चित है, लेकिन किसी कक्षा विशेष में एक वर्ग में अधिकतम 52 तक प्रवेश की अनुमति है। जब प्रवेश 53 की संख्या से आगे बढ़ जाता है, एक अतिरिक्त वर्ग खोलने की अनुमति प्रदान की जाती है। एतदनुरूप जब किसी कक्षा विशेष में छात्रों की संख्या 82 से अधिक हो जाती है, एक तीसरा वर्ग सृजित किया जाता है।

हाईस्कूल स्तर पर शैक्षणिक कर्मचारियों की कुल जनशक्ति स्कूल के लिए एक प्रधानाध्यापक सहित कक्षा के प्रति वर्ग पर डेढ़ शिक्षक की दर से आकलित की जाती है।

एक इण्टरमीडिएट कॉलेज में मान्यताप्राप्त विषयों की संख्या की दृष्टि से तथा शिक्षकों के कार्यभार को देखते हुए एक प्रधानाचार्य तथा एक कक्षा में प्रति वर्ग दो प्रवक्ताओं के पदों की अनुमति प्रदान की जाती है।

भाषा तथा अन्य विषयों यथा शारीरिक शिक्षा, संगीत आदि के लिए विशेष शिक्षक नियुक्त किए जाते हैं। उदाहरणार्थ शारीरिक शिक्षा के लिए संपूर्ण इण्टरमीडिएट कॉलेज (VI-XII) में एक पूर्णकालिक अर्हताधारी शिक्षक की अनुमति दी जाती है चाहे उसके लिए कार्य के वादनों की संख्या जो भी हो। उच्च प्राथमिक विद्यालयों में उर्दू अध्यापकों तथा संस्कृत शिक्षकों की नियुक्ति का प्रावधान है।

स्कूली शिक्षा के विभिन्न स्तरों पर एक कक्षा के किसी वर्ग के छात्रों की अधिकतम संख्या निश्चित है। यह कक्षा 6 से 8 के प्रत्येक वर्ग में 35 छात्र, कक्षा 9 और 10 के प्रत्येक अनुभाग में 40 छात्र और कक्षा 11 और 12 के प्रत्येक अनुभाग में 50 छात्र हैं।

संस्था प्रधानों का कार्य विवरण

सारणी 14.1 यह प्रदर्शित करती है कि प्राथमिक विद्यालय के प्रधान अपना अधिकतम समय 57.5 प्रतिशत शिक्षण और 11.9 प्रतिशत कार्यालय कार्य में व्यतीत करते हैं। शेष समय अन्य क्रियाकलापों यथा पर्यवेक्षण (11.4 प्रतिशत), अभिभावकों से संपर्क (9.9 प्रतिशत), अनुशासनिक मामले (9.1 प्रतिशत) और अन्य प्रकरणों में (0.28 प्रतिशत) व्यतीत होता है। उच्च प्राथमिक विद्यालयों के प्रधान अपना अधिकतम समय (44.6 प्रतिशत) शिक्षण में और अनुवर्ती 17.7 प्रतिशत समय कार्यालय कार्य में व्यतीत करते हैं। यह देखा गया है कि पर्यवेक्षण पर व्यतीत किया गया प्रतिशत समय प्राथमिक विद्यालय के प्रधानों के 11.4 प्रतिशत से इण्टरमीडिएट कॉलेज के प्रधानों के 20.8 प्रतिशत तक उत्तरोत्तर वृद्धिगत है। (चित्र 14.1)। यह पाया गया है कि ग्रामीण प्राथमिक विद्यालयों के प्रधान शहरी क्षेत्रों (56.4 प्रतिशत) की तुलना में कक्षा शिक्षण पर अधिक समय (57.9 प्रतिशत) व्यतीत करते हैं।

सारणी 14.1

संस्था प्रधानों का कार्य विवरण

(विभिन्न क्रियाकलापों पर व्यतीत समय)

क्र.सं.	क्रियाएँ	प्रधानों द्वारा व्यतीत समय का प्रतिशत			
		प्राथमिक	उच्च प्राथमिक	हाईस्कूल	इण्टरमीडिएट
1.	अभिवावक एवं सार्वजनिक बैठक	9.9	12.9	13.0	14.7
2.	कार्यालय कार्य	11.9	17.7	27.0	25.8
	लेखा और वित्त सहित				
3.	शिक्षण	57.5	44.6	23.7	21.1
4.	शिक्षण का पर्यवेक्षण	11.4	12.3	18.2	20.8
5.	अनुशासनात्मक प्रसंग	9.1	11.3	15.7	15.8
6.	अन्य	0.2	1.2	2.4	1.8

स्रोतः क्षेत्र अध्ययन

उत्तर प्रदेश
संस्थाध्यक्षों के क्रियाकलाप
विभिन्न क्रियाओं पर व्यतीत समय

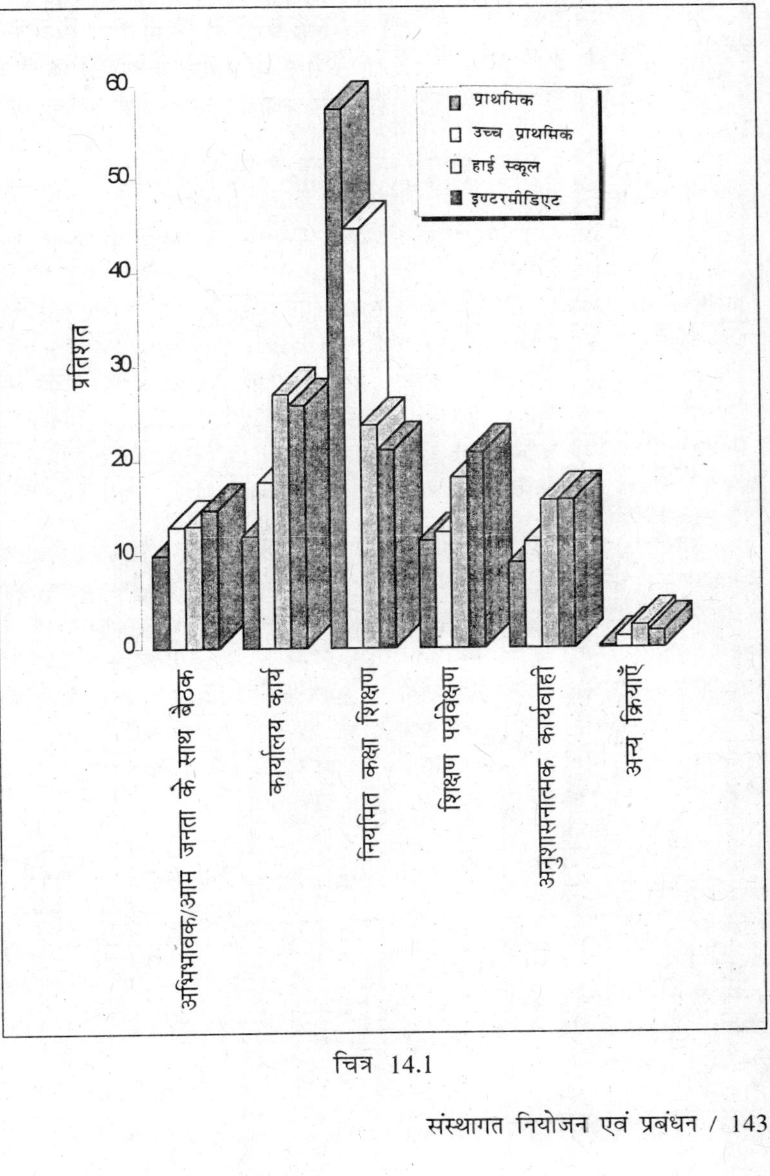

चित्र 14.1

विद्यालयों के प्रधान : सामान्य प्रोफाइल

विद्यालयों के प्रधान और उनकी शैक्षिक योग्यताएँ सारणी 14.2 में प्रदर्शित है। यह दृष्टव्य है कि प्राथमिक विद्यालयों में क्रमशः 9.4 प्रतिशत और 15.6 प्रतिशत प्रधानाध्यापक परास्नातक तथा स्नातक योग्यताधारी थे। उच्च प्राथमिक विद्यालयों में 3.2 प्रतिशत प्रधानाध्यापक केवल मिडिल (VIII) स्कूल योग्यताधारी थे, जबकि हाईस्कूलों में 92.8 प्रतिशत संस्था प्रधान परास्नातक थे। इण्टरमीडिएट कॉलेजों में सभी प्रधान परास्नातक योग्यताधारी थे।

सारणी 14.2

संस्था प्रधानों की शैक्षिक योग्यताएँ

विद्यालय के प्रकार	प्रधानों की शैक्षिक योग्यताएँ					
	उच्च प्राथमिक	हाईस्कूल	इण्टर	स्नातक	परास्नातक	योग
प्राथमिक	13(13.5)	36(37.5)	23(24)	15(15.6)	9(9.4)	96 (100.0)
उच्च प्राथमिक	2(3.2)	12(19)	11(17.5)	12(19)	26(41.3)	63(100.0)
हाईस्कूल	–	–	–	3(7.2)	39(92.8)	42(100.0)
इण्टरमीडिएट	–	–	–	–	62(100.0)	62(100.0)
समस्त विद्यालय	15(5.7)	48(18.3)	34(12.9)	30(11.4)	136(51.7)	263(100.0)

टिप्पणी : कोष्ठक में संख्याएँ योग में से प्रतिशत प्रदर्शित करती है।
स्रोत–क्षेत्र अध्ययन।

सारणी 14.3 प्रदर्शित करती है कि नौ (3.4प्रतिशत) अप्रशिक्षित अध्यापक प्रधानाध्यापक के रूप में कार्य कर रहे थे। इनमें से पाँच इण्टरमीडिएट कॉलेजों के प्रधानाचार्य थे, जहाँ प्रशिक्षण अनिवार्य योग्यता नहीं है। प्राथमिक विद्यालयों में प्रधान 8 (8.3प्रतिशत), उच्च प्राथमिक विद्यालयों में 23 (36.5प्रतिशत) बी.एड. या समकक्ष उपाधिधारी थे। अन्य विद्यालयों के प्रधान वांछित प्रशिक्षण योग्यताधारी थे।

सारणी 14.3 संस्था प्रधानों की व्यावसायिक योग्यता

विद्यालय का प्रकार	बी.टी.सी./ जे.बी.टी./ समकक्ष	बी.एड./बी.टी./ एल.टी.	एम.एड./ समकक्ष	अप्रशिक्षित	योग
प्राथमिक	86 (89.6)	8 (8.3)	–	2 (2.1)	96 (100.0)
उच्च प्राथमिक	39 (61.9)	23 (36.5)	–	1 (1.6)	63 (100.0)
हाईस्कूल	1 (2.4)	39 (92.8)	1 (2.4)	1 (2.4)	42 (100.0)
इण्टरमीडिएट	–	54 (87.1)	3 (4.8)	5 (8.1)	62 (100.0)
समस्त विद्यालय	126 (47.9)	124(47.2)	4 (1.5)	9 (3.4)	263 (100.0)

टिप्पणी: कोष्ठक में संख्याएँ योग में से प्रतिशत दर्शाती हैं।
स्रोत: क्षेत्र सर्वेक्षण।

सारणी 14.4 संकेत करती है कि प्रतिदर्श में मान्यता प्राप्त स्कूलों के 263 प्रधानों में से 68.1 प्रतिशत पुरुष और 31.9 प्रतिशत महिलाएँ थीं। प्राथमिक स्तर पर महिला प्रधानाध्यापिकाओं का अनुपात 25 है। यह भी संकेतित है कि राजकीय विद्यालयों के प्रधानों में से 71 प्रतिशत पुरुष और 29 प्रतिशत महिलाएँ थीं, जबकि अशासकीय सहायता प्राप्त विद्यालयों के प्रधानों में से 63.9 प्रतिशत पुरुष और 36.1 प्रतिशत महिलाएँ थीं।

सारणी 14.4

स्कूल के प्रबंधतंत्र और लिंग के अनुसार संस्थाओं के प्रधान

विद्यालय के प्रकार	सरकारी स्कूल के प्रधान		निजी स्कूल के प्रधान		समस्त प्रधान	
	पुरुष	स्त्री	पुरुष	स्त्री	पुरुष	स्त्री
प्राथमिक	64(82.0)	14(18.0)	8(44.4)	10(55.6)	72(75)	24(25)
उच्च प्राथमिक	22(59.5)	15(40.5)	17(65.4)	9(34.6)	39(61.9)	24(38.1)
हाईस्कूल	12(66.7)	6(33.3)	15(62.5)	9(37.5)	27(64.3)	15(35.7)
इण्टरमीडिएट	12(54.5)	10(45.5)	29(72.5)	11(27.5)	41(66.1)	21(33.9)
समस्त विद्या.	110(71)	45(29)	69(63.9)	39(36.1)	179(68.1)	84(31.9)

टिप्पणी: कोष्ठक में संख्याएँ योग में से प्रतिशत को दर्शाती हैं।

स्रोत: क्षेत्र अध्ययन।

चयनित प्रतिदर्श में, जैसा कि सारणी 14.5 में प्रदर्शित है, हाईस्कूल और इण्टरमीडिएट कॉलेजों में अनुसूचित जनजाति के कोई संस्था प्रधान नहीं थे। इसी प्रकार सहायता प्राप्त हाईस्कूलों और इण्टरमीडिएट कॉलेजों के साथ ही साथ राजकीय इण्टरमीडिएट कॉलेजों में अनुसूचित जाति और अनुसूचित जनजाति का कोई संस्था प्रधान नहीं था। सभी राजकीय स्कूलों के प्रधानों में 9.7 प्रतिशत अनुसूचित जाति से संबंधित थे। राजकीय प्राथमिक, उच्च प्राथमिक और हाईस्कूलों में प्रतिशत क्रमशः 14.1, 8.1 और 5.6 था।

सारणी 14.5

अनुसूचित जाति, अनुसूचित जनजाति और अन्य से संबंधित संस्थाओं के प्रधान

विद्यालय के प्रकार	प्रबंधन	संस्था प्रधान			योग
		अनु. जाति	अनु. ज.जाति	अन्य	
प्राथमिक	सरकारी	11(14.1)	–	67 (85.9)	78 (100.0)
	निजी	1 (5.6)	–	17 (94.4)	18 (100.0)

उच्च प्राथमिक	सरकारी	(8.1)	1 (2.7)	33 (89.2)	37 (100.0)
	निजी	1 (3.8)	1 (3.8)	24 (92.4)	26 (100.0)
हाईस्कूल	सरकारी	1 (5.6)	–	17 (94.4)	18 (100.0)
	निजी	–	–	24 (100.0)	24 (100.0)
इण्टरमीडिएट	सरकारी	–	–	22 (100.0)	22 (100.0)
	निजी	–	–	40 (100.0)	40 (100.0)
समस्त विद्यालय	सरकारी	15 (9.7)	1 (0.6)	139 (89.7)	155 (100.0)
	निजी	2 (1.8)	1 (0.9)	105 (97.3)	108 (100.0)
योग		17 (6.5)	2 (0.8)	244 (92.7)	263 (100.0)

टिप्पणी: 1. कोष्ठक में संख्याएँ योग में से प्रतिशत प्रदर्शित करती है।
2. अन्य में अन्य पिछड़ा वर्ग और सामान्य जाति सम्मिलित है।
3. – का अर्थ है शून्य

स्रोत: क्षेत्र सर्वेक्षण।

प्रधानाध्यापक के प्रशासनिक अधिकारों में अवकाश-स्वीकृत करना, वेतन-वृद्धि लगाना, चरित्र पंजिका में वार्षिक प्रविष्टियाँ करना और अनुशासनिक कार्यवाहियाँ आरंभ करना सम्मिलित है। उन्हें कक्षा शिक्षण तथा परीक्षाओं के संचालन के अतिरिक्त छात्रों को प्रवेश देने, अभिदान स्वीकार करने, प्रवेश पंजी के निर्गत करने, अपने अधीनस्थों की कक्षाओं का पर्यवेक्षण करने का अधिकार भी है। सारणी 14.6 प्रदर्शित करती है कि संस्था प्रधानों द्वारा अनुभूत सर्वाधिक महत्वपूर्ण समस्याएँ हैं–शिक्षण कर्मियों की अपर्याप्तता, शिक्षण-अधिगम सामग्री की कमी, शिक्षकों के कार्यो के पर्यवेक्षण के लिए अपर्याप्त समय आदि।

सारणी 14.6
संस्था प्रधानों की शैक्षिक समस्याएँ

विद्यालय के प्रकार	संस्था प्रधानों/प्रधानाचार्यों की समस्याएँ			
	पर्यवेक्षण के लिए अपर्याप्त समय	भारी पाठ्यक्रम	पर्याप्त संख्या में अध्यापकों का अभाव	शिक्षण अधिगम सामग्री की कमी
प्राथमिक	2 (2.1)	1 (1.0)	7 (7.3)	3 (3.1)
उच्च प्राथमिक	1 (1.6)	1 (1.6)	4 (4.2)	1 (1.6)
हाईस्कूल	–	–	5 (11.9)	–
इण्टरमीडिएट	–	1 (1.6)	8 (12.9)	–
योग	3 (1.9)	3 (1.3)	24 (9.1)	4 (2.5)

टिप्पणी : कोष्ठक में संख्याएँ योग में से प्रतिशत को प्रदर्शित करती हैं।

स्रोत : क्षेत्र अध्ययन

यह देखा गया है कि प्राथमिक और उच्च प्राथमिक विद्यालयों के प्रधानाध्यापक अपने विद्यालयों में कक्षा शिक्षण के पर्यवेक्षण के लिए पर्याप्त समय नहीं दे पाते हैं। हाईस्कूल और इण्टरमीडिएट कॉलेज के प्रधानाचार्य शिक्षकों की अपर्याप्त संख्या और विद्यालय के कार्यालय विषयक कार्यभार की शिकायत करते हैं।

शिक्षक प्रबंधन

शिक्षकों की विद्यालयों में अनुपस्थिति की समस्या शैक्षिक प्रशासकों के लिए चिंता का विषय रही है। विद्यालयों में शिक्षकों की दैनिक उपस्थिति 89 प्रतिशत से 98 प्रतिशत तक रहती है।

सर्वेक्षण यह उद्घाटित करता है कि प्रतिदर्शी विद्यालयों के केवल 7.9 प्रतिशत शिक्षकों ने विगत पाँच वर्षों में सेवारत प्रशिक्षण कार्यक्रमों में प्रतिभाग किया है। एक सप्ताह से अधिक के सेवारत कार्यक्रमों में प्रतिभाग करने वाले इण्टरमीडिएट कॉलेज के शिक्षकों का प्रतिशत 8.6 था, जबकि प्रतिदर्श में प्राथमिक विद्यालयों के केवल 15 शिक्षकों ने यह अवसर प्राप्त किया।

प्रधानाध्यापक से अपेक्षित है कि शिक्षकों के कक्षा-शिक्षण क पर्यवेक्षण करें और उनकी दैनंदिनी में प्रविष्टियाँ करें। प्रधानाध्यापक द्वारा यह कार्य नियत परिपाटी की तरह किया जाता है। यह पाया गया है कि कक्षा-कक्ष प्रदर्शन का मूल्यांकन करने का प्रचलन प्रतिदर्श के प्राथमिक से उच्चतर माध्यमिक स्तर के 51 प्रतिशत विद्यालयों में है। दैनंदिनी के रख-रखाव का अभ्यास 72.62 प्रतिशत स्कूलों में पाया गया है।

सारणी 14.7 शासकीय और अशासकीय (निजी प्रबंध तंत्र द्वारा संचालित) सहायता प्राप्त विद्यालयों में रिक्त स्थानों का विवरण प्रदर्शित करती है। राजकीय विद्यालयों में रिक्त स्थान अशासकीय स्कूलों से अधिक हैं। इसका कारण संभवतः शिक्षकों की नियुक्ति में निहित विभागीय औपचारिकताएँ हैं।

सारणी 14.7
शैक्षणिक कर्मचारियों के रिक्त पदों का प्रतिशत

विद्यालय के प्रकार	रिक्तियों का प्रतिशत		
	सरकारी	निजी	औसत
प्राथमिक	6.5	3.6	5.8
उच्च प्राथमिक	14.3	1.8	8.2
हाईस्कूल	25.5	12.3	18.3
इण्टरमी.डिएट	8.2	7.5	7.8
योग	10.9	7.3	9.18

स्रोतः क्षेत्र अध्ययन।

सारणी 14.8 प्रदर्शित करती है कि शिक्षकों के अधिकांश पद त्यागपत्र (27.1प्रतिशत) और सेवानिवृत्ति (20.7प्रतिशत) के कारण रिक्त हैं। लगभग 14.8 प्रतिशत पद शिक्षकों की पदोन्नति के कारण रिक्त रहते हैं, जबकि 10.3 प्रतिशत स्थानांतरण के कारण और 6.4 प्रतिशत रिक्तियाँ प्रशासनिक कारणों के आधार पर शिक्षकों के स्थानांतरण के कारण हैं, जबकि पदों का लगभग पाँचवा भाग अन्य कारणों से रिक्त रहता है।

स्कूल प्लांट का प्रबंधन

स्कूल प्लांट के प्रबंधन में, जैसा कि सारणी 14.9 में प्रदर्शित है, स्कूल भवन का प्रबंध, फर्नीचर और उपकरण सम्मिलित हैं।

सारणी 14.8

पदों के रिक्त रहने के कारण

रिक्तियों के कारण	संस्था प्रधानों का प्रतिशत				
	प्राथमिक	उच्च प्राथमिक	हाईस्कूल	इण्टरमीडिएट	समस्त विद्यालय
लम्बी कार्यावधि के कारण स्थानांतरण	10.0	10.0	20.0	7.2	10.3
प्रशासनिक कारणों से स्थानांतरण	13.3		11.4	5.1	6.4
त्यागपत्र	16.7	47.5	14.3	26.5	27.1
सेवा निवृत्ति	13.3	17.5	17.2	25.5	20.7
पदोन्नति	26.7	7.5	11.4	15.3	14.8
अन्य कारण	20.0	17.5	25.7	20.4	20.7

स्रोत: क्षेत्र अध्ययन।

सारणी 14.9

विद्यालयों में भवन, फर्नीचर और उपकरण की पर्याप्तता

वस्तु	पर्याप्त सुविधा वाले विद्यालयों का प्रतिशत				
	प्राथमिक	उच्च प्राथमिक	हाईस्कूल	इण्टरमीडिएट	समस्त विद्यालय
भवन	71.9	79.4	47.6	62.9	67.7
फर्नीचर	66.7	66.7	38.1	46.8	57.4
उपकरण	47.9	55.6	45.2	61.3	52.5

स्रोत: क्षेत्र अध्ययन

यह पाया गया है कि 67.7 प्रतिशत विद्यालयों के पास पर्याप्त भवन हैं, 57.4 प्रतिशत के पास फर्नीचर और 52.5 प्रतिशत के पास उपकरण हैं। काष्ठोपकरण की कमी हाईस्कूल और इण्टरमीडिएट कॉलेजों में प्रधान रूप से है। इसी प्रकार उपकरणों की कमी मुख्यतया प्राथमिक विद्यालयों में है।

पाली योजना

जहाँ तक पाली योजना या द्विपाली प्रणाली का प्रश्न है, यह उत्तर प्रदेश में प्रचलित नहीं है। उत्तर प्रदेश शिक्षा संहिता प्रस्तर 87 प्रावधानित करता है कि कोइ भी संस्था दो पालियों में कक्षाएँ संचालित नहीं करेगी। वे संस्थाएँ जहाँ पूर्व से ही दो पालियों में कक्षाएँ संचालित हैं, उन्हें निदेशक द्वारा निर्धारित रीति से समाप्त कर देना होगा।

बहुकक्षा शिक्षण

प्राथमिक स्तर पर बहुकक्षा-शिक्षण तकनीक काफी प्रचलित है, जिसमें एक ही शिक्षक बच्चों की एक से अधिक कक्षाओं को पढ़ाता है। यह इस कारण है कि प्राथमिक विद्यालयों में शिक्षकों की संख्या कक्षाओं की संख्या से कम है।

छात्र सेवाओं का प्रबंधन

जहाँ तक छात्र कल्याण सेवाओं का प्रश्न है, राज्य में कुछ स्कूलों में कुछ छात्र सेवाएँ आयोजित की जाती हैं। प्रतिदर्श के 12.16 प्रतिशत स्कूलों के छात्र चिकित्सा सहायता का लाभ पाते हैं, जबकि 11.78 प्रतिशत स्कूलों के छात्र चिकित्सा जाँच का अवसर पाते हैं। ये सुविधाएँ ग्रामीण क्षेत्र के स्कूलों की तुलना में शहरी क्षेत्रों में अधिक उपलब्ध हैं। प्रस्तुत प्रतिदर्श में कैण्टीन की सुविधा केवल 1.9 प्रतिशत स्कूलों में विद्यमान है और इतने प्रतिशत स्कूल ही रात्रिकालीन अध्ययन कक्षाएँ संचालित करते हैं। आवागमन की सुविधा, प्रतिदर्श स्कूलों के 0.76 प्रतिशत द्वारा ही प्रदान की जाती है।

छात्रों में प्रतिभा की पहचान संस्थागत कार्यक्रमों में एक महत्वपूर्ण गतिविधि है। राज्य इसे विभिन्न गतिविधियाँ आयोजित कर प्रोत्साहित करता है यथा विज्ञान मेला/ प्रदर्शनी, कार्यानुभव प्रदर्शनी, क्रीड़ा आयोजन (मीट) और स्काउट-गाइड प्रतियोगिताएँ, विज्ञान प्रतिभा खोज परीक्षा, राष्ट्रीय प्रतिभा खोज परीक्षा, एकीकृत छात्रवृत्ति परीक्षा आदि।

13.68 प्रतिशत प्रतिदर्श विद्यालय राष्ट्रीय प्रतिभा खोज हेतु कोचिंग सुविधा उपलब्ध कराते हैं। 13.93 प्रतिशत प्रतिदर्श विद्यालयों द्वारा नवोदय विद्यालयों में प्रवेश परीक्षा हेतु कोचिंग की सुविधा उपलब्ध कराई जाती हैं।

शिक्षक-अभिभावक संघों द्वारा संस्था-प्रधानों की अनेक पाठ्य-सहगामी कार्यक्रमों, अनुशासन, भवन का रखरखाव, काष्ठोपकरण निर्माण एवं रखरखाव आदि

में सहायता की जाती है। प्राथमिक और उच्च प्राथमिक विद्यालय स्तर पर 24.52 प्रतिशत ग्राम शिक्षा समितियाँ विद्यालय प्रबंधन, कार्यक्रमों तथा विभिन्न गतिविधियों में अपना सक्रिय योगदान प्रदान करती हैं।

समस्याएँ एवं सुझाव

इस अध्ययन से यह पता चलता है कि प्राथमिक और उच्च प्राथमिक विद्यालयों में लिपिक, चपरासी या कार्यालय सहायक न होने से संस्था-प्रधानों को अतिरिक्त कार्यभार वहन करना होता है। अन्य समस्याओं में अध्यापकों की कमी, अधिकारों का अभाव, अध्यापक अनुपस्थिति तथा अध्यापक संघों द्वारा प्रयुक्त राजनैतिक दबाव है।

यह सुझाव है कि (क) संस्था-प्रधानों का शिक्षण समय कम किया जाए जिससे वे पर्यवेक्षण पर अधिक समय दे सकें, (ख) बड़े प्राथमिक और उच्च प्राथमिक विद्यालयों में लिपिकों के पद सृजित किए जाएँ, (ग) समय पर स्टेशनरी उपलब्ध कराई जाए, (घ) पर्याप्त मात्रा में प्रशिक्षित अध्यापक, विशेष रूप से विज्ञान अध्यापकों की उपलब्धता सुनिश्चित की जाए (ड.) प्रधानाध्यपक के अधिकारों में बढ़ोत्तरी की जाए, (च) समय से रिक्त पदों को भरा जाए और (छ) राजनैतिक दबावों को अनदेखा किया जाए।

संस्था-प्रधानों ने स्पष्ट किया कि उन्हें अपने कर्त्तव्य पालन में वित्तीय बाधाओं का सामना करना पड़ता है जिन्हें दूर किया जाए। उनके द्वारा इंगित मुख्य समस्याएँ हैं: (1) अपर्याप्त मात्रा में वित्तीय संसाधन की उपलब्धता, (2) टी.ए./डी.ए. हेतु कम धन का आवंटन और (3) पर्याप्त वित्तीय अधिकारों की कमी। संस्था प्रधानों के लिए प्रशिक्षणों का आयोजन अपेक्षित है जिससे वे अपने कार्यों का सही ढंग से निस्तारण कर सकें।

अध्याय-15

प्रयोग और नवाचार

उत्तर प्रदेश, स्वतंत्रता प्राप्ति के बाद शिक्षा के सभी स्तरों पर शैक्षिक विकास और नामांकन की दृष्टि से आश्चर्यजनक प्रगति का साक्षी रहा है फिर भी यह शिक्षा के क्षेत्र में सर्वाधिक पिछड़े राज्यों में से एक है। राज्य, शैक्षिक विकास के स्तर को, संख्यात्मक और गुणात्मक दोनों अर्थों में बढ़ाने के लिए प्रयत्न कर रहा है। इस उद्देश्य से राज्य स्कूल-शिक्षा के विभिन्न प्रयोगों और नवाचारी परियोजनाओं/कार्यक्रमों का संचालन कर रहा है जिनका विवरण निम्नांकित है।

सपुस्तक परीक्षा प्रणाली

राष्ट्रीय शिक्षा नीति 1986 द्वारा परीक्षा प्रणाली को पुनर्गठित करने पर बल दिया गया जिससे कि ऐसी मूल्यांकन पद्धति सुनिश्चित हो सके जो छात्रों के विकास का वैध और भरोसेमंद उपाय हो और शिक्षण तथा अधिगम के सुधार का शक्तिशाली उपकरण हो।

इस संदर्भ में सपुस्तक परीक्षा प्रणाली का एक नवीन प्रयोग एक नवाचारी उपाय के रूप में राज्य द्वारा 1985-86 और 1986-87 में अपनाया गया था। इस प्रणाली में परीक्षार्थियों को परीक्षा कक्ष में पाठ्य पुस्तकों के उपयोग की अनुमति थी, परंतु प्रश्न पत्रों को इस प्रकार निर्मित किया गया था कि पाठ्य पुस्तकों के उपयोग से प्रश्न पत्र का केवल 35 प्रतिशत ही हल किया जा सकता था, 65 प्रतिशत प्रश्नों को तब तक हल करना सम्भव नहीं था जब तक कि यदि परीक्षार्थी ने संदर्भ का अभिप्राय वास्तव में समझा न हो। प्रश्न पत्र का 35 प्रतिशत भाग ज्ञान और समझ के परीक्षण पर आधारित था जबकि प्रश्नपत्र का 65 प्रतिशत भाग विद्यार्थी की अनुप्रयोग-क्षमता और कौशल के परीक्षण के लिए अभिप्रेत था।

सपुस्तक परीक्षा प्रणाली निम्नांकित परिवर्तन लाने के लिए प्रकल्पित थी जो छात्र पाठ्य पुस्तकों में रुचि नहीं लेते हैं, पाठ्यपुस्तकें क्रय करने के लिए बाध्य

होंगे और कम से कम उन प्रश्नों को तैयार करेंगे जिनका उत्तर पाठ्य पुस्तक की सहायता से दिया जा सकता है, अतः छात्र जो पढ़ाई से बचते है और नोट्स और गाइड्स का उपयोग करते हैं, पाठ्य पुस्तक के माध्यम से अध्ययन करने के लिए अभिप्रेरित होंगे, छात्र लंबी परिभाषाओं और उबाऊ सांख्यिकी को याद करने की यातना से बचेंगे और उनके पास अधिक समय होगा जिसमें वे क्षमता और अनुप्रयोगात्मक प्रश्नों का जो पाठ्य पुस्तक पर आधारित है तैयार करेंगे और इस प्रकार प्रचलित परीक्षा प्रणाली जो बढ़ते अनुचित साधनों के प्रयोग से अपने दायित्व से विमुख हो रही है, अधिक विश्वसनीय होगी।

सपुस्तक परीक्षा प्रणाली आरंभ में विभिन्न जनपदों के कुछ चुने हुए विद्यालयों में लागू की गई थी। अनुवर्ती वर्ष में यह व्यापक पैमाने पर कक्षा 9 की गृहपरीक्षाओं में राज्य के सभी विद्यालयों में क्रियान्वित की गई थी। परिणामों का विश्लेषण किया गया और यह पाया गया कि प्रणाली की सफलता के लिए कक्षा-कक्ष में शिक्षण-अधिगम प्रक्रिया की एक भिन्न पद्धति की आवश्यकता है जो शिक्षक और विद्यार्थी दोनों के स्तर पर समझ और बोध, अनुप्रयोम के नियमित अभ्यास और नवाचारी चिंतन पर अधिक बल दे। साथ ही शिक्षकों को नवीन शिक्षण विधि और प्रश्न निर्माण में आवर्तक अभिमुखीकरण की भी आवश्यकता थी।

सपुस्तक परीक्षा प्रणाली की विश्वसनीयता और उपादेयता के संबंध में विभिन्न समूहों द्वारा परस्पर विरोधी अभिमत व्यक्त किए जाने के कारण राज्य सरकार ने इसे नीति के रूप में विसर्जित कर दिया।

रुचिपूर्ण शिक्षा

कक्षा कक्षों के सौंदर्यीकरण और शिक्षक सहयोग से संयुक्त रुचिपूर्ण शिक्षा की नवीन विधि, शिक्षकों में शिक्षण के प्रति बाल-केंद्रित दृष्टिकोण अपनाने के लिए प्रोत्साहित करने हेतु आरंभ की गई थी।

यह पहल शैक्षिक सत्र 1994-95 में 6 चुने हुए जनपदों - अल्मोड़ा, बाराबंकी, लखनऊ, मिर्जापुर, सिद्धार्थनगर और सोनभद्र- में सरकार और यूनिसेफ के समर्थन से की गई थी।

रुचिपूर्ण शिक्षण के आधारों में सम्मिलित है :

1. बच्चे सीखना चाहते हैं और वे तब अच्छी तरह सीखते हैं जब उनके सीखने के तरीकों और विकासात्मक आवश्यकताओं के प्रति अनुकूल प्रतिक्रिया रहती है। उनके लिए आवश्यकता होती है एक लालन-पालन के प्रति संवेदनशील और दुलार करने देने वाले शिक्षक की, खेल, ठोस संदर्भ, गतिविधि बातचीत, कहानी और प्रदर्शन की । ये सभी तत्व बच्चे के प्रति कक्षा कक्ष प्रतिक्रिया स्वरूप उपलब्ध कराए जाने चाहिए।

2. अभिभावक चाहते हैं कि उनके बच्चे सीखें। यदि उन्हें निश्चय है और वे विश्वास करते हैं कि शिक्षक उनके बच्चो के बारे में परवाह करता है और चाहता है कि वे सीखें तो वे इच्छापूर्वक स्कूल की सभी समर्थक गतिविधियों में प्रतिभाग करेंगे।
3. शिक्षक सृजनात्मक और योग्यता प्रतिभा संपन्न व्यक्ति होते हैं और यदि उन्हें आदर सम्मान मिलता है तो उनकी उल्लेखनीय अनुकूल प्रतिक्रियाएँ होती हैं।
4. आदर, न्याय, देखरेख, विश्वसनीयता और भागीदारी एक अच्छी अधिगम परिस्थिति के आवश्यक आधार हैं ।

रुचिपूर्ण शिक्षा प्रयोग के अंतर्गत 6 जनपदों में विद्यालयों का आच्छादन सारणी 15.1 में दिया गया है । इस पहल की सफलता के आधार पर कार्यक्रम को 22 अतिरिक्त जनपदों में 1995-96 में विस्तारित किया गया ।

सारणी 15.1
प्रशिक्षित शिक्षकों का आच्छादन
(प्रति विद्यालय एक शिक्षक, अप्रैल, 1995)

जिला का नाम	विद्यालयों की संख्या
बाराबंकी	1590
मिर्जापुर	1205
सोनभद्र	692
सिद्धार्थनगर	1058
लखनऊ	1069
अल्मोड़ा	1563
हरचन्दपुर (रायबरेली जिले का विकास खण्ड)	54

स्रोत: रुचिपूर्ण शिक्षण, शिक्षकों की एक पहल- लुकिंग एहेड, 1995-96, शिक्षा विभाग, उत्तर प्रदेशीय प्राथमिक शिक्षक संघ और यूनिसेफ।

कार्यक्रम के क्रियान्वयन के अपर्याप्त अनुश्रवण के कारण कार्यक्रम को 12 चयनित जनपदों (अल्मोड़ा, आगरा, गाजियाबाद, झांसी, देहरादून, प्रतापगढ़, पिथौरागढ़, फतेहपुर, मिर्जापुर, रायबरेली, लखनऊ और सुल्तानपुर) के 12 विकास खंडों में 1996 में सघन बनाने का निर्णय लिया गया। 12 विकास खंडों में 1156 विद्यालयों के कक्षा 1 और 2 के 4169 शिक्षकों को 1997 के अंत तक प्रशिक्षित किया गया था। इन्ही 12 जनपदों के 12 अतिरिक्त विकास खंडों को कार्यक्रम के अंतर्गत 1998 से आच्छदित किया गया। इस कार्यक्रम का एक विशेष लक्षण यह है कि उत्तर प्रदेशीय प्राथमिक शिक्षक संघ ने शिक्षकों की भागीदारी सुनिश्चित करने में और विद्यालयों में रुचिपूर्ण शिक्षण विधि को बढ़ावा देने में

मुख्य भूमिका स्वीकार की है।

रुचिपूर्ण शिक्षण की सफलता तथा उसके प्रभाव का उपयुक्त मूल्यांकन अभी तक नहीं किया गया है। अब तक की उपलब्धियाँ शिक्षकों और पदाधिकारियों के साथ साक्षात्कारों और कक्षा-कक्ष की प्रक्रियाओं के प्रेक्षणों पर आधरित है। तथापि, रुचिपूर्ण शिक्षण पहल की प्रभावकारिता का प्राथमिकता के आधार पर वैज्ञानिक मूल्यांकन किए जाने की आवश्यकता है।

संपूर्ण साक्षरता अभियान

टी.एल.सी. साक्षरता के लिए, उपयुक्त वातावरण-सृजन कार्यक्रमों के माध्यम से लोगों में सकारात्मक माँग उत्पन्न करने की पूर्वकल्पना करती हैं। इसका सूक्ष्म अनुसरण घर-घर के साक्षरता- सर्वेक्षण द्वारा किया जाता है जिसके दौरान संभावित शिक्षार्थी और स्वयंसेवक चिह्नित किए जाते हैं। वातारवरण-सृजन के साथ-साथ अनुश्रवण और आंतरिक मूल्यांकन दो ऐसी गतिविधियाँ हैं, जो शिक्षण/अधिगम प्रक्रिया की अवधि में चलती रहती है।

सारणी 15.2

सम्पूर्ण साक्षरता अभियान (टी.एल.सी.) तथा
उत्तर साक्षरता अभियान (पी.एल.सी.) से आच्छादित
जनपदों की वर्षवार संख्या

वर्ष	आच्छादित जनपदों की संख्या	
	टी.एल.सी	पी.एल.सी.
1991-92	1	–
1992-93	9	–
1993-94	21	–
1994-95	14	5
1995-96	18	3
1996-97	5	2
	68	10

मार्च 1997 तक टी.एल.सी के अंतर्गत राज्य में 68 जनपद आच्छादित थे। इनमें से 10 जनपदों–आगरा, अल्मोड़ा, चमोली, फतेहपुर, कानपुर (देहात), मुरादाबाद, बिजनौर, गाजियाबाद, जालौन और बरेली में उत्तर साक्षरता अभियान स्वीकृत किए गए हैं। सारणी 15.2 राष्ट्रीय साक्षरता मिशन प्राधिकरण (एन.एल.एम.ए.) द्वारा अनुमोदित वर्षवार टी.एल.सी तथा पी.एल.सी. जनपदों को प्रदर्शित करती है।

इसके अतिरिक्त, एन.एल.एम.ए. ने आगरा जनपद का सतत शिक्षा कार्यक्रम 1996-1997 में स्वीकृत किया।

राज्य में 7+ आयुवर्ग में 647.6 लाख निरक्षर थे जिनमें से 262.9 लाख पुरुष और 384.7 लाख महिलाएँ हैं। 15-35 आयु-वर्ग में 206.7 लाख निरक्षरों का आकलन है। साक्षरता अभियानों में वर्तमान आच्छादन 201.19 लाख है जिसमें 15-35 आयु वर्ग से बाहर के शिक्षार्थी भी सम्मिलित हैं। उत्तर प्रदेश में शिक्षार्थियों की संख्या, जो साक्षर बनाए गए, 56.56 लाख है।

जनपद जिन्होंने लक्ष्य के प्रति प्राइमर-III स्तर पर 50 प्रतिशत से अधिक उपलब्धि सूचित की है वे हैं: आगरा, फतेहपुर, गाजियाबाद, मुरादाबाद, कानपुर (देहात), अल्मोडा, चमोली, देहरादून, फरूर्खाबाद, रायबरेली, बिजनौर, मथुरा, जौनपुर, फैजाबाद, इलाहाबाद, प्रतापगढ़, देवरिया, बरेली, आजमगढ़, ललितपुर, शाहजहाँपुर, मिर्जापुर, इटावा, सुल्तानपुर, हमीरपुर, मैनपुरी, मुजफ्फरनगर, बहराइच, बाराबंकी, टिहरी और उन्नाव।

सामुदायिक विद्यालय (भवन) निर्माण कार्यक्रम

राज्य ने 1987 से सामुदायिक विद्यालय प्रबंधित (भवन) निर्माण कार्यक्रम आरंभ किया है। नवीन विद्यालयों को खोलने का दायित्व ग्राम शिक्षा समिति को दिया गया है जो निम्नांकित बिन्दुओं को दृष्टिगत रखते हुए एक औपचारिक बैठक में उपयुक्त स्थल का चयन करती है। स्थल राजमार्ग, रेलवे लाइन, तालाबों से दूर हो, लेकिन सुगमता से पहुँचा जा सकें। खेल के मैदान/बगीचों के लिए स्थान हो और भावी विस्तार के लिए सक्षमता हो।

यदि ग्राम सभा/पंचायत द्वारा उपयुक्त भूमि उपलब्ध नहीं कराई जाती है तो ग्राम से अपेक्षा की जाती हैं कि वह विद्यालय भवन के लिए वांछित भूमि दान दे। भवनहीन विद्यालयों या जीर्ण भवनों के लिए सामान्य भवन निर्माण का स्थल वही रहता है जहाँ वर्तमान विद्यालय संचालित हो रहा है, प्रतिबंध यह है कि वहाँ पर्याप्त स्थान हो ।

मानक अभिकल्प (स्टैंडर्ड डिजाइन) संबंधित प्रधानाध्यापक और ग्राम प्रधान को उपलब्ध कराया जाता है। प्राथमिक/उच्च प्राथमिक विद्यालय भवन की इकाई लागत के आधार पर धनराशि ग्राम शिक्षा समिति को अवमुक्त की जाती है जिसमें से 33 प्रतिशत कार्य आरंभ करने हेतु, 33 प्रतिशत नींव स्तर के पूर्ण होने पर और शेष दीवारों के निर्माण पूर्ण होने के अनत्तर दी जाती है। अब धनराशि ग्राम शिक्षा समिति को दो किश्तों में अवमुक्त की जाती है जो ग्राम शिक्षा समिति के एक पृथक बैंक खाते में, जिसमें ग्राम प्रधान और प्रधानाध्यापक सहखातेदार हैं, रखी जाती है। धनराशियों की प्राप्तियों, सामग्री के क्रय, मजदूरों को भुगतान और ग्रामीण अभियंत्रण विभाग के भ्रमणकारी विकास खण्ड अवर अभियंता की टिप्पणियों को प्रदर्शित करने वाली एक स्थल अभिलेख पंजी भी संरक्षित की जाती है। जवाहर

रोजगार योजना के अंतर्गत प्रदत्त सहायता भी वर्ष 1992-93 से सामुदायिक विद्यालय भवन कार्यक्रम को दी जाती है ।

नवम्बर 1995 तक ग्राम शिक्षा समिति के माध्यम से कुल 19,775 विद्यालय भवन निर्मित हो चुके थे।

सारणी 15.3 प्राथमिक विद्यालय भवन निर्माण कार्यक्रम के लक्ष्य तथा उपलब्धि की 30/11/95 की स्थिति प्रदर्शित करती है।

सारणी 15.3

प्राथमिक विद्यालय भवनों के निर्माण की प्रगति (31.3.98 के अनुसार)

क्र.	मद	जिला योजना के अंतर्गत (1989-90 से 1992-93 तक)	योजनांतर्गत (1992-93 से 1993-94)	योग
1.	स्वीकृत विद्यालय भवन	13380	6646	20026
2.	कार्यारंभ	13376	6644	20020
3.	अनारंभ कार्य	4	2	6
4.	पूर्ण भवन	13367	6639	20006
5.	निर्माणाधीन	9	5	14
6.	स्वीकृत धनराशि (रु. लाख में)	12041.7	5981.4	18023.1
7.	धनराशि अवमुक्त (रु. लाख में)	12030.3	5975.1	18005.4

स्रोत–बेसिक शिक्षा परियोजना, शिक्षा निदेशालय (बेसिक), लखनऊ, अप्रैल, 1998

20026 विद्यालय भवनों में से 20020 स्थलों पर निर्माण कार्य प्रारंभ हुआ। छः स्थलों पर विद्यालय भवनों का निर्माण कार्य आंरभ नहीं हुआ और केवल 14 विद्यालय भवनों का निर्माण कार्य प्रगति पर था । इस प्रकार 20,006 विद्यालय भवन मार्च 1998 के अंत तक पूर्ण हुए। वर्ष 1994-95 से 1997-98 तक रुपये 255.98 लाख की राशि 17113 विद्यालय भवनों के निर्माण के लिए स्वीकृत तथा अवमुक्त की गई थी। मार्च 1998 तक 13589 प्राथमिक विद्यालय भवन पूर्ण थे और 3524 विद्यालय भवन निर्माणधीन थे ।

निजी प्रबंधित विद्यालयों की गुणवत्ता का सुधार

राज्य में शैक्षिक विकास के कार्य में निजी प्रबंधित सहायता प्राप्त संस्थाएँ एक शक्तिशाली अभिकरण रही हैं। वर्तमान में शासकीय और अशासकीय संस्थाओं में वेतनमान मंहगाई भत्ता और पेंशन में पूर्ण समानता है। जहाँ तक माध्यमिक शिक्षा की गुणवत्ता का प्रश्न है, सुधार के लिए बहुत अधिक कार्यक्षेत्र हैं। माध्यमिक

विद्यालयों की गुणवत्ता के सुधार की कुछ मुख्य योजनाएँ इस प्रकार हैं।

- विज्ञान शिक्षा में गुणवत्ता सुधार के लिए, विज्ञान और गणित शिक्षकों के पदों का सृजन एक महत्वपूर्ण योजना है। आठवीं योजना अवधि में, प्रवक्ताओं के 500 और सहायक अध्यापकों के 5000 पद सृजित करने का प्रस्ताव था।
- आवश्यक मूलभूत संरचना और वांछित उपकरण आदि सुनिश्चित करने के बाद माध्यमिक विद्यालयों को विज्ञान विषयों में मान्यता की स्वीकृति और
- वित्तीय संसाधनों की कमी के कारण, बहुत से निजी प्रबंधित असाहयिक मान्यता प्राप्त माध्यमिक विद्यालय वांछित मानक को प्राप्त करने में असफल हो रहे हैं। इसलिए 500 से अधिक विद्यालयों को आठवीं पंचवर्षीय योजना अवधि में अनुदान सूची में सम्मिलित किए जाने का प्रस्ताव था।

उत्तर प्रदेश बेसिक शिक्षा परियोजना

सभी के लिए शिक्षा के लक्ष्य को प्राप्त करने के राज्य के प्रयास को अनुपूरित करने के लिए विश्व बैंक की वित्तीय सहायता से राज्य के 10 जनपदों में अक्टूबर 1993 में एक व्यापक परियोजना आरंभ की गई थी।

उत्तर प्रदेश बेसिक शिक्षा परियोजना का मुख्य क्षेत्र सार्वजनिक रूप से उपलब्ध कराई जा रही बेसिक शिक्षा है। लक्ष्य है- बेसिक शिक्षा में सार्वभौम नामांकन तथा उसकी संप्राप्ति और शिक्षा की गुणवत्ता का विकास। क्षमता का निर्माण करना परियोजना की रणनीति का केंदिक्र बिन्दु है। राज्य, जनपद और सामुदायिक संस्थाओं के सुदृढ़ीकरण को दीर्घकालीन लक्ष्यों की प्राप्ति के आधार के रूप में देखा जाता है। शैक्षिक नियोजन और प्रबंधन का विकेन्द्रीकरण कार्यक्रम का एक महत्वपूर्ण पहलू हैं। परियोजना जनपद वाराणसी, भदोही, चंदौली, गोरखपुर, इलाहाबाद, कौशाम्बी, बाँदा, इटावा, औरैयो, सीतापुर, अलीगढ़, महामायानगर, सहारनपुर, पौड़ी, नैनीताल और उधमसिंह नगर को आच्छादित करती है। ये जनपद राज्य की वर्तमान सामाजिक, आर्थिक और सांस्कृतिक परिस्थितियों के साथ ही साथ विभिन्न भौगोलिक क्षेत्रों का प्रतिनिधित्व भी करते हैं। इन जनपदों में से तीन पर्वतीय क्षेत्रों में स्थित हैं।

सार्वभौम नामांकन, ठहराव और सभी बच्चों द्वारा प्राथमिक शिक्षा पूरा करना राज्य में बेसिक शिक्षा के विकास के लक्ष्य हैं। सभी के लिए शिक्षा परियोजना निम्नांकित रणनीतियों पर आधारित है।

संस्थागत क्षमता संवर्धन

- उ.प्र. सभी के लिए शिक्षा परियोजना परिषद (ई.एफ.ए.पी.बी.) पूरी तरह क्रियाकारी होगा।
- एक नया राज्य शैक्षिक प्रबंधन एवं प्रशिक्षण संस्थान (सीमेट) पूर्ण क्रियाशील

रूप में प्रचलित होगा जो प्रतिवर्ष कम से कम 1000 व्यक्ति सप्ताहों का प्रशिक्षण प्रदान करेगा तथा पाँच मुख्य नीतिगत शोधों को पूर्ण करेगा।

- प्रत्येक जनपद में जिला शिक्षा एवं प्रशिक्षण संस्थान और संबंधित विकास खंड संसाधन केंद्र कार्यरत अवस्था में परिचालित होंगे जो वर्ष में 1000 व्यक्ति सप्ताहों का प्रशिक्षण प्रदान करेंगे।
- प्रशिक्षित नियोजन और प्रबंधन दल प्रारंभिक और आरक्षित दोनों जनपदों में नियत रहेंगे।
- 10 परियोजना जनपदों में तथा राज्य स्तर पर एक कम्प्यूटरीकृत सूचना प्रबंधन तंत्र पूरी तरह कार्यशील होगा।
- एक संप्राप्ति मूल्यांकन तंत्र स्थापित किया जाएगा।
- राज्य शैक्षिक अनुसंधान और प्रशिक्षण परिषद (एस.सी.ई.आर.टी.) पाठ्यक्रम-शोध और पाठ्यपुस्तक-विकास की प्रक्रियाओं का सुधार करेगा।
- प्राथमिक कक्षाओं का पाठ्यक्रम न्यूनतम अधिगम स्तर पर आधारित होगा और नए स्वरूप की परिष्कृत पुस्तकें विद्यालयों को प्रदान की जाएगी।

गुणवत्ता-सुधार और कार्य संपन्नता

- प्राथमिक और उच्च प्राथमिक स्तरों पर ह्रास और पुनरावृत्ति की दरों को आधारभूत आकलनों से 50 प्रतिशत घटाया जाएगा।
- कक्षा 5 में संप्राप्ति स्तर को आधारभूत मूल्यांकन स्तरों से 50 प्रतिशत सुधारा जाएगा।
- ग्राम शिक्षा समितियों को प्रारंभिक 10 परियोजना जनपदों के 50 प्रतिशत विद्यालयों में क्रियाशील बनाया जाएगा।

पहुँच का विस्तार

- विद्यालय से बाहर लड़कियों का प्रतिशत अनुसूचित जाति और जनजाति को सम्मिलित कर आधारभूत आकलन से 50 प्रतिशत घटाया जाएगा।
- वर्तमान में मानक के अनुसार असेवित बच्चों के लिए 3,00,000 उच्च प्राथमिक नामांकन स्थानों की व्यवस्था होगी।
- उक्त के अतिरिक्त 1,50,000 नामांकन प्राथमिक विद्यालयों में, वर्तमान में मानक के अनुसार असेवित बच्चों के लिए स्थापित किए जाएँगे।
- 1,50,000 बच्चे अनौपचारिक प्राथमिक शिक्षा में नामांकित किए जाएँगे।

शिक्षा की गुणवत्ता और शैक्षिक संप्राप्ति में सुधार करने तथा ह्रास को कम करने के उद्देश्यों को प्राप्त करने के लिए परिकल्पित गतिविधियां इस प्रकार हैं। (क) सामुदायिक सहभागिता का सुदृढ़ीकरण, सीखने के लिए उद्यत होने की स्थिति में सुधार (ख) शिक्षकों और कर्मचारियों के कार्य निष्पादन में सुधार (ग) पाठ्यक्रम

और पाठ्यपुस्तकों का सुधार (घ) विद्यालय प्रबंधन में सुधार (ड़) महिलाओं के लिए विशेष कार्यक्रमों का सुदृढ़ीकरण और विस्तार (च) विद्यालय सुविधाओं की पुनः स्थापना और (छ) सहायक कार्यक्रम नवाचारों की खोज।

प्राथमिक शिक्षा तक समतापूर्ण पहुँच की स्थिति में सुधार के लिए, परियोजना जनपदों में एक प्रमुख कार्यक्रम आरंभ किया गया है। राज्य सरकार के मानकों के अनुसार 300 की आबादी और 1.5 किमी. की दूरी में मैदानी क्षेत्र में और 1 किमी की दूरी में पर्वतीय क्षेत्रों में प्राथमिक विद्यालय उपलब्ध कराया जाता है। इसी प्रकार 3 किमी की दूरी में 800 की आबादी के लिए उच्च प्राथमिक विद्यालय उपलब्ध कराया जाता है। लगभग 2050 बस्तियाँ प्राथमिक विद्यालय के और 1070 उच्च प्राथमिक विद्यालय के मानक को पूरा करती हैं लेकिन असेवित हैं। असेवित क्षेत्रों की यथार्थ स्थिति स्कूल मानचित्रण अभ्यास द्वारा निर्धारित की जाएगी।

परियोजना परिषद की स्थापना, परियोजना क्रियान्वयन के समग्र पर्यवेक्षण, निर्देशन और समन्वयन की दृष्टि से की गई है। इस परिषद के दायित्वों में स्वीकृत कार्यक्रमों के लिए धनावंटन, परियोजना खातों का रखरखाव, प्राप्तियों का संयोजन तथा क्रियान्वयन की प्रगति का अनुश्रवण करना सम्मिलित है।

ई.एफ.ए.पी.बी. एक साधारण परिषद है जिसके मुख्यमंत्री सभापति और शिक्षा मंत्री उपसभापति हैं। परिषद के लगभग 90 सदस्य हैं जिनमें उ.प्र. शासन के वरिष्ठ पदाधिकारी, राज्य और जनपदीय शिक्षा पदाधिकारी, भारत सरकार के प्रतिनिधि, विशिष्ट शिक्षाशास्त्री और सवयंसेवी संगठनों के पदाधिकारी सम्मिलित हैं। राज्य परियोजना निदेशक सदस्य सचिव हैं। परिषद परियोजना की शीर्ष प्राधिकारी (ओथॉरिटी) है और परियोजना के क्रियान्वयन के लिए समग्र नीतिगत मार्गदर्शन तथा दिशानिर्देश प्रदान करती है।

उत्तर प्रदेश बेसिक शिक्षा परियोजना की सफलता के आधार पर 18 जनपद बरेली, फिरोजाबाद, गोण्डा, सिद्धार्थनगर, शाहजहाँपुर, बदायूँ, लखीमपुर, मुरादाबाद, बस्ती, हरदोई, पीलीभीत, महाराजगंज, देवरिया, सोनभद्र, ललितपुर, कबीरनगर, ज्योतिबाफूलेनगर और बलरामपुर जिला प्राथमिक शिक्षा कार्यक्रम के अंतर्गत सितम्बर 1997 में पाँच वर्षों (1997–2002) के लिए आच्छादित किए गए हैं। डी.पी.ई. पी. के लक्ष्य हैं (अ) नामांकन, ह्रास और शैक्षिक संप्राप्ति में लिंग और सामाजिक समूहों के अंतर को 5 प्रतिशत तक लाना (ब) समग्र प्राथमिक ह्रास दर को सभी बच्चों के लिए 10 प्रतिशत से कम तक घटाना (स) उपलब्धि स्तरों को आधारभूत अक्षरज्ञान और गणना संबंधी दक्षताओं की दृष्टि से कम से कम 25 प्रतिशत बढ़ाना और अन्य दक्षताओं में 40 प्रतिशत बढ़ाना और (द) शिक्षण की औपचारिक और वैकल्पिक व्यवस्थाओं द्वारा पहुँच (को विस्तार) प्रदान करना। डी.पी.ई.पी की लागत 568 करोड़ है। सम्पूर्ण लागत की 85 प्रतिशत धनराशि भारत सरकार द्वारा उपलब्ध

कराई जाएगी और 15 प्रतिशत राज्य सरकार का अंशदान होगा। अब तक, डी.पी.ई.पी के अंतर्गत बहुत उत्साहजनक संकेत प्राप्त हुए हैं।

महिला समाख्या

महिला समाख्या राज्य में महिला शिक्षा और विकास के लिए एक मार्गदर्शी परियोजना के रूप में उच्च सहायता से 1989 में आरंभ की गई थी। परियोजना चार जनपदों वाराणसी, बांदा, सहारनपुर और टिहरी में संचालित है। महिला समाख्या का लक्ष्य है महिलाओं का अभिप्रेरण ताकि वे गतिशीलता की दृष्टि से प्रभावी केंद्र बिंदु के रूप में कार्य कर सकें।

यह परियोजना महिलाओं के लिए ज्ञान और सूचनाएँ प्राप्त करने हेतु वातावरण निर्माण करने का प्रयास करती है जिससे कि वे सतर्क होकर चुनाव कर सकें और ऐसी परिस्थितियों का निर्माण हो सके जिसमें महिलाएँ अपनी गति और लय से सीख सकें।

मुख्य बिंदु जिसके इर्दगिर्द कार्यक्रम घूमता है, वह है ग्रामस्तरीय 'महिला संघ' या महिलाओं का समूह जो उनकी दिनचर्या संबंधी समस्याओं यथा बच्चों की देखभाल, स्वास्थ्य, भोजन, पेयजल, शिक्षा, उनकी प्रस्थिति, समाज और परिवार में उनकी भूमिका और महिला के रूप में उनकी स्व-छवि पर विचार विमर्श के लिए महिलाओं के लिए आसान पहुँच वाले मंचों का गठन करती है। ग्रामीण महिलाओं के समूह शिक्षा और सामूहिक कार्यवाही के लिए अपनी कार्यसूची स्वयं निश्चित करते हैं। वे अपनी समस्याओं के समाधान का प्रयत्न कार्यवाही आरम्भ करने के अनन्तर जिला और विकास खण्ड के अधिकारियों पर दबाव बनाकर करते हैं।

महिला समाख्या कार्यक्रम का फैलाव गोरखपुर, इलाहाबाद, सीतापुर, इटावा, पौड़ी और नैनीताल तक बढ़ाया गया है। ये जनपद उ.प्र. बेसिक शिक्षा परियोजना के अंतर्गत भी आच्छादित हैं।

अध्याय-16

भविष्य के लिए संभावनाएँ

वर्तमान स्थिति

उत्तर प्रदेश सर्वाधिक आबादी वाला राज्य होने के कारण, भारतीय परिसंघ की संपूर्ण जनसंख्या का छठा भाग इसमें सम्मिलित है और देश के सभी राज्यों और संघशासित क्षेत्रों में इसका सबसे बड़ा शैक्षिक तंत्र है। तथापि न केवल आर्थिक रूप से वरन् शैक्षिक रूप से भी राज्य पिछड़ा माना जाता है। इसके लिए उत्तरदायी अन्य कारणों में से प्रमुख हैं अपर्याप्त निवेश और मानवीय कौशलों का अपर्याप्त विकास तथा इसके साथ-साथ इसके समृद्ध प्राकृतिक संसाधनों और उच्च विकास की संभावनाओं का अनुपयुक्त दोहन। परिणामस्वरूप राज्य की प्रति व्यक्ति आय इन वर्षों में सम्पूर्ण राष्ट्र की प्रति व्यक्ति आय की तुलना में घट गई है। यह राज्य में 1989-90 में चालू मूल्य पर रु. 3072 थी, जो राष्ट्रीय स्तर पर रु. 4258 की तुलना में 27.8 प्रतिशत कम थी। इसके पिछड़ेपन के लिए उत्तरदायी अन्य कारकों में सम्मिलित हैं: इसकी प्राथमिक उत्पादक अर्थव्यवस्था, जनसंख्या में उछाल, इसकी कार्यशक्ति के तीन चौथाई से अधिक की कृषि पर निर्भरता आदि। राज्य का मानव विकास सूचकांक, राज्य सरकार के आकलनों के अनुसार जिसमें जन्म के समय जीवन-प्रत्याशा, साक्षरता और प्रति व्यक्ति आय समाविष्ट है, 1989-90 में देश के 14 बड़े राज्यों में सबसे नीचे (0.07) था और समग्र राष्ट्रीय स्थिति (0.36) के अर्थों में पाँच गुना कम था।

राज्य ने विगत दशकों में अपने शैक्षिक विकास के लिए पर्याप्त वित्तीय संसाधनों की कमी अनुभव की है। उदाहरण के लिए राज्य बजट का शिक्षा और प्रशिक्षण पर सभी विभागों द्वारा किया गया व्यय राज्य के कुल बजट के प्रति जो 1973-74 में राष्ट्रीय स्तर की तुलना में अधिक अर्थात् 24 प्रतिशत था, 1983-84 में गिरकर 19.8 प्रतिशत रह गया, राष्ट्रीय स्तर पर यह 1973-74 और 1983-84

में क्रमशः 23.3 प्रतिशत तथा 23.1 प्रतिशत हो गया। राज्य शिक्षा विभाग का शिक्षा पर योजना व्यय 1973-74 में 25.9 प्रतिशत से 1991 में 9.7 प्रतिशत था जो 16.2 प्रतिशत की गिरावट स्पष्ट करता है। इन वर्षों में संपूर्ण देश के स्तर पर यह व्यय क्रमशः 17.1 प्रतिशत तथा 10 प्रतिशत था।

राज्य शिक्षा पर समग्र राष्ट्रीय स्थिति की तुलना में प्रति व्यक्ति कम धनराशि व्यय करता है जो 1973-74 और 1983-84 के तुलनात्मक आँकड़ों से स्पष्ट हो जाता है। इन वर्षों में राष्ट्रीय स्तर पर क्रमशः रु. 27 और रु. 78.97 व्यय किए गए थे जिनके सापेक्ष राज्य के व्यय के आँकड़े रु. 18.38 और रु. 52.45 थे। प्रति-छात्र शिक्षा पर आवर्तक व्यय भी बहुत नीचे था अर्थात् राष्ट्रीय स्तर पर यह 1973-74 और 1987-88 में क्रमशः रु. 72.3 और रु. 339.7 था जबकि राज्य में इसकी तुलना में प्राथमिक विद्यालयों के लिए यह व्यय रु. 37.2 और रु. 248.0 था।

परिणामस्वरूप राज्य में शिक्षा का विकास विगत वर्षों में अपेक्षित स्तर से नीचे रहा। उदाहरण के लिए 1995-96 में सकल नामांकन अनुपात प्राथमिक स्तर पर वयवर्ग 6-11 के लिए राष्ट्रीय स्तर के सभी बच्चों के 104.3 प्रतिशत, बालकों के 114.5 प्रतिशत और बालिकाओं के 93.3 प्रतिशत की तुलना में राज्य में कम रहा अर्थात् सभी बच्चों के लिए 89.1 प्रतिशत, बालकों के लिए 104.3 प्रतिशत और बालिकाओं के लिए 72.3 प्रतिशत । इसी प्रकार यदि उच्च प्राथमिक स्तर पर 11-14 वयवर्ग के आँकड़ों को लें तो यह प्रतिशत राष्ट्रीय स्तर पर सभी बच्चों के लिए 67.6, बालकों के लिए 79.5 और बालिकाओं के लिए 54.9 जबकि इसके सापेक्ष राज्य स्तर पर यह प्रतिशत सभी बच्चों के लिए 54.7, बालकों के लिए 72.3 और बालिकाओं के लिए 34.9 प्रतिशत था।

अपर्याप्त सुविधाएँ

राज्य की आठवीं पंचवर्षीय योजना (1992-97) के लक्ष्यों के अनुसार, 6-11 वयवर्ग के लगभग 18 लाख बच्चे (संपूर्ण बाल जनसंख्या का 90 प्रतिशत) तथा 11-14 वयवर्ग के लगभग 7 लाख बच्चे (संपूर्ण बाल जनसंख्या का 56 प्रतिशत) नामांकित होने थे, लेकिन मानव संसाधान एवं विकास मंत्रालय, भारत सरकार के आकलन के अनुसार लगभग 59 लाख बच्चे 6-11 वयवर्ग के तथा लगभग 58 लाख बच्चे 11-14 वयवर्ग के, राज्य में 1995-96 में शिक्षा व्यवस्था के बाहर थे। इसका उल्लेख भी महत्वपूर्ण है कि 6-11 तथा 11-14 वयवर्ग के बच्चों की संपूर्ण जनसंख्या में से विद्यालयों में अनामांकित बच्चों में 50 प्रतिशत से अधिक लड़कियाँ थी। उदाहरण के लिए प्राथमिक स्तर पर 6-11 वयवर्ग की 41.50 लाख लड़कियाँ, जो इस वयवर्ग की बाल जनसंख्या का 70.41 प्रतिशत भाग को निर्मित करती हैं, विद्यालयों से बाहर थीं। इसी प्रकार 11-14 वय वर्ग की 34.9 लाख

लड़कियाँ जो इस वर्ग की संपूर्ण बाल संख्या का 59.5 प्रतिशत हैं विद्यालय से बाहर थीं। फिर भी, विद्यालयों में बच्चों के नामांकन की प्रवृत्ति, जैसा कि अध्याय-2, सारणी 2.6 द्वारा संकेतित है, यह प्रदर्शित करती है कि औसतन लगभग 5 लाख बच्चे कक्षा 1-5 और लगभग 2 लाख बच्चे कक्षा 6-8 में प्रतिवर्ष नामांकित होते हैं, परंतु उनके नामांकन की गति से विद्यालय-आयु के बच्चों की जनसंख्या वृद्धि की गति अधिक होने से विद्यालय से बाहर रहने वाले बच्चों की संख्या हमेशा अधिक रहती है। यह स्पष्ट है कि शिक्षा व्यवस्था की क्षमता सभी विद्यालय आयु के बच्चों को विद्यालय में समाहित कर सकने की नहीं है।

यदि 6-11 तथा 11-14 वयवर्ग में विद्यालय से बाहर के बच्चों की बड़ी संख्या को छोड़ भी दें तो भी छात्रों का प्रति अध्यापक अनुपात राज्य में बहुत अधिक है, जो यह प्रदर्शित करता है कि विद्यालयों में कक्षाएँ पहले से ही बहुत भरी हुई हैं और उपयुक्त शैक्षिक सुविधाओं को यथा वृद्धिगत नामांकन की दृष्टि से शिक्षकों की संख्या बढ़ाने की आवश्यकता है। अध्यापक व छात्र अनुपात राष्ट्रीय स्तर पर 1995-96 में प्राथमिक और उच्च प्राथमिक विद्यालयों में प्रति अध्यापक 47 और 38 छात्र था। इसकी तुलना में राज्य स्तर पर यह अनुपात प्राथमिक विद्यालयों में प्रति शिक्षक 59 छात्र और उच्च प्राथमिक विद्यालयों में प्रति शिक्षक 40 छात्र थे। इसके अतिरिक्त 1992 में, 6595 असेवित बस्तियाँ थीं, जहाँ मैदानी क्षेत्रों में 1.5 किमी की परिधि में 300 या अधिक की आबादी पर शैक्षिक सुविधाएँ उपलब्ध नहीं कराई गई थीं। इसी प्रकार उच्च प्राथमिक स्तर पर असेवित बस्तियों की संख्या 3626 जहाँ 3 किमी की परिधि में 800 या अधिक की जनसंख्या पर शैक्षिक सुविधाओं की आवश्यकता थी।

यह स्थिति सतर्क मूल्यांकन की अपेक्षा करती है और राज्य के उन जनपदों में जहाँ पहले से ही चिह्नित क्षेत्रों में शिक्षण सुविधा की कमी है, नवीन प्राथमिक और उच्च प्राथमिक विद्यालयों के खोले जाने का आह्वान करती है। नवीन शैक्षिक सुविधाएँ प्रदान करने का आधार विद्यालय मानचित्रण और सूक्ष्म-स्तरीय नियोजन तकनीक होनी चाहिए, जैसा कि इन्हें राज्य में सभी के लिए बेसिक शिक्षा परियोजना द्वारा पूर्व से आच्छादित जनपदों में अंगीकार किया गया है।

इसके अतिरिक्त राज्य में अनुसूचित जाति के बच्चों का नामांकन भी चिंता का विषय है क्योंकि 6-14 वयवर्ग के कुल 1.18 करोड़ गैर नामांकित बच्चों में से 30 प्रतिशत से अधिक अर्थात् 37.24 लाख बच्चे अनुसूचित जाति से संबंधित हैं। परिणामतः उनका नामांकन अनुपात राज्य में राष्ट्रीय औसत की तुलना में काफी नीचे रहा। अनुसूचित जाति के बच्चों का सकल नामांकन अनुपात 6-11 वयवर्ग के लिए प्राथमिक स्तर पर राज्य में सभी बच्चों के लिए 66.8 प्रतिशत था, बालकों के लिए 88.9 प्रतिशत और बालिकाओं के लिए 42.0 प्रतिशत जबकि राष्ट्रीय स्तर

पर 1995-96 में सभी बच्चों के लिए यह प्रतिशत 111.9 प्रतिशत था, बालकों के लिए 127.5 प्रतिशत और बालिकाओं के लिए 95.1 प्रतिशत। उच्च प्राथमिक स्तर पर राज्य के संदर्भ में आँकड़े सभी बच्चों के लिए 35.7 प्रतिशत बालकों के लिए 53.3 प्रतिशत और बालिकाओं के लिए 15.8 प्रतिशत थे, जो राष्ट्रीय स्तर पर सभी बच्चों के लिए 61.3 प्रतिशत, बालकों के लिए 74.8 प्रतिशत और बालिकाओं के लिए 46.7 प्रतिशत की तुलना में काफी नीचे था।

राज्य के स्तर पर प्राथमिक शिक्षा के सार्वभौमीकरण के दूरस्थ लक्ष्य को प्राप्त करने के लिए एक लम्बा रास्ता तय करना है। गैर नाभांकित बच्चों की बड़ी संख्या और न्यून नामांकन अनुपातों की समस्या के अतिरिक्त कुछ अन्य प्रमुख कारक भी हैं, जिसमें प्राथमिक और उच्च प्राथमिक स्तरों पर विशेषकर लड़कियों और अनुसूचित जाति की उच्च ह्रास दर और ठहराव तथा शिक्षा पूर्ण करने की दर सम्मिलित हैं। उदाहरण के लिए राज्य में 1988-89 में ह्रास दर प्राथमिक स्तर पर 40.89 प्रतिशत और उच्च प्राथमिक स्तर पर 50.06 प्रतिशत थी। बालिकाओं के मामले में यह क्रमशः प्राथमिक और उच्च प्राथमिक स्तरों पर 48.96 प्रतिशत और 65 प्रतिशत थी। इसके साथ ही सभी के लिए शिक्षा और साक्षरता के लक्ष्य को प्राप्त करने के लिए भी प्रयास अपेक्षित है। चूँकि 1991 में संपूर्ण जनसंख्या का लगभग 60 प्रतिशत निरक्षर था, राज्य की साक्षरता दरे भी न्यून रहीं अर्थात् सभी व्यक्तियों के लिए 41.60 प्रतिशत, पुरुषों के लिए 55.73 प्रतिशत और महिलाओं के लिए 25.31 प्रतिशत जबकि साक्षरता की समग्र राष्ट्रीय स्थिति थी सभी व्यक्तियों के लिए 52.21 प्रतिशत, पुरुषों के लिए 64.13 प्रतिशत और महिलाओं के लिए 39.29 प्रतिशत। निक्षरता की समस्या इस कारण और अधिक गंभीर हो जाती है कि राज्य में निरक्षरता 1981-91 के मध्य राष्ट्रीय स्तर पर 7.27 प्रतिशत की तुलना में 10.05 प्रतिशत बढ़ गई, जो संकेतित करती है कि साक्षरता बढ़ने की वर्तमान दर यदि यही रही तो राज्य को पूर्ण रूप से साक्षर बनाने में 7 दशक का समय लगेगा, जो पहले से ही भयावह स्थिति को विषम से भी विषमतर बना देगा । उत्तर प्रदेश के शैक्षिक विकास के लिए आवश्यकता यह है कि न केवल पिछड़े क्षेत्रों यथा-बुंदेलखण्ड, रूहेलखण्ड और पर्वतीय जनपदों के लिए क्षेत्र-विशिष्ट उपागम (अप्रोच) को अपनाया जाए वरन् राज्य के इन तथा अन्य क्षेत्रों के जनपदों के अंतर्गत ऐसे विकास खण्डों और संकुलों की अग्रतर पहचान की जाए।

भावी कार्य

अतः राज्य सरकार को साक्षरता और सभी के लिए शिक्षा के राज्य के दोहरे लक्ष्यों को प्राप्त करने हेतु शैक्षिक नियोजन और प्रबंधन आधार के सहयोग के साथ ही अपनी व्यवस्थाओं को कई अन्य पहलुओं की दृष्टि से सुदृढ़ करने की आवश्यकता है।

प्रशासनिक तंत्र

विगत वर्षों में राज्य सचिवालय, निदेशालय, जनपद और विकास खण्ड स्तर पर उपयुक्त शैक्षिक प्रशासनिक तंत्र स्थापित करने में सफल रहा है। शैक्षिक प्रशासकों को अपने कार्य में नवीन कौशलों और विशेषज्ञता से युक्त करने की तुरंत आवश्यकता है। विभिन्न स्तरों पर शैक्षिक अभिकर्मियों को, विशेषकर क्षेत्रीय, जनपद और विकास खण्ड स्तर पर अभिमुखीकरण और कर्मचारी विकास-कार्यक्रमों के आयोजन द्वारा नियमित और आवर्तक प्रशिक्षण प्रदान करने की आवश्यकता है और साथ ही शैक्षिक योजना निर्माण बजट संरचना सहित वित्तीय प्रबंधन, सूचना प्रबंधन अर्थात् आँकड़ों का संग्रह, परितुलन तथा विश्लेषण अच्छे कार्मिक प्रबंधन की तकनीकों के संदर्भ में पुनश्चर्या पाठ्यक्रमों के संचालन की भी आवश्यकता है। प्रशिक्षण कार्यक्रमों में जनपद तथा विकास खण्ड स्तर पर सभी कर्मचारियों की प्रतिभागिता अनिवार्य बनाई जानी चाहिए। बेहतर समन्वयन न केवल बेसिक शिक्षा कार्यालय और जिला विद्यालय निरीक्षक कार्यालय के बीच वरन् अन्य विभागों यथा-जिला परिषद, लोक निर्माण विभाग, नियोजन कार्यालय, राजस्व और भूमि विकास के साथ-साथ परिवहन विभाग से भी, जिला स्तर पर विभिन्न शैक्षिक कार्यक्रमों को अधिक सफल बनाने के लिए अपेक्षित है।

स्थानिक स्तरीय समर्थन का सुदृढ़ीकरण

उत्तर प्रदेश बेसिक शिक्षा अधिनियम, 1972 ने जनपद/नगर और ग्राम स्तर पर एक ढाँचा स्थापित करना परिकल्पित किया है। इसके अनुसार राज्य में प्रत्येक ग्राम या ग्राम समूहों में ग्राम शिक्षा समितियाँ गठित की गई जिसके अध्यक्ष ग्राम सभा (अब पंचायत) के प्रधान हैं, इन समितियों का कार्य विद्यालयों का पर्यवेक्षण करना है और ग्राम स्तर पर शिक्षा के नियोजन और प्रबंधन हेतु जनपद स्तर पर जिला बेसिक शिक्षा समिति को आवश्यक संस्तुतियाँ करना भी है। ये समितियाँ प्रारंभिक चरण में केवल 3 नामित सदस्यों (अभिभावकों) सहित गठित थीं। इसके उपरांत राज्य ने ग्राम शिक्षा समितियों में उप प्रधान, महिला और अनुसूचित जाति सदस्यों सहित 6 अन्य सदस्यों को नामित करते हुए सदस्य संख्या 3 से बढ़ाकर 9 कर दी। फिर भी इन समितियों की भूमिका और कार्य उनके जन्म से ही आलोचना का विषय रहा है। ग्राम शिक्षा समितियों केवल उन्हीं ग्रामों में क्रियाशील बनाई गईं, जहाँ विद्यालय भवनों का निर्माण हुआ। इसके अतिरिक्त, ग्राम शिक्षा समिति कठिनाई से ही राज्य में किसी प्रमुख भूमिका का निर्वाह करती है। इसके कई कारण हैं: (क) लोकतांत्रिक संरचना की कमी, (ख) सदस्यों के चुनाव के स्थान पर नामांकन द्वारा उनके गठन करने की अनुपयुक्त प्रक्रिया, (ग) उनकी भूमिका और कार्यों के बारे में स्पष्ट-निर्धारित दिशा-निर्देशों और अनुदेशों की कमी, (घ) सदस्यों, साथ

ही साथ अध्यक्षों में भी अभिप्रेरण और स्वैच्छिक चेतना की कमी, (ड.) ग्राम शिक्षा समितियों को किसी विधिक, प्रशासनिक या वित्तीय अधिकारों की कमी और (च) यह भी कि ग्राम शिक्षा समिति सदस्यों को कोई प्रशिक्षण नहीं दिया जाता है।

इस दृष्टि से, ग्राम शिक्षा समितियों को, उनकी रचना, गठन, स्पष्टत: परिभाषित कार्य और दायित्व के अर्थों में तथा प्रशासनिक और वित्तीय अधिकार प्रदान कर, अधिक सुदृढ़ किए जाने की आवश्यकता है।

ये समितियाँ, ग्राम की जनता तथा अभिभावकों की सामान्य सभा का आयोजन करके ग्राम शिक्षा समिति सदस्यों के लिए चुनाव की प्रक्रिया अपनाकर गठित की जा सकती हैं। इनमें ग्राम के सभी वर्ग समूहों का प्रतिनिधित्व होना चाहिए। बिहार शिक्षा परियोजना में गठित ग्राम शिक्षा समिति की अनुरूपता में ग्राम शिक्षा समिति के सदस्यों की संख्या 7-15 होनी चाहिए जिनमें 50 प्रतिशत महिला सदस्य हों अन्य सदस्य अनुसूचित जाति, अनुसूचित जनजाति, यदि कोई हो, भूतपूर्व सैन्य कर्मियों सहित अवकाश प्राप्त व्यक्तियों, आंगनबाड़ी-बालवाड़ी, प्राथमिक स्वास्थ्य केंद्र, अनौपचारिक शिक्षा केंद्र, महिला समूह की कार्यकत्रियों और युवक समूहों तथा स्वयंसेवी संगठनों में से हों और पंचायत का एक सदस्य भी इसमें हो। ग्राम शिक्षा समिति का अध्यक्ष अनिवार्यतया ग्राम प्रधान ही नहीं होना चाहिए, वरन् शिक्षा के प्रति समर्पित या रुचि रखने वाले किसी भी व्यक्ति को ग्राम शिक्षा समिति का अध्यक्ष बनाए जाने की आवश्यकता है। इन आधारों पर निर्मित ग्राम शिक्षा समिति को अपनी मासिक बैठकें नियमित रूप से आयोजित करनी चाहिए और अभिभावकों, विशेषकर माताओं, को अपने पाल्यों को नियमित रूप से विद्यालय भेजने के लिए अभिप्रेरण हेतु नामांकन अभियान चलाने के लिए उत्तरदायी होना चाहिए। ग्राम शिक्षा समिति के सदस्यों को इनमें भागीदार होना चाहिए: (क) शिक्षा के महत्व के बारे में अभिभावकों और साधारण जनता के बीच जागरूकता उत्पन्न करना, (ख) शिक्षकों के साथ ही बच्चों की नियमित उपस्थिति का पर्यवेक्षण, (ग) बच्चों के विद्यालय-त्याग को हतोत्साहित करना (घ) विद्यालय भवन का रखरखाव और इस उद्‌देश्य हेतु धनराशि जुटाना, (ड.) साथ ही साथ अन्य सुविधाओं यथा-पेयजल, शौचालय, बागवानी, विद्यालय परिसर की देखभाल और विद्यालयों में चहारदीवारी तथा एक अतिरिक्त कक्ष यदि आवश्यक हो, का निर्माण, शासकीय तथा अशासकीय संगठनों से स्थानीय वित्तीय संसाधन जुटाना और उपभोग करना, (च) ग्राम में साधारण जनता तथा अभिभावकों से इस हेतु सम्पर्क करना और गांव के लिए शैक्षिक योजना बनाना। विकास खण्ड स्तर पर ग्राम शिक्षा समिति द्वारा पारित प्रस्तावों पर निर्णय लेने का एक ऐसा तंत्र होना चाहिए, जो उनके आत्मविश्वास और कार्यदक्षता में वृद्धि कर सके।

नियोजन प्रक्रिया

जनपद स्तर पर विकेंद्रीकृत नियोजन द्वारा स्थानीय क्षेत्रों की संभावनाओं, उनके संसाधनों और समस्याओं का मूल्यांकन परिकल्पित था, जिससे कि निवेश कार्यक्रमों को जनपद की शैक्षिक आवश्यकताओं के अनुरूप तैयार किया जा सके। राज्य ने वार्षिक कार्ययोजना निर्माण की प्रक्रिया विशेषकर यूपीबीईपी और डीपीईपी के अंतर्गत आच्छादित जनपदों में आरंभ की है परंतु इसका अनुशीलन अन्य जनपदों में अभी होना शेष है। इसलिए शिक्षा को आवश्यकता-आधारित बनाने और शैक्षिक उद्देश्यों के लिए समस्त स्थानीय उपलब्ध संसाधनों का उपयोग करने के लिए विकेंद्रीकृत नियोजन की प्रक्रिया को आरंभ किया जाना चाहिए। विकास खण्ड स्तर पर शैक्षिक स्थिति का निदानात्मक विश्लेषण इस दृष्टि से किए जाने की आवश्यकता है जिससे उन कारकों की पहचान की जा सके, जो ऐसे लक्ष्य समूहों की जो शिक्षा की प्रगति में या तो सहायक हैं या उसे बाधित करते हैं, जिनकी (अ) शिक्षा में निम्न सहभागिता (ब) उच्च ह्रास तथा अवरोध दरों और उच्च निरक्षरता दरों से ग्रस्त हैं। विशेष रूप से लक्ष्य समूह उक्त कारकों सहित अनुसूचित जाति, अल्पसंख्यक या अन्य पिछड़े वर्ग बहुल क्षेत्रों में चिह्नित किए गए। जनपद स्तर पर नियोजन सहभागितापरक उपागम होना चाहिए, जिससे सूक्ष्म (माईक्रोलेवल) स्तर पर सेवाओं के अभिसरण (कनवर्जेन्स) के लिए अन्य विभागों की सहभागिता, स्थानीय निकायों यथा-जिला परिषद और ग्राम पंचायत के चुने हुए प्रतिनिधियों की सहभागिता, योजना निर्माण की प्रक्रिया को तकनीकी और व्यावसायिक निविष्टि (इनपुट) प्रदान करने हेतु अकादमिक तथा संसाधन संस्थाओं यथा-डायट, तथा विश्वविद्यालय के शिक्षा विभागों की सहभागिता होनी चाहिए। प्रधानाध्यापकों और शिक्षकों सहित, सभी स्तरों के शैक्षिक अभिकर्मियों, सामान्य जनता, ग्राम शिक्षा समिति के सदस्यों, महिला समूह और युवा संगठनों की प्रतिभागिता नियोजन प्रक्रिया में सुनिश्चित की जानी चाहिए। जनपद स्तरीय नियोजन को अधिक प्रभावी और उत्तरदायी बनाने के लिए उन्हें और अधिक वित्तीय और प्रशासनिक अधिकार सौंपे जाने चाहिए।

जनपद स्तर पर नियोजन को स्थिति का सर्वग्राह्य दृष्टिकोण लेना चाहिए। नियोजन के अंतर्गत न केवल नवीन विद्यालयों को खोलना, विद्यालय से बाहर के बच्चों का नामांकन करना और ह्रास को कम करना ही होना चाहिए वरन् इसके अंतर्गत सेवारत प्रशिक्षण कार्यक्रमों का आयोजन, विद्यालयों में शिक्षण-अधिगम सामग्री की पर्याप्तता की जाँच, प्रोत्साहन-कार्यक्रमों और छात्रवृत्तियों की व्यवस्था, विद्यालय भवनों का रखरखाव और जिला शिक्षा और प्रशिक्षण संस्थानों का उनमें अधिक कौशलयुक्त और विशेषज्ञता संपन्न कार्मिकों के साथ सुदृढ़ीकरण भी सम्मिलित किया जाना चाहिए।

अशासकीय प्रयासों को गुरुतर करना

अशासकीय सहायता प्राप्त संस्थाएँ राज्य की विद्यालयीय शिक्षा में प्रमुख भूमिका का निर्वाह करती हैं। वे राज्य में 50 प्रतिशत से अधिक उच्च प्राथमिक विद्यालयों और 80 प्रतिशत से अधिक हाईस्कूल तथा इण्टरमीडिएट कॉलेजों का प्रबंधन कर रही हैं। इन संस्थाओं द्वारा सृजित शैक्षिक सुविधाओं का वर्तमान में पूर्ण उपयोग नहीं हो रहा है। शिक्षा के सार्वजनीकरण के दूरस्थ लक्ष्य को प्राप्त करने के लिए इन संस्थाओं को प्रोत्साहित किया जाना चाहिए जिससे कि वे अपने क्षेत्र में लोगों को 6 -14 वयवर्ग के अपने बच्चों को विद्यालय भेजने के लिए गतिशील करें। चूँकि लगभग सभी हाईस्कूल तथा इण्टर कॉलेज में 'मिडिल' कक्षाएँ संलग्न हैं, यह उपयुक्त होगा कि इन 'मिडिल' कक्षाओं को, अतिरिक्त कक्ष, शिक्षक और शिक्षण-अधिगम सामग्री उपलब्ध कराकर सुदृढ़ किया जाए यदि विद्यालय बच्चों के बढ़े हुए नामांकन को एक पाली में संभाल सकने में समर्थ न हो तों इन कक्षाओं (6-8) की पालियों में व्यवस्था की जाए।

यह एक अभिनव प्रयोग भी होगा, यदि इन मिडिल स्कूलों हाईस्कूलों और इण्टरमीडिएट कॉलेजों को प्राथमिक कक्षाओं (1-5) को आरंभ करने की अनुमति दी जाती है, क्योंकि इन संस्थाओं ने उच्च प्राथमिक से उच्चतर माध्यमिक स्तर तक की शिक्षा का कुशलतापूर्वक प्रबंधन करने में अपनी योग्यता का प्रदर्शन किया है। चूँकि बेसिक शिक्षा परिषदीय विद्यालय पहले से ही लगभग 60 के शिक्षक-छात्र अनुपात के साथ भीड़ग्रस्त है, अतः यदि इन संस्थाओं को विद्यालय आयु के बच्चों की जनसंख्या को आच्छादित करने की और इसके द्वारा अपने-अपने क्षेत्रों में शिक्षा की माँग को पूरा करने हेतु प्राथमिक कक्षाओं को चलाने की अनुमति दी जाती है तो यह शासकीय प्रयास को संपूरित करेंगे।

अशासकीय, स्वयंसेवी संगठनों/न्यासों को ग्रामीण क्षेत्रों में अपनी संस्थाएँ आरंभ करने हेतु प्रोत्साहित किया जाना चाहिए। यद्यपि स्थिति यह है कि नर्सरी विद्यालयों की अतिवृद्धि ने, जो साधारणतः अकेले व्यक्तियों द्वारा खोले जाते हैं, बच्चों की शिक्षा को प्रतिकूल ढंग से प्रभावित किया है क्योंकि एक ओर तो ये अभिभावकों से उनके बच्चों को गुणवत्तापरक शिक्षा उपलब्ध कराए बिना ही अत्यधिक शुल्क लेते हैं और दूसरी ओर इन स्कूलों के पास उपयुक्त भवन, अहर्ता प्राप्त शिक्षक और यहाँ तक कि स्तरीय पाठ्य पुस्तकें तथा अन्य पठन सामग्री भी नहीं होती है।

वित्तीय संसाधनों का संघटन

प्राथमिक शिक्षा को राज्य के शिक्षा बजट की संपूर्ण धनराशि का 50 प्रतिशत से अधिक आवंटन करके दी गई वरीयता के बावजूद राज्य में शिक्षा के विकास की

स्थिति किसी प्रशंसनीय स्तर तक परिवर्तित नहीं हुई है। मुख्य कारण यह रहा है कि शिक्षा पर संपूर्ण योजना बजट का व्यय केवल 4 प्रतिशत था। शिक्षा पर प्रति छात्र व्यय प्राथमिक स्तर को छोड़कर सभी स्तरों पर 1988-89 में संपूर्ण देश की तुलना में नीचे रहा है। इसके अतिरिक्त, विद्यालय भवनों के रखरखाव, तथा अन्य आधारभूत सुविधाओं के विकास और शिक्षण अधिगम सामग्री हेतु बहुत कम संसाधन उपलब्ध कराए जाते हैं, क्योंकि बजट की 90 प्रतिशत से अधिक निधि वेतन पर व्यय होती है। इसलिए यह आवश्यक है कि सरकार के प्रयासों को संपूरित करने के लिए समुदाय से शिक्षा के लिए अतिरिक्त संसाधन जुटाए जाने चाहिएँ। उदाहरण के लिए, मध्य प्रदेश में एक शिक्षा उपकर शिक्षा के लिए अतिरिक्त निधि संघटित करने के लिए लगाया गया है। यह प्रणाली उत्तर प्रदेश में भी लागू किए जाने की आवश्यकता है। यद्यपि वर्तमान कार्यप्रणाली के अनुसार, विद्यालय भवन के लिए भूमि लगभग सभी गाँवों में समुदाय द्वारा या किसी व्यक्ति द्वारा दान दी जाती है या विद्यालय भवन का निर्माण गाँव की ग्राम सभा (अब पंचायत) की जमीन पर किया जाता है तथापि विद्यालय भवनों के रखरखाव और विद्यालय में अन्य सुविधाओं के लिए वित्तीय संसाधन जुटाने का कार्य ग्राम शिक्षा समिति का सुदृढ़ीकरण करके किया जाने चाहिए। यह समिति विद्यालय के विकास के लिए समुदाय को नगद या अन्य रूप में दान देने के लिए प्रोत्साहित कर सकती है।

निरीक्षण–पर्यवेक्षण

सर्वेक्षण प्रदर्शित करता है कि निरीक्षक अधिकारी शैक्षिक सत्र में अपने क्षेत्रांतर्गत सभी विद्यालयों का निरीक्षण नही कर सके। निरीक्षणों के मानक के अनुसार, एक जिला विद्यालय निरीक्षक को एक जनपद में सभी मान्यता प्राप्त हाईस्कूल तथा इण्टर कॉलेजों का प्रत्येक दो वर्ष में कम से कम एक बार निरीक्षण करना चाहिए। चूंकि विद्यालयों की संख्या जिनका निरीक्षण किया जाना है जनपदों में भिन्न-भिन्न होती हैं और 60 से 80 के मध्य होती है, निरीक्षण अधिकारी अपने अधीन सभी संस्थाओं का वर्ष में एक बार भी निरीक्षण नहीं कर पाते। इसी प्रकार, प्रति उप-विद्यालय निरीक्षक एक वर्ष में सभी विद्यालयों का वीक्षण करने का पर्याप्त समय नहीं पाते। विद्यालयों की अत्यधिक संख्या, जिनका एक वर्ष में निरीक्षण किया जाना है के अतिरिक्त, निरीक्षण अधिकारी शिक्षा के अलावा अन्य कार्यों यथा जनगणना, चुनाव कार्य आदि से अति भारग्रस्त हैं। कार्य में वृद्धि और क्षेत्र में जाने के लिए वाहन की अनुपलब्धता ने समस्या को बढ़ा दिया है। शैक्षिक प्रशासन के प्रथम सर्वेक्षण 1973-74 में निरीक्षक अधिकारी अपने समय का 24 प्रतिशत वीक्षणों और निरीक्षणों पर लगाते थे, इसकी तुलना में वर्तमान सर्वेक्षण में वे केवल 15 प्रतिशत समय ही विद्यालय वीक्षण के लिए निकाल पाते हैं।

अध्ययन उद्घाटित करता है कि जिला विद्यालय निरीक्षक द्वारा निरीक्षण पर कम समय व्यतीत किए जाने के अतिरिक्त इण्टरमीडिएट कॉलेज के प्रधानों के पाँचवें भाग तथा हाईस्कूल एवं प्राथमिक विद्यालयो के प्रधानों के दसवें भाग ने यह अनुभव किया कि शिक्षा अधिकारियों द्वारा किए गए निरीक्षण उपयोगी नहीं थे। तथापि प्रधानों की बड़ी संख्या जैसा कि सारणी 12.7 में प्रदर्शित है, सोचती है कि निरीक्षण बहुत उपयोगी है। यह भी पाया गया है कि प्राथमिक, उच्च प्राथमिक एवं इण्टरमीडिएट कॉलेज के संस्था प्रधानों में से लगभग आधी संख्या की इच्छा थी कि विद्यालयों का निरीक्षण बहुधा किया जाना चाहिए। सभी हाईस्कूलों के प्रधानों ने सुझाव दिया कि निरीक्षण अधिकारियों द्वारा आकस्मिक निरीक्षण किए जाने चाहिए और यह भी कि निरीक्षण द्वारा शिक्षकों को मार्गदर्शन और परामर्श प्रदान किया जाना चाहिए, और उसे केवल दोष-अन्वेषण पर केंद्रित नहीं होना चाहिए। इस दृष्टि से निरीक्षण तंत्र को प्रशिक्षण और अभिमुखीकरण कार्यक्रमों के आयोजन द्वारा उनकी क्षमताओं और विशेषज्ञताओं के अर्थों में सुदृढ़ किए जाने की आवश्यकता है, साथ ही कार्य तथा जनपदवार निरीक्षण अधिकारियों की शक्ति का मूल्यांकन समीक्षा भी होनी चाहिए जिससे निरीक्षण-पर्यवेक्षण प्रक्रिया को अधिक कार्यक्षम बनाया जा सके और बच्चों को दी जा रही शिक्षा की गुणवत्ता में सुधार लाया जा सके।

सूचना प्रबंधन तंत्र

सूचनाओं के संग्रह, परितुलन और प्रकाशन में संस्थाओं से लेकर निदेशालय स्तर तक लगने वाले समय के दीर्घ अंतराल के बाद भी - इस प्रयोजन के लिए विशेष सांख्यिकीय तंत्र की कमी होने के कारण-शिक्षा विभाग में विभिन्न बिंदुओं पर सूचना अैर आँकड़े उपलब्ध नहीं हैं। इसके अतिरिक्त जनपदवार स्थानीय निकाय के विद्यालयों तथा विद्यालयों में शैक्षिक सुविधाओं की सूचना और शिक्षा की गुणवत्ता संबंधी आँकड़ा कठिनाई से उपलब्ध है।

उक्त पृष्ठभूमि में राज्य सरकार द्वारा स्थिति का आकलन करते हुए सांख्यिकीय सूचनाओं, विशेषकर संख्यात्मक तकनीकों और शैक्षिक नियोजन को व्यवहृत करने वाले कर्मचारीवृंद को प्रशिक्षण उपलब्ध कराया जाना चाहिए। इस प्रकार के लघु अवधि के प्रशिक्षण कार्यक्रमों का राज्य, क्षेत्र, जनपद और विकास खण्ड स्तरों पर समय-समय पर आयोजना आवश्यक है। आँकड़ों के संकलन, परितुलन और सूचनाओं के प्रकाशन में समय-अंतराल को दूर करने के लिए एक कम्प्यूटरीकृत सूचना तंत्र निदेशालय, क्षेत्रीय और जनपद स्तरों पर शैक्षिक नियोजकों की सहायता के लिए विकसित किए जाने की आवश्यकता है।

परिशिष्ट–I

परियोजना सलाहकार समिति

राष्ट्र स्तरीय

- प्रो. बी.पी. खंडेलवाल (सभापति)
  निदेशक, नीपा
- श्री अनिल सिन्हा
  पूर्व संयुक्त निदेशक, नीपा
  एवं परियोजना निदेशक
- श्री बलदेव महाजन
  पूर्व संयुक्त निदेशक, नीपा
  एवं परियोजना निदेशक
- श्री पी.के. उमाशंकर
  पूर्व निदेशक
  आई.आई.पी.ए.
- श्री जे.ए. कल्यानकृष्णन
  पूर्व सदस्य
  यू.पी.एस.सी.
- सचिव (विद्यालयीय शिक्षा)
  शिक्षा विभाग
  आन्ध्र प्रदेश सरकार
- डॉ. टी.एन. धर
  पूर्व यूनेस्को सलाहकार
- अतिरिक्त सचिव
  शिक्षा विभाग
  मानव संसाधन विकास मंत्रालय
  भारत सरकार
- सलाहकार (शिक्षा)
  योजना आयोग
  भारत सरकार
- डॉ. डी.पी. नायर
  पूर्व सलाहकार (शिक्षा)
  योजना आयोग
  भारत सरकार
- डॉ. पी.डी. शुक्ला
  पूर्व अध्यक्ष
  सी.बी.एस.ई.
- डॉ. आर.पी. सिंघल
  पूर्व अधिशासी निदेशक
  नीपा
- सचिव (विद्यालीय शिक्षा)
  शिक्षा विभाग
  महाराष्ट्र सरकार
- श्री पी. ठाकुर
  सचिव
  (प्राथमिक एवं माध्यमिक शिक्षा)
  शिक्षा विभाग
  राजस्थान शासन
- प्रो. जे.एस. राजपूत
  निदेशक
  एन.सी.ई.आर.टी.

- आयुक्त एवं सचिव
  शिक्षा विभाग
  जम्मू और कश्मीर शासन
- श्री अमृत प्रकाश
  शिक्षा निदेशक
  उ.प्र. शासन
- निदेशक
  लोक निर्देशन विभाग
  अरुणाचल प्रदेश शासन
- शिक्षा निदेशक
  राष्ट्रीय राजधानी क्षेत्र
  दिल्ली शासन

राज्य स्तरीय

1.	प्रमुख सचिव, शिक्षा	:	सभापति
2.	समस्त शिक्षा निदेशक, उ.प्र.	:	सदस्य
3.	सचिव, उ.प्र. माध्यमिक शिक्षा परिषद/ उ.प्र. बेसिक शिक्षा परिषद	:	सदस्य
4.	निदेशक प्रबंध विकास संस्थान उ.प्र. लखनऊ	:	सदस्य
5.	महा प्रबंधक उ.प्र. डेवलपमेंट सिस्टम कार्पोरेशन लखनऊ	:	सदस्य
6.	डॉ. जी.एम. प्रकाश अवकाश प्राप्त शिक्षा निदेशक इन्दिरा नगर, लखनऊ	:	सदस्य
7.	डॉ. (श्रीमती) देवकी तिवारी रीडर, शिक्षा विभाग लखनऊ विश्वविद्यालय, लखनऊ	:	सदस्य
8.	नीपा प्रतिनिधि	:	सदस्य
9.	श्री शरदिन्दु निदेशक, एस.सी.ई.आर.टी. उ.प्र. लखनऊ	:	सदस्य सचिव

परिशिष्ट–II

शैक्षिक विकास हेतु चयनित सूचक उत्तर प्रदेश एवं सम्पूर्ण भारत

सूचक	इकाई	संदर्भ वर्ष	उत्तर प्रदेश	सम्पूर्ण भारत
1	2	3	4	5
I. जिला, शैक्षिक विकास खंड और गांव				
(क) कुल जिले	संख्या	1991	63	466
(ख) शैक्षिक विकास खंड	संख्या	1991	897	7098
(ग) गांव	संख्या	1981	1122566	539383
		1986	112125	579148
(घ) 500 से कम जनसंख्या वाले गांव	संख्या	1981	53208	270795
II. जनांककीय				
(क) (i) कुल जनसंख्या	’000	1981	110862	665288
	’000	1991	139112	846305
(ii) वार्षिक एक्सपोनोन्शियल विकास दर	प्रतिशत	1981-91	2.30	2.44
(ख) क्षेत्रफल	प्रति वर्ग कि.मी.	1981	294411	3287263
(ग) जनसंख्या घनत्व	प्रति वर्ग	1981	377	216
	कि.मी.	1991	473	267
(घ) लैंगिक अनुपात	स्त्रियां प्रति	1981	885	935
	1000 पुरुष	1991	879	927
(ङ) ग्रामीण जनसंख्या	प्रतिशत	1981	82.05	76.30
		1991	80.16	74.29

सूचक	इकाई	संदर्भ वर्ष	उत्तर प्रदेश	सम्पूर्ण भारत
1	2	3	4	5
(च) अनुसूचित जाति जनसंख्या	प्रतिशत	1981	21.16	15.75
		1991	21.05	16.33
(छ) अनुसूचित जनजाति	प्रतिशत	1981	0.21	7.76
		1991	0.21	8.08
(ज) प्रारम्भिक शिक्षा वयवर्ग की जनसंख्या				
(i) 6 से 11 वय वर्ग	प्रतिशत	1981		
		बालक	14.13	13.37
		बालिकाएं	13.33	13.46
		समस्त	14.70	13.41
	प्रतिशत	1991		
		बालक	12.30	11.70
		बालिकाएं	12.37	11.88
		समस्त	12.33	11.79
(ii) 11 से 14 वय वर्ग				
	प्रतिशत	1981		
		बालक	7.22	7.71
		बालिकाएं	6.93	7.16
		समस्त	7.08	7.18
	प्रतिशत	1991		
		बालक	6.85	6.21
		बालिकाएं	6.83	6.39
		समस्त	6.84	6.30
(iii) 6 से 14 वय वर्ग	प्रतिशत	1981		
		बालक	21.42	20.58
		बालिकाएं	20.86	20.52
		समस्त	21.15	20.60
	प्रतिशत	1991		
		बालक	19.15	17.90
		बालिकाएं	19.20	18.28
		समस्त	19.17	18.05
(झ) नवजात शिशु (मृत्यु दर)	प्रति 1000	1981	150	110
	जनसंख्या	1991	93	80
(ञ) जन्म दर	प्रति 1000	1981	39.6	33.9

सूचक	इकाई	संदर्भ वर्ष	उत्तर प्रदेश	सम्पूर्ण भारत
1	2	3	4	5
	जनसंख्या	1991	35.1	29.3
(त) मृत्यु दर	प्रति 1000	1981	16.3	12.5
	जनसंख्या	1991	11.1	9.8
(थ) जन्म के समय अनुमानित आयु	वर्ष	1981-88		
	पुरुष		52.3	55.9
	महिला		49.6	55.9
III. साक्षरता				
(क) 7 वर्ष और उससे अधिक वर्ष के व्यक्तियों की साक्षरता	प्रतिशत	1981		
		पुरुष	47.43	56.50
		महिला	17.18	29.85
		समस्त	33.33	43.67
		1991		
		पुरुष	55.73	64.20
		महिला	25.31	39.19
		समस्त	41.60	52.21
(ख) साक्षरता दर में वृद्धि (समस्त व्यक्ति)	प्रतिशत	1981-91	8.27	8.50
(ग) जिलों की साक्षरता दर				
(i) 30 से कम	प्रतिशत	1981	39.29	25.12
		1991	11.11	5.97
(ii) 30 से 60	प्रतिशत	1981	58.93	64.43
		1991	82.54	66.37
(iii) 60 से अधिक	प्रतिशत	1981	1.79	10.45
		1991	6.35	27.66
(घ) (i) 7 वर्ष और अधिक के निरक्षर व्यक्ति	’000	1981	48856	305318
		1991	64769	328879
(ii) 7 वर्ष और अधिक के निरक्षर व्यक्तियों में वृद्धि/कमी	प्रतिशत	1981-91	10.05	7.72
IV. विद्यालयीय सुविधाओं की उपलब्धता				
(i) प्राथमिक स्तर (ग्रामीण क्षेत्र के विद्यालयों में प्रदत्त सुविधा) (1 किमी. तक)	प्रतिशत	1973	82	90
		1978	86	93

सूचक	इकाई	संदर्भ वर्ष	उत्तर प्रदेश	सम्पूर्ण भारत
1	2	3	4	5
		1986	89	94
		1993	89	94
(ii) उच्च प्राथमिक स्तर (3 किमी. तक)	प्रतिशत	1973	67	72
		1978	74	79
		1986	82	84
		1993	82	85
(iii) माध्यमिक स्तर	प्रतिशत	1973	50	52
(5 किमी. तक)		1978	78	82
(6 किमी. तक)		1986	83	87
		1993	83	90
(iv) उच्च माध्यमिक स्तर (8 किमी. तक)	प्रतिशत	1973	63	32
		1978	64	41
		1986	72	51
		1993	78	64
V. संस्थाएं				
(क) विद्यालय स्तर				
(i) प्राथमिक स्तर	संख्या	1973	63025	455729
		1978	68122	474636
		1986	75564	528730
		1993	86539	570455
वार्षिक वृद्धि दर	प्रतिशत	1973-78	1.57	0.82
		1978-86	1.30	1.31
		1986-93	1.90	1.12
(ii) उच्च प्राथमिक स्तर	संख्या	1973	10292	90681
		1978	12049	112404
		1986	17335	139016
		1993	19114	162804
वार्षिक वृद्धि दर	प्रतिशत	1973-78	3.20	4.39
		1978-86	4.60	2.69
		1986-93	1.38	2.24
(iii) माध्यमिक/उच्च माध्यमिक स्तर	संख्या	1973	4192	42621
		1978	4869	47104
		1986	5858	68025

सूचक	इकाई	संदर्भ वर्ष	उत्तर प्रदेश	सम्पूर्ण भारत
1	2	3	4	5
		1993	6844	89226
वार्षिक वृद्धि दर	प्रतिशत	1973-78	3.04	2.02
		1978-86	2.39	2.64
		1986-93	2.20	3.87
(iv) समस्त विद्यालय स्तर	संख्या	1973	77509	589031
		1978	85070	634144
		1986	98757	735771
		1993	112497	822486
वार्षिक वृद्धि दर	प्रतिशत	1973-78	1.87	1.47
		1978-86	1.89	1.86
		1986-93	1.84	1.57
(ख) शैक्षिक पिरामिड (प्राथमिक एवं उच्च प्राथमिक तथा माध्यमिक स्तर का अनुपात)	प्राथमिकः	1973	15:2:1	10:2:1
	उच्च प्रा.:	1978	13:2:1	10:2:1
	माध्यमिक	1986	12:3:1	8:2:1
		1993	12:3:1	6:2:1
(ग) सरकारी एवं निजी विद्यालय				
(i) प्राथमिक विद्यालय	प्रतिशत	1973	94	94
		1978	95	94
		1986	92	93
		1993	87	92
(ii) उच्च प्राथमिक विद्यालय	प्रतिशत	1973	65	78
		1978	64	78
		1986	55	75
		1993	57	79
(iii) माध्यमिक विद्यालय	प्रतिशत	1973	12	37
		1978	15	39
		1986	20	46
		1993	29	49
(iv) उच्चतर माध्यमिक विद्यालय	प्रतिशत	1973	12	37
		1986	17	42
		1993	19	42

सूचक	इकाई	संदर्भ वर्ष	उत्तर प्रदेश	सम्पूर्ण भारत
1	2	3	4	5
(घ) औसत जनसंख्या जिसे एक विद्यालय की सुविधा उपलब्ध है				
(i) प्राथमिक स्तर	संख्या	1973	1438	1091
		1978	1485	1137
		1986	1616	1203
(ii) उच्च प्राथमिक स्तर	संख्या	1973	6422	4833
		1978	6158	4401
		1986	5354	4048
(iii) माध्यमिक/उच्च माध्यमिक स्तर	संख्या	1973	14418	12827
		1978	13783	11766
		1986	13455	9182
(iv) समस्त स्तर	संख्या	1973	1087	832
		1978	1101	839
		1986	1137	842
(ङ) औसत आकार (साइज़) प्राथमिक, उच्च प्राथमिक, उच्चतर माध्यमिक स्तर				
(i) प्राथमिक स्तर	संख्या	1973	148	115
		1978	128	120
		1986	144	136
(ii) उच्च प्राथमिक स्तर	संख्या	1973	146	116
		1978	153	122
		1986	168	145
(iii) माध्यमिक / उच्च माध्यमिक स्तर	संख्या	1973	220	169
		1978	277	161
		1986	292	182
(iv) समस्त स्तर	संख्या	1973	153	119
		1978	141	124
		1986	161	142
VI. नामांकन				
(क) स्तर के अनुसार				
(i) कक्षा 1-5	'000	1973	9543	61255
		1978	8989	68602
		1986	11026	85913
		1993	13049	97029

सूचक	इकाई	संदर्भ वर्ष	उत्तर प्रदेश	सम्पूर्ण भारत
1	2	3	4	5
वार्षिक वृद्धि दर	प्रतिशत	1973-78	(-) 1.19	2.30
		1978-86	2.58	2.85
		1986-93	3.42	2.46
(ii) कक्षा 6-8	'000	1973	2111	13950
		1978	2593	17958
		1986	3892	27272
		1993	4544	340.71
वार्षिक वृद्धि दर	प्रतिशत	1973-78	4.20	5.18
		1978-86	5.20	5.36
		1986-93	2.19	3.16
(iii) कक्षा 9-11/12	'000	1973	1411	7714
		1978	1778	8872
		1986	2695	15030
		1993	3016	20685
वार्षिक वृद्धि दर	प्रतिशत	1973-78	4.73	2.84
		1978-86	5.33	6.81
		1986-93	1.59	4.57
(ख) बालिकाओं का नामांकन				
(i) कक्षा 1-5	प्रतिशत	1973	33.61	37.73
		1978	33.61	38.64
		1986	34.21	40.81
		1993	37.41	43.16
(ii) कक्षा 6-8	प्रतिशत	1973	19.66	30.80
		1978	19.66	32.80
		1986	26.52	35.32
		1993	31.80	39.62
(iii) कक्षा 9-11/12	प्रतिशत	1973	15.08	29.60
		1978	15.09	29.12
		1986	20.89	31.49
		1993	27.02	36.32
(ग) अनुसूचित जाति बच्चों का नामांकन				
(i) कक्षा 1-5	प्रतिशत	1973	17.00	13.24
		1978	16.91	14.62

सूचक	इकाई	संदर्भ वर्ष	उत्तर प्रदेश	सम्पूर्ण भारत
1	2	3	4	5
		1986	20.08	17.12
		1993	26.81	19.62
(ii) कक्षा 6-8	प्रतिशत	1973	10.00	8.83
		1978	9.95	10.56
		1986	16.77	14.69
		1993	18.27	15.56
(iii) कक्षा 9-11/12	प्रतिशत	1973	13.00	7.99
		1978	9.16	8.99
		1986	14.65	12.67
		1993	13.00	13.29
(घ) अनुसूचित जन जाति बच्चों का नामांकन				
(i) कक्षा 1-5	प्रतिशत	1973	0.47	5.84
		1978	0.46	6.27
		1986	0.25	7.84
		1993	0.38	9.08
(ii) कक्षा 6-8	प्रतिशत	1973	0.74	2.97
		1978	0.74	3.55
		1986	0.20	5.12
		1993	0.35	5.85
(iii) कक्षा 9-11/12	प्रतिशत	1973	0.47	2.50
		1978	0.47	3.01
		1986	0.16	2.75
		1993	0.33	4.93
(ङ) कुल नामांकन अनुपात				
(i) कक्षा 1-5 (6 से 11 वर्ष)	प्रतिशत	1973	77.78	80.30
		1978	71.58	82.31
		1986	69.29	91.69
		1993	63.37	81.85
(ii) कक्षा 6-8 (11-14 वर्ष)	प्रतिशत	1973	30.77	33.15
		1978	28.45	36.92
		1986	40.61	47.95
		1993	43.64	54.21

सूचक	इकाई	संदर्भ वर्ष	उत्तर प्रदेश	सम्पूर्ण भारत
1	2	3	4	5
VII. अध्यापक				
(क) अध्यापकों की संख्या				
(i) प्राथमिक विद्यालय	'000	1973	228	1241
		1978	239	1287
		1986	268	1815
		1993	314	1730
(ii) उच्च प्राथमिक विद्यालय	'000	1973	57	703
		1978	65	815
		1986	111	915
		1993	105	1196
(iii) माध्यमिक/उच्च माध्यमिक विद्यालय	'000	1973	99	746
		1978	107	838
		1986	102	914
		1993	140	1521
(iv) समस्त विद्यालय	'000	1973	384	2690
		1978	411	2940
		1986	481	3645
		1993	559	4447
(ख) अध्यापिकाएं				
(i) प्राथमिक विद्यालय	प्रतिशत	1973	18.14	26.45
		1978	18.31	27.37
		1986	21.27	28.20
		1993	25.49	31.61
(ii) उच्च प्राथमिक विद्यालय	प्रतिशत	1973	18.66	24.96
		1978	18.87	27.76
		1986	19.44	30.82
		1993	22.01	35.97
(iii) माध्यमिक विद्यालय	प्रतिशत	1973	14.08	21.19
		1978	13.84	25.70
		1986	14.52	31.27
		1993	18.06	34.68
(iv) उच्चतर माध्यमिक विद्यालय	प्रतिशत	1973	15.38	22.00
		1978	14.85	20.85

सूचक	इकाई	संदर्भ वर्ष	उत्तर प्रदेश	सम्पूर्ण भारत
1	2	3	4	5
		1986	15.57	27.79
		1993	18.77	33.18
(ग) प्रशिक्षित अध्यापकों की संख्या				
(i) प्राथमिक विद्यालय	प्रतिशत	1973	88.45	84.36
		1978	86.27	86.27
		1986	94.89	86.45
(ii) उच्च प्राथमिक विद्यालय	प्रतिशत	1973	82.77	83.76
		1978	90.67	86.67
		1986	88.84	87.42
(iii) उच्चतर माध्यमिक विद्यालय	प्रतिशत	1973	83.21	78.13
		1978	95.78	88.41
		1986	96.59	90.02
(घ) अनुसूचित जाति अध्यापकों की संख्या				
(i) प्राथमिक विद्यालय	प्रतिशत	1973	10.32	2.68
		1978	10.67	9.00
		1986	12.05	11.05
		1993	11.84	11.32
(ii) उच्च प्राथमिक विद्यालय	प्रतिशत	1973	3.84	5.36
		1978	5.43	6.96
		1986	8.11	8.58
		1993	9.12	8.96
(iii) माध्यमिक विद्यालय	प्रतिशत	1973	1.10	2.94
		1978	3.36	3.63
		1986	4.55	5.89
		1993	5.71	6.46
(iv) उच्चतर माध्यमिक विद्यालय	प्रतिशत	1973	0.55	1.85
		1973	1.70	2.68
		1986	3.51	4.83
		1993	3.52	6.26
(ङ) अनुसूचित ज़नजाति अध्यापकों की संख्या				
(i) प्राथमिक विद्यालय	प्रतिशत	1973	0.60	4.44
		1978	0.12	4.82

सूचक	इकाई	संदर्भ वर्ष	उत्तर प्रदेश	सम्पूर्ण भारत
1	2	3	4	5
		1986	0.09	6.13
		1993	0.40	7.65
(ii) उच्च प्राथमिक विद्यालय	प्रतिशत	1973	0.56	2.46
		1978	0.08	3.53
		1986	0.10	4.66
		1993	0.40	6.44
(iii) माध्यमिक विद्यालय	प्रतिशत	1973	0.32	1.36
		1978	0.18	1.66
		1986	0.12	2.54
		1993	0.39	3.57
(iv) उच्च माध्यमिक विद्यालय	प्रतिशत	1973	0.35	0.74
		1978	0.07	0.67
		1986	0.10	1.33
		1993	0.32	2.37
(च) छात्र-अध्यापक अनुपात				
(i) प्राथमिक स्तर	छात्र प्रति	1973	42	49
	अध्यापक	1978	38	53
		1986	41	47
		1993	42	56
(ii) उच्च प्राथमिक स्तर	प्रतिशत	1973	37	20
		1978	40	22
		1986	35	30
		1993	43	28
(iii) माध्यमिक/उच्चतर माध्यमिक	छात्र प्रति	1973	14	10
	अध्यापक	1978	17	11
		1986	26	16
		1993	22	14
(छ) अध्यापक प्रति विद्यालय स्तर				
(i) प्राथमिक विद्यालय	प्रतिशत	1973	4	3
		1978	4	3
		1986	3	3
(ii) उच्च प्राथमिक विद्यालय	प्रतिशत	1973	5	5
		1978	5	5

सूचक	इकाई	संदर्भ वर्ष	उत्तर प्रदेश	सम्पूर्ण भारत
1	2	3	4	5
		1986	5	5
(iii) माध्यमिक विद्यालय	प्रतिशत	1973	10	11
		1978	10	11
		1986	11	11
(iv) उच्चतर माध्यमिक विद्यालय	प्रतिशत	1973	4	4
		1978	4	4
		1986	4	4
VIII. ग्रामीण क्षेत्र में शिक्षा				
(क) ग्रामीण जनसंख्या	प्रतिशत	1991	80	74.28
	प्रतिशत	1993	80	73.36
(ख) प्राथमिक				
—संस्था (1 किमी. तक)	प्रतिशत	1993	88.60	93.76
—नामांकन	प्रतिशत	1993	79.57	74.71
(ग) उच्च प्राथमिक				
—संस्थाएं (3 किमी. तक)	प्रतिशत	1993	82.09	85.00
—नामांकन	प्रतिशत	1993	68.29	63.03
(घ) माध्यमिक				
—संस्थाएं (8 किमी. तक)	प्रतिशत	1993	86.54	90.06
—नामांकन	प्रतिशत	1993	53.30	55.39
(ङ) उच्चतर माध्यमिक				
—संस्थाएं (8 किमी. तक)	प्रतिशत	1993	78.49	63.60
—नामांकन	प्रतिशत	1993	38.83	38.14
IX. शिक्षा पर बजट (राजस्व मद) का व्यय (केन्द्र सरकार के बजट को छोड़कर)				
(क) राज्य में शिक्षा पर व्यय				
(i) कुल बजट के अन्तर्गत शिक्षा	प्रतिशत	1973-74	24.0	23.3
और प्रशिक्षण पर सभी		1983-84	23.7	24.1
विभागों द्वारा व्यय की धनराशि		1991-92	19.8	23.1
(ii) शिक्षा विभाग के लिए	प्रतिशत	1973-74	25.9	17.1
आयोजनागत बजट		1983-84	6.0	10.8
		1991-92	9.7	10.0
(iii) कुल बजट के अन्तर्गत सभी	प्रतिशत	1973-74	26.5	18.4
विभागों के लिए शिक्षा और		1993-84	13.3	16.1
प्रशिक्षण हेतु आयोजन गत बजट		1991-92	12.8	12.8

सूचक	इकाई	संदर्भ वर्ष	उत्तर प्रदेश	सम्पूर्ण भारत
1	2	3	4	5
(ख) शिक्षा विभाग का आयोजनागत व्यय				
(i) प्राथमिक शिक्षा	प्रतिशत	1973-74	60.5	48.7
		1983-84	47.8	48.6
		1991-92	52.8	46.8
(ii) माध्यमिक शिक्षा	प्रतिशत	1973-74	27.1	32.1
		1983-84	37.2	32.4
		1991-92	32.7	31.1
(iii) प्रौढ़/विशेष शिक्षा	प्रतिशत	1973-74	0.7	0.9
		1983-84	1.8	1.2
		1991-92	1.2	1.0
(iv) विश्वविद्यालय एवं उच्च शिक्षा	प्रतिशत	1973-74	6.8	10.5
		1983-84	9.2	12.6
		1991-92	9.1	11.7
(vi) तकनीकी शिक्षा	प्रतिशत	1973-74	3.1	3.3
		1983-84	2.8	2.6
		1991-92	3.1	3.3
(vii) अन्य कार्यक्रम	प्रतिशत	1973-74	1.8	4.5
		1983-84	1.2	2.1
		1991-92	1.1	6.1
X. प्रदेश में शिक्षा पर आयोजनागत व्यय (पूंजीगत) केन्द्र सरकार को छोड़कर				
कुल पूंजीगत व्यय के सापेक्ष				
शिक्षा पर पूंजीगत व्यय	प्रतिशत	1983-84	0.8	1.0
	प्रतिशत	1991-92	0.2	2.3
XI. प्रदेश में शिक्षा पर कुल व्यय (सरकारी और गैर सरकारी स्रोत)				
(क) शिक्षा पर प्रति व्यक्ति व्यय	रु.	1973-74	18.38	27.00
(चालू मूल्यों पर)	रु.	1983-84	53.00	78.97
(ख) शिक्षा पर कुल व्यय और आवर्ती व्यय	रु.	1973-74	86.11	87.74
का अनुपात	रु.	1983-84	95.80	95.4
(ग) मदवार शिक्षा पर व्यय (चालू मूल्यों पर)				
(i) अध्यापकों का वेतन	प्रतिशत	1973-74	71.6	75.3
	प्रतिशत	1983-84	71.0	75.2
(ii) अन्य कर्मियों का वेतन	प्रतिशत	1973-74	12.4	10.5

सूचक	इकाई	संदर्भ वर्ष	उत्तर प्रदेश	सम्पूर्ण भारत
1	2	3	4	5
	प्रतिशत	1983-84	15.0	10.9
(iii) उपकरणों का रखरखाव	प्रतिशत	1973-74	5.5	3.7
	प्रतिशत	1983-84	0.8	0.7
(iv) निर्देशन एवं निरीक्षण	प्रतिशत	1973-74	1.4	2.0
	प्रतिशत	1983-84	1.5	1.5
(घ) प्रति छात्र आवर्ती आय (चालू मूल्यों पर)				
(i) प्राथमिक विद्यालय	रु.	1973-74	37.2	72.3
	रु.	1983-84	155.4	217.1
	रु.	1987-88	248.0	339.7
(ii) उच्च प्राथमिक विद्यालय	रु.	1973-74	123.6	110.6
	रु.	1983-84	225.5	285.1
	रु.	1987-88	350.00	429.7
(iii) माध्यमिक/उच्चतर माध्यमिक विद्यालय	रु.	1973-74	169.4	213.6
	रु.	1983-84	342.6	600.7
	रु.	1987-88	717.2	771.5

टिप्पणियाँ : 1. राष्ट्रीय स्तर पर उपलब्ध आंकड़ों पर आधारित सूचक विकसित किए गए हैं।
2. विभिन्न स्रोतों और परिभाषाओं के कारण कुछ स्थानों पर आख्या और सूचकों के आंकड़ों में भिन्नता हो सकती है।

स्रोत

सेन्सस ऑफ इंडिया, 1971, सीरीज-I, नई दिल्ली, 1971।

सेन्सस ऑफ इंडिया, 1981, सीरीज-I, इंडिया-प्राइमरी सेन्सज एब्सट्रैक, जनरल पापुलेशन, नई दिल्ली, 1981।

सेन्सस ऑफ इंडिया, 1991, सीरीज-I, पेपर-I, प्रोविजनल पापुलेशन टोटल्म, नई दिल्ली, 1991।

सेन्सस ऑफ इंडिया, 1991, फाइनल पापुलेशन टोटल्स, सीरीज-I, पेपर-I ऑफ 1992, वाल्यूम I तथा II एवं (II) निकनेट—सेंसज सर्विस, 1993।

इकॉनमिक सर्वे, 1992-93, गवर्नमेंट ऑफ इंडिया, मिनिस्ट्री ऑफ फाइनेंस, इकॉनमिक डिवीजन।

पापुलेशन प्रोजेक्शन, 1971, एक्सपर्ट कमेटी आन पापुलेशन प्रोजेक्शन, रजिस्ट्रार जनरल आफ इंडिया।

स्टैटस्टिकल डाटाबेस फार लिट्रेसी, वाल्यूम I तथा II, लिट्रेसी फार एज ग्रुप 7 और एबव 1981-91 (प्रोविजनल), नेशनल इंस्टीट्यूट ऑफ एडल्ट एजूकेशन, नई दिल्ली, 1992।

ए हैंडबुक ऑफ एजूकेशनल एंड एलाईड स्टैस्टिक्स, मिनिस्ट्री ऑफ ह्यूमन रिसोर्स डेवलपमेंट, गवर्नमेंट ऑफ इंडिया, नई दिल्ली, 1987।

इस्टीमेट्स आफ स्टेट डोमेस्टिक प्रोडेक्स एण्ड ग्रौस फिक्स्ड कैपिटल फारम्यूलेशनः 1981 एंड 1991, सेंट्रल स्टैस्टिकल आरगेनाइजेशन, डिपार्टमेंट ऑफ स्टैस्टिक्स, मिनिस्ट्री आफ प्लानिंग, गवर्नमेंट आफ इंडिया, 1991।

हेल्थ इन्फारमेशन इंडिया, 1990, सेंट्रल ब्यूरो ऑफ हेल्थ इंटेलिजेंस, डेरेक्टोरेट जनरल ऑफ हेल्थ सर्विसेज, मिनिस्ट्री आफ हेल्थ एंड फैमिली वेल्फेयर, गवर्नमेंट ऑफ इंडिया, नई दिल्ली, 1991।

फैमिली वेल्फेयर प्रोग्राम इन इंडिया, 1989-90, ईयर बुक, मिनस्ट्री ऑफ हेल्थ एंड फैमिली वेल्फेयर, डिपार्टमेंट ऑफ फैमिली वेल्फेयर, गवर्नमेंट ऑफ इंडिया, नई दिल्ली, 1991।

तृतीय अखिल भारतीय शैक्षणिक सर्वेक्षण, 1973-74, एजुकेशनल फैसिलीटीज़ एण्ड इनरोलमेण्ट (विद्यालयी शिक्षा), राष्ट्रीय शैक्षिक अनुसंधान और प्रशिक्षण परिषद्, नई दिल्ली, 1979

तृतीय अखिल भारतीय शैक्षणिक सर्वेक्षण, 1973-74, टीचर्स, राष्ट्रीय शैक्षिक अनुसन्धान और प्रशिक्षण परिषद, नई दिल्ली, 1979।

चतुर्थ अखिल भारतीय शैक्षिणिक सर्वेक्षण, 1978-79, राष्ट्रीय शैक्षिक अनुसंधान और प्रशिक्षण परिषद, नई दिल्ली, 1982।

सम स्टैस्टिक्स ऑन स्कूल एजूकेशन, राष्ट्रीय शैक्षिक अनुसन्धान और प्रशिक्षण परिषद, नई दिल्ली, 1980।

पंचम अखिल भारतीय शैक्षणिक सर्वेक्षण, 1986-87, राष्ट्रीय शैक्षिक अनुसन्धान और प्रशिक्षण परिषद, नई दिल्ली, 1992।

छठवां अखिल भारतीय क्षैणिक सर्वेक्षण, 1993, राष्ट्रीय शैक्षिक अनुसंधान और प्रशिक्षण परिषद, नई दिल्ली।

एजूकेशन इन इंडिया, वाल्यूम I, 1973-74, मानव संसाधन विकास मंत्रालय, शिक्षा विभाग, भारत सरकार, नई दिल्ली।

पापुलेशन प्रोजेक्शन, 1981 : कैलकुलेशन बेस्ड ऑन एक्पोनेंनसियल ग्रोथ रेट मेथेड यूजिंग 1981 एंड 1991 सेन्सस फिगर्स।

एजूकेशन इन इंडिया, वाल्यूम I, 1983-84, मानव संसाधन विकास मंत्रालय, शिक्षा विभाग, भारत सरकार, नई दिल्ली।

एजूकेशन इन इंडिया, वाल्यूम II, 1983-84, मानव संसाधन विकास मंत्रालय, शिक्षा विभाग,

भारत सरकार, नई दिल्ली।

एजूकेशन इन इंडिया, वाल्यूम I (एस) एंड II (एस), 1987-88, मानव संसाधन विकास मंत्रालय, शिक्षा विभाग (योजना, अनुश्रवण तथा सांख्यिकी विभाग), भारत सरकार, नई दिल्ली।

एजूकेशन इन इंडिया, वाल्यूम I (एस), 1988-89, मानव संसाधन विकास मंत्रालय, शिक्षा विभाग (योजना, अनुश्रवण तथा सांख्यिकी विभाग), भारत सरकार, नई दिल्ली।

एक्सपेंडिचर आन एजूकेशन, सेंट्रल एंड स्टेट एनुअल बजट, 1972-73 टू 1974-75, स्टैस्टिक्स एंड इन्फारमेशन डिवीजन, मिनस्ट्री आफ एजूकेशन एंड सोशल वेल्फेयर, डिपार्टमेंट ऑफ एजूकेशन, गर्वन्मेंट आफ इंडिया, नई दिल्ली, 1974।

एनालिसिस आफ बजटेड एक्पेंडिचर ऑन एजूकेशन, 1982-85, मानव संसाधन विकास मंत्रालय, शिक्षा विभाग, भारत सरकार, नई दिल्ली, 1985।

एनालिसिस आफ बजटेड एक्पेंडिचर ऑन एजूकेशन, 1971-74, मानव संसाधन विकास मंत्रालय, शिक्षा विभाग, भारत सरकार, नई दिल्ली, 1974।

एनालिसिस ऑफ बजटेड एक्पेंडिचर ऑन एजूकेशन, 1989-90 टू 1991-92, मानव संसाधन विकास मंत्रालय, शिक्षा विभाग (योजना, अनुश्रवण तथा सांख्यिकी विभाग), भारत सरकार, नई दिल्ली, 1993।

सैम्पल रजिस्ट्रेशन सिस्टम, रजिस्ट्रार जनरल एंड सेन्सज कमिशनर, इंडिया, 1991।

सैलेक्टेड एजूकेशनल स्टैस्टिक्स, 1991-92, मानव संसाधन विकास मंत्रालय, शिक्षा विभाग, भारत सरकार, नई दिल्ली, 1993।

एजुकेशन इन इंडिया, 1967-68, 1969-70, 1972-73, 1975-76, 1976-77, 1978-79, 1979-80, 1981-82, 1985-86 एंड 1988-89, मानव संसाधन विकास मंत्रालय, शिक्षा विभाग, भारत सरकार, नई दिल्ली।

परिशिष्ठ-III

जनपदवार जनसंख्या, लैंगिक अनुपात, साक्षरता, वृद्धि दर एवं जनसंख्या घनत्व

(1991)

	राज्य/जिला	क्षेत्रफल (वर्ग किमी.)	जनसंख्या (हजार)	वार्षिक वृद्धि (प्रतिशत)	घनत्व (व्यक्ति / वर्ग. किमी.)	लिंग अनुपात (स्त्री / 1000 पु.)	साक्षरता दर (7 वर्ष और उससे अधिक) व्यक्ति	पुरुष	महिला
	(1)	(2)	(3)	(4)	(5)	(6)	(7)	(8)	(9)
	उत्तर प्रदेश	**294,411**	**139,122**	**2.27**	**473**	**879**	**41.6**	**55.7**	**25.3**
1.	उत्तर काशी	8016	240	2.27	30	918	47.2	68.7	23.6
2.	चमोली	9126	455	1.97	50	1003	61.1	82.0	40.4

3.	टिहरी गढ़वाल	4421	580	1.53	131	1058	48.4	72.1	26.4
4.	देहरादून	3088	1026	2.98	332	843	69.5	78.0	59.3
5.	पौड़ी गढ़वाल	5438	683	0.82	126	1060	65.3	82.5	49.4
6.	पिथौरागढ़	8856	566	1.46	64	985	59.0	79.4	38.4
7.	अल्मोड़ा	5385	837	0.99	155	1087	58.7	80.0	39.6
8.	नैनीताल	6794	1540	3.04	227	870	56.6	67.9	43.2
9.	बिजनौर	4561	2455	2.42	538	871	40.5	52.6	26.5
10.	मुरादाबाद	5967	4121	2.69	691	852	31.0	41.6	18.3
11.	रामपुर	2367	1502	2.43	635	858	25.4	33.8	15.3
12.	सहारनपुर	3689	2309	2.37	626	851	42.1	53.8	28.1
13.	हरिद्वार	2360	1124	2.34	476	846	48.3	59.5	34.9
14.	मुजफ्फरनगर	4008	2843	2.34	709	860	44.0	56.6	29.1
15.	मेरठ	3911	3448	2.2	882	852	51.3	64.5	35.6
16.	गाजियाबाद	2590	2704	2.83	1044	832	55.2	68.6	38.8
17.	बुलन्दशहर	4352	2850	1.89	655	856	44.7	62.0	24.3
18.	अलीगढ़	5019	3296	2.47	657	842	45.2	60.2	27.2
19.	मथुरा	3811	1931	2.13	507	816	45.0	62.6	23.0
20.	आगरा	4027	2751	1.98	683	832	48.6	63.1	30.8

21.	फिरोजाबाद	2361	1533	1.96	649	832	46.3	59.8	29.8
22.	एटा	4446	2245	1.89	505	824	40.2	54.1	22.9
23.	मैनपुरी	2760	1317	2.15	477	833	50.2	64.3	33.0
24.	बदायूं	5168	2448	2.16	474	810	24.6	34.0	12.8
25.	बरेली	4120	2835	2.21	688	839	32.8	43.3	19.9
26.	पीलीभीत	3499	1283	2.41	367	853	32.1	44.4	17.2
27.	शाहजहाँपुर	4575	1987	1.87	434	816	32.1	42.7	18.6
28.	खीरी	7680	2419	2.14	315	842	29.7	40.6	16.4
29.	सीतापुर	5743	2857	2.01	497	833	31.4	43.1	16.9
30.	हरदोई	5986	2747	1.89	459	818	36.3	49.4	19.8
31.	उन्नाव	4558	2200	1.88	483	873	38.7	51.6	23.6
32.	लखनऊ	2528	2763	3.16	1093	866	57.5	66.5	46.9
33.	रायबरेली	4609	2323	2.08	504	931	37.8	53.3	21.0
34.	फर्रुखाबाद	4274	2440	2.25	571	835	47.1	59.5	32.0
35.	इटावा	4326	2125	1.98	491	831	53.7	66.2	38.3
36.	कानपुर (देहात)	5111	2138	1.77	418	843	50.7	62.9	35.9
37.	कानपुर (नगर)	1065	2418	2.15	2271	824	68.7	76.7	58.8
38.	जालौन	4565	1219	2.12	267	829	50.7	66.2	31.6

39.	झांसी	5024	1430	2.29	285	863	51.6	66.8	33.8
40.	ललितपुर	5039	752	2.64	149	863	32.1	45.2	16.6
41.	हमीरपुर	7166	1466	2.05	205	841	39.6	55.1	20.9
42.	बांदा	7624	1862	1.94	244	841	35.7	51.5	16.4
43.	फतेहपुर	4152	1899	1.89	457	882	44.7	59.9	27.2
44.	प्रतापगढ़	3717	2211	2.05	595	987	40.4	60.3	20.5
45.	इलाहाबाद	7261	4921	2.59	678	875	42.7	59.1	23.5
46.	बहराइच	6877	2764	2.21	402	841	24.4	35.6	10.7
47.	गोंडा	7352	3573	2.32	486	873	27.3	40.0	12.6
48.	बाराबंकी	4402	2423	1.96	550	858	30.4	43.0	15.4
49.	फैजाबाद	4511	2978	2.23	660	924	39.9	55.5	23.0
50.	सुल्तानपुर	4436	2559	2.25	577	934	38.7	55.4	20.8
51.	सिद्धार्थनगर	3495	1708	2.13	489	913	27.1	40.9	11.8
52.	महाराजगंज	2951	1676	2.28	568	909	28.9	45.7	10.3
53.	बस्ती	3733	3733	2.20	743	916	35.5	51.7	17.8
54.	गोरखपुर	3321	3066	2.20	923	924	43.3	60.6	24.5
55.	देवरिया	5445	4440	2.39	815	967	37.3	55.3	18.8
56.	मऊ	1713	1446	2.50	844	974	43.8	59.4	27.9

57.	आजमगढ़	4234	3154	2.27	745	1007	39.2	56.1	22.7
58.	जौनपुर	4038	3215	2.38	796	994	42.2	62.2	22.4
59.	बलिया	2981	2262	2.01	759	946	43.9	60.8	26.1
60.	गाजीपुर	3377	2417	2.17	716	957	43.3	61.5	24.4
61.	वाराणसी	5092	4861	2.73	955	896	47.7	64.4	28.9
62.	मिर्जापुर	4522	1657	2.73	366	883	39.7	54.7	22.3
63.	सोनभद्र	6788	1075	2.23	158	862	34.4	47.6	18.7

स्रोत : जनगणना, 1991

परिशिष्ठ–IV

उत्तर प्रदेश शिक्षा विभाग के विभिन्न श्रेणियों के पदों पर भर्ती हेतु योग्यताएं वेतनमान तथा भर्ती के स्रोत

क्र. सं.	पदनाम	पदों की संख्या	वेतनमान	योग्यता और भर्ती स्रोत
(1)	(2)	(3)	(4)	(5)
1.	शिक्षा निदेशक (माध्यमिक)	5	रु. 5,900-200-6,700	क्रम संख्या 6-12 पर उल्लिखित मौलिक
2.	शिक्षा निदेशक (बेसिक)		*रु. 18,400-500-22,400	रूप से नियुक्त ऐसे अपर शिक्षा निदेशकों
3.	निदेशक, राज्य शैक्षिक अनुसंधान और प्रशिक्षण परिषद			में से, जिन्होंने भर्ती के वर्ष के प्रथम दिवस
4.	निदेशक, प्रौढ़ शिक्षा			को इस रूप में तीन वर्ष की सेवा पूरी कर
5.	निदेशक, उर्दू एवं प्राच्य भाषाएं			ली हो, चयन समिति के माध्यम से पदोन्नति द्वारा।
6.	अपर शिक्षा निदेशक (माध्यमिक)	7	रु. 4,100-125-4,850-	क्रम संख्या 13 से 16 पर उल्लिखित पदों
7.	अपर शिक्षा निदेशक (बेसिक)		150-5,300	पर मौलिक रूप से नियुक्त व्यक्तियों में से
8.	अपर शिक्षा निदेशक (पत्राचार)		*रु. 14,300-400-18,000	और जिन्होंने भर्ती के वर्ष के प्रथम दिवस

(1)	(2)	(3)	(4)	(5)
9.	अपर शिक्षा निदेशक (अनौपचारिक शिक्षा)			को इस रूप में पांच वर्ष की सेवा पूरी कर ली हो, चयन समिति के माध्यम से पदोन्नति द्वारा।
10.	अपर शिक्षा निदेशक (व्यावसायिक शिक्षा)			
11.	अपर शिक्षा निदेशक (पर्वतीय)			
12.	अपर शिक्षा निपदेशक (महिला शिक्षा)			
13.	संयुक्त शिक्षा निदेशक (वित्त, प्रशिक्षण, बेसिक, महिला शिक्षा)	7	रु. 3,700-125-4,700-150-5,000 *रु. 12,000-375-16,500	क्रम संख्या 18 से 23 पर उल्लिखित पदों पर मौलिक रूप से नियुक्त व्यक्तियों में से और जिन्होंने भर्ती के वर्ष के प्रथम दिवस को इस रूप में पांच वर्ष की सेवा पूरी कर ली हो, चयन समिति के माध्यम से पदोन्नति द्वारा।
14.	सचिव, हाईस्कूल एवं माध्यमिक शिक्षा बोर्ड, इलाहाबाद			
15.	निदेशक, राज्य शैक्षिक तकनीकी संस्थान			
16.	प्राचार्य, राज्य विद्यालयीय क्रीड़ा संस्थान, फैजाबाद			
17.	निदेशक, राज्य विज्ञान शिक्षा संस्थान	1	रु. 3,700-125-4,700 150-5,000 *रु. 12,000-375-16,500	क्रम संख्या 13 से 16 पर उल्लिखित अधिकारियों में से जो विज्ञान में स्नातकोत्तर उपाधि रखता हो स्थानान्तरण द्वारा
18.	उपशिक्षा निदेशक एवं क्षेत्रीय उप शिक्षा निदेशक	48	रु. 3,000-100-3,500 125-4,750 *रु. 10,000-325-15,000	क्रम संख्या 25 से 33 में उल्लिखित पदों पर मौलिक रूप से नियुक्त व्यक्तियों में से और जिन्होंने भर्ती के वर्ष के प्रथम दिवस को इस रूप में छः वर्ष की सेवा पूरी कर ली
19.	क्षेत्रीय बालिका विद्यालय निरीक्षिका			
20.	प्राचार्य, राज्य शिक्षा संस्थान, इलाहाबाद			
21.	अपर सचिव, हाई स्कूल एवं माध्यमिक शिक्षा परिषद			

(1)	(2)	(3)	(4)	(5)
	क्षेत्रीय कार्यालय, अपर सचिव (प्रशासन)—मुख्यालय			हो, चयन समिति के माध्यम पदो से, पदोन्नति द्वारा।
22.	सचिव, बेसिक शिक्षा परिषद, उ.प्र.			
23.	वरिष्ठ सलाहकार (अनौपचारिक शिक्षा) राज्य शिक्षा संस्थान, प्राचार्य, जिला शिक्षा और प्रशिक्षण संस्थान	62	रु. 3,000-100-3,500 125-4,750 *रु. 10,000-325-15,200	
24.	निदेशक, मनोविज्ञानशाला, इलाहाबाद	1	रु. 3,000-100-3,500 125-4,750 *रु. 10,000-325-15,200	क्रम संख्या 18 से 23 पर उल्लिखित अधिकारियों में से जो मनोविज्ञान में स्नातकोत्तर उपाधि रखता हो या एम.एड, स्थानान्तरण द्वारा।
25.	जिला विद्यालय निरीक्षक (बालक एवं बालिकाएं), क्षेत्रीय सहायक शिक्षा निदेशक (बेसिक)	109	रु. 3,000-100-3,500 125-4500 *रु. 10,000-325-15,200	क्रम संख्या 44 से 63 में उल्लिखित पदों पर मौलिक रूप से नियुक्त व्यक्तियों में से और जिन्होंने भर्ती के वर्ष के प्रथम दिवस को इस रूप में छः वर्ष की सेवा पूरी कर ली हो, चयन समिति के माध्यम से, पदोन्नति द्वारा।
26.	प्राचार्य एवं वरिष्ठ शोध अधिकारी (सीपीआई, इलाहाबाद)			
27.	पाठ्य पुस्तक अधिकारी			
28.	अपर सचिव (पाठ्य पुस्तक) एवं अपर सचिव (मान्यता), माध्यमिक शिक्षा परिषद			
29.	सलाहकार (अनौपचारिक शिक्षा), उप प्राचार्य एवं सह निदेशक, राजकीय शिक्षा संस्थान, इलाहाबाद			

(1)	(2)	(3)	(4)	(5)
30.	रजिस्ट्रार, विभागीय परीक्षाएं			
31.	सहायक शिक्षा निदेशक—मुख्यालय			
32.	संयुक्त सचिव, बेसिक शिक्षा परिषद, उ.प्र.			
33.	प्राचार्य, राजकीय महिला प्रशिक्षण महाविद्यालय, इलाहाबाद			
	उप प्राचार्य, जिला शिक्षा और प्रशिक्षण संस्थान	62	रु. 3,000-100-3,500 125-4,500 *रु. 10,000-325-15,200	
34.	सहायक निदेशक, राज्य विज्ञान शिक्षा संस्थान	1	रु. 3,000-100-3,500 125-4,500 *रु. 10,000-325-15,200	क्रम संख्या 25 से 33 पर उल्लिखित अधिकारियों में से जो विज्ञान या गणित में स्नातकोत्तर उपाधि रखता हो के स्थानान्तरण द्वारा।
35.	प्रोफेसर गणित, राज्य विज्ञान शिक्षा संस्थान	1	रु. 3,000-100-3,500 125-4,500 *रु. 10,000-325-15,200	गणित विषय में स्नातकोत्तर उपाधि।
36.	प्रोफेसर भौतिक शास्त्र, राज्य विज्ञान शिक्षा संस्थान	1	रु. 3,000-100-3,500 125-4,500 *रु. 10,000-325-15,200	भौतिक शास्त्र में स्नातकोत्तर उपाधि।

(1)	(2)	(3)	(4)	(5)
37.	प्रोफेसर रसायन शास्त्र, राज्य विज्ञान शिक्षा संस्थान	1	रु. 3,000-100-3,500 125-4,500 *रु. 10,000-325-15,200	रसायन शास्त्र में स्नातकोत्तर उपाधि।
38.	प्रोफेसर वनस्पति शास्त्र, राज्य विज्ञान संस्थान	1	रु. 3,000-100-3,500 125-4,500 *रु. 10,000-325-15,200	वनस्पति शास्त्र में स्नातकोत्तर उपाधि।
39.	वरिष्ठ शोध मनोवैज्ञानिक, मनोविज्ञानशाला, इलाहाबाद	2	रु. 3,000-100-3,500 125-4,500 *रु. 10,000-325-15,200	मनोविज्ञान में स्नातकोत्तर या एम.एड. की उपाधि।
40.	निदेशक, राज्य हिन्दी संस्थान	1	रु. 3,000-100-3,500 125-4,500 *रु. 10,000-325-15,200	हिन्दी में स्नातकोत्तर उपाधि।
41.	प्राचार्य, बेसिक प्रशिक्षण महाविद्यालय, वाराणसी	1	रु. 3,000-100-3,500 125-4,500 *रु. 10,000-325-15,200	परास्नातक उपाधि, एल.टी. डिप्लोमा (बेसिक)।
42.	प्राचार्य, राजकीय रचनात्मक प्रशिक्षण महाविद्यालय, लखनऊ	1	रु. 3,000-100-3,500 125-4,500 *रु. 10,000-325-15,200	परास्नातक उपाधि, एल.टी. डिप्लोमा (रचनात्मक)।
43.	प्राचार्य, आंग्ल भाषा शिक्षा संस्थान, इलाहाबाद	1	रु. 3,000-100-3,500 125-4,500 *रु. 10,000-325-15,200	अंग्रेजी साहित्य में स्नातकोत्तर उपाधि।

(1)	(2)	(3)	(4)	(5)
44.	जिला बेसिक शिक्षा अधिकारी	63	रु. 2,200-75-2,800 ई.बी. 100-4,000 *रु. 8,000-275-13,500	परास्नातक तथा एल.टी. या बी.टी. या बी. एड. या समकक्ष वरीयता।
45.	सह जिला बेसिक शिक्षा अधिकारी	51	रु. 2,200-75-2,800 ई.बी. 100-4,000 *रु. 8,000-275-13,500	(i) 50 प्रतिशत आयोग द्वारा संचालित संयुक्त राज्य सेवाएं परीक्षा के माध्यम से सीधी भर्ती द्वारा। (ii) 50 प्रतिशत निम्नांकित स्थायी पद धारकों में से पदोन्नति द्वारा। (क) राजकीय उच्चतर माध्यमिक विद्यालयों के प्रधानाध्यापक राजकीय दीक्षा स्कूल के प्रधानाध्यापकों और पुरुष शिक्षण शाखा के अन्य समकक्ष पदों, (ख) राजकीय बालिका उच्चतर माध्यमिक विद्यालयों की प्रधानाख्यापिकाओं और महिला शिक्षण शाखा के अन्य समकक्ष पदों, राजकीय बालिका दीक्षा विद्यालयों की प्रधानाध्यापिकाओं और महिला शिक्षण शाखा के अन्य समकक्ष पदों, (ग) उप विद्यालय निरीक्षक (बालक और बालिकाओं, और निरीक्षण और शिक्षणेत्तर शाखा में समकक्ष पदों पर नियुक्त, जिन्होंने
46.	प्रधानाचार्य राजकीय इंटरमीडिएट कॉलेज (बालक एवं बालिकाओं हेतु)	644	रु. 2,200-75-2,800 ई.बी. 100-4,000 *रु. 8,000-275-13,500	
	वरिष्ठ प्रवक्ता, डायट	372	रु. 2,200-75-2,800 ई.बी. 100-4,000 *रु. 8,000-275-13,500	
47.	सहायक उप शिक्षा-निदेशक	10	रु. 2,200-75-2,800 ई.बी. 100-4,000 *रु. 8,000-275-13,500	
48.	वैयक्तिक सहायक—शिक्षा निदेशक (माध्यमिक एवं बेसिक)	2	रु. 2,200-75-2,800 ई.बी. 100-4,000 *रु. 8,000-275-13,500	
49.	उप पाठ्य पुस्तक अधिकारी	1	रु. 2,200-75-2,800 ई.बी. 100-4,000 *रु. 8,000-275-13,500	

(1)	(2)	(3)	(4)	(5)
50.	उप सचिव एवं अपर उप सचिव, हाईस्कूल एवं इंटरमीडिएट शिक्षा, उ.प्र. (मुख्यालय एवं क्षेत्रीय कार्यालय) परिषद	21	रु. 2,200-75-2,800 ई.बी. 100-4,000 *रु. 8,000-275-13,500	भर्ती के वर्ष के प्रथम दिवस को तीन वर्ष की सेवा पूरी कर ली हों, में से क्रमशः 61:22:17 प्रतिशत के अनुपात में, आयोग के माध्यम से पदोन्नति द्वारा)।
51.	सहायक उप शिक्षा निदेशक (पत्राचार) राज्य शिक्षा संस्थान, इलाहाबाद	6	रु. 2,200-75-2,800 ई.बी. 100-4,000	
52.	शिक्षा प्रसार अधिकारी	1	रु. 2,200-75-2,800 ई.बी. 100-4,000 *रु. 8,000-275-13,500	
53.	उप प्रधानाचार्य, राजकीय बेसिक ट्रेनिंग कालेज, वाराणसी	1	रु. 2,200-75-2,800 ई.बी. 100-4,000 *रु. 8,000-275-13,500	
54.	शोध प्रोफेसर, राजकीय बेसिक ट्रेनिंग कालेज, वाराणसी	1	रु. 2,200-75-2,800 ई.बी. 100-4,000 *रु. 8,000-275-13,500	
55.	वरिष्ठ शोध प्रोफेसर, राज्य शिक्षा संस्थान, इलाहाबाद	2	रु. 2,200-75-2,800 ई.बी. 100-4,000 *रु. 8,000-275-13,500	क्रम संख्या 44, 45, 47 से 52, 55 तथा 58, 60 के लिए निर्धारित योग्यता।

(1)	(2)	(3)	(4)	(5)
56.	उप प्रधानाचार्य/प्रोफेसर, राजकीय सी.पी. आई, इलाहाबाद	9	रु. 2,200-75-2,800 ई.बी. 100-4,000 *रु. 8,000-275-13,500	विश्वविद्यालय से स्नातकोत्तर उपाधि।
57.	प्रधानाचार्य, जूनियर बेसिक ट्रेनिंग कालेज	4	रु. 2,200-75-2,800 ई.बी. 100-4,000 *रु. 8,000-275-13,500	
58.	विशेष सेवा अधिकारी (अनौपचारिक शिक्षा)	12	रु. 2,200-75-2,800 ई.बी. 192-4,000 *रु. 8,000-275-13,500	
59.	जिला अनौपचारिक शिक्षा अधिकारी	60	रु. 2,200-75-2,800 ई.बी. 100-4,000 *रु. 8,000-275-13,500	
60.	सह क्षेत्रीय बालिका विद्यालय निरीक्षक	5	रु. 2,200-75-2,800 ई.बी. 100-4,000 *रु. 8,000-275-13,500	
61.	उप प्रधानाचार्य, राजकीय ट्रेनिंग कॉलेज (महिला), इलाहाबाद	1	रु. 2,200-75-2,800 ई.बी. 100-4,000 *रु. 8,000-275-13,500	

(1)	(2)	(3)	(4)	(5)
62.	प्रोफेसर, राजकीय ट्रेनिंग कॉलेज (महिला), इलाहाबाद	1	रु. 2,200-75-2,800 ई.बी. 100-4,000 *रु. 8,000-275-13,500	
63.	प्रधानाचार्य, राजकीय क्षेत्रीय ट्रेनिंग कॉलेज (महिला), (मोदी नगर, गाजियाबाद, झांसी)	3	रु. 2,200-75-2,800 ई.बी. 100-4,000 *रु. 8,000-275-13,500	
64.	विज्ञान प्रगति अधिकारी	11	रु. 2,200-75-2,800 ई.बी. 200-4,000 *रु. 8,000-275-13,500	क्रम संख्या 44 से 63 पर उल्लिखित अधिकारियों में से जो प्रत्येक उल्लिखित पद की योग्यता रखता हो। विज्ञान में स्नातकोत्तर उपाधि के साथ राजकीय उच्चतर माध्यमिक विद्यालयों या निरीक्षण और शिक्षणेत्तर शाखा में किसी अन्य समकक्ष पदों में से किसी पद पर कम-से-कम तीन वर्ष का अनुभव।
65.	प्रोफेसर, राज्य विज्ञान शिक्षा संस्थान	10	रु. 2,200-75-2,800 ई.बी. 200-4,000 *रु. 8,000-275-13,500	—उपरोक्त—
66.	मनोवैज्ञानिक एवं क्षेत्रीय मनोवैज्ञानिक	15	रु. 2,200-75-2,800 ई.बी. 200-4,000 *रु. 8,000-275-13,500	मनोविज्ञान अथवा शिक्षा शास्त्र में स्नातकोत्तर उपाधि।

(1)	(2)	(3)	(4)	(5)
67.	प्रोफेसर एवं सह प्रोफेसर आंग्ल भाषा शिक्षण संस्थान, उत्तर प्रदेश	3	रु. 2,200-75-2,800 ई.बी. 100-4,000 *रु. 8,000-275-13,500	अंग्रेजी में स्नातकोत्तर उपाधि के साथ उप विद्यालय निरीक्षक (बालक एवं बालिका) या निरीक्षण और शिक्षणेत्तर शाखा में किसी अन्य समकक्ष पदों में से किसी पद पर कम-से-कम तीन वर्ष का अनुभव।
68.	सहायक निदेशक, राज्य हिन्दी संस्थान, वाराणसी	1	रु. 2,200-75-2,800 ई.बी. 100-4,000 *रु. 8,000-275-13,500	हिन्दी में स्नातकोत्तर उपाधि या उसके समक्षकक्ष कोई अन्य उपाधि के साथ। शेष उपर्युक्त के अनुसार।
69.	निरीक्षक, संस्कृत पाठशालाएं, उत्तर प्रदेश	1	रु. 2,200-75-2,800 ई.बी. 100-4,000 *रु. 8,000-275-13,500	संस्कृत में स्नातकोत्तर उपाधि के साथ सहायक निरीक्षक संस्कृत पाठशालाओं के पद पर कार्य करने का कम-से-कम तीन वर्ष का अनुभव।
70.	निरीक्षक, अरबी मदरसा, उत्तर प्रदेश	1	रु. 2,200-75-2,800 ई.बी. 100-4,000 *रु. 8,000-275-13,500	अरबी या फारसी में स्नातकोत्तर उपाधि।
71.	विधि अधिकारी, शिक्षा निदेशालय, उत्तर प्रदेश	1	रु. 2,200-75-2,800 ई.बी. 100-4,000 *रु. 8,000-275-13,500	स्नातकोत्तर उपाधि के साथ विधि में स्नातक उपाधि।
72.	प्रधानाचार्य, राजकीय शारीरिक प्रशिक्षण महाविद्यालय, रामपुर	1	रु. 2,200-75-2,800 ई.बी. 100-4,000 *रु. 8,000-275-13,500	स्नातकोत्तर उपाधि के साथ शारीरिक शिक्षा में डिप्लोमा।

(1)	(2)	(3)	(4)	(5)
73.	प्रोफेसर, क्राफ्ट, राजकीय रचनात्मक प्रशिक्षण महाविद्यालय, लखनऊ	1	रु. 2,200-75-2,800 ई.बी. 100-4,000 *रु. 8,000-275-13,500	स्नातकोत्तर उपाधि के साथ एल.टी. (रचनात्मक) में डिप्लोमा।
74.	सांख्यिकी अधिकारी, राज्य शिक्षा संस्थान एवं शिक्षा निदेशालय, उत्तर प्रदेश, इलाहाबाद	2	रु. 2,200-75-2,800 ई.बी. 100-4,000 *रु. 8,000-275-13,500	गणित या गणितीय सांख्यिकी में स्नातकोत्तर उपाधि या सरकार द्वारा उसके समकक्ष मान्यता प्राप्त कोई उपाधि।
75.	प्राचार्य, राजकीय शारीरिक शिक्षा महाविद्यालय (महिला), इलाहाबाद	1	रु. 2,200-75-2,800 ई.बी. 100-4,000 *रु. 8,000-275-13,500	स्नातकोत्तर उपाधि और व्यायाम शिक्षा के किसी मान्यता प्राप्त महाविद्यालय से व्यायाम शिक्षा में डिप्लोमा या प्रमाणपत्र।
76.	प्राचार्य, राजकीय महिला गृह विज्ञान प्रशिक्षण महाविद्यालय	1	रु. 2,200-75-2,800 ई.बी. 100-4,000 *रु. 8,000-275-13,500	स्नातकोत्तर उपाधि के साथ एल.टी. या बी.टी. या बी.एड. की उपाधि या गृह विज्ञान या गृह कला या गृह शिल्प या पारिवारिक विज्ञान या गृह अर्थशास्त्र में उपाधि और दस वर्ष का शिक्षण अनुभव।

(1)	(2)	(3)	(4)	(5)
77.	प्राचार्य, राजकीय नर्सरी प्रशिक्षण महाविद्यालय, इलाहाबाद एवं आगरा	2	रु. 2,200-75-2,800 ई.बी. 100-4,000 *रु. 8,000-275-13,500	स्नातकोत्तर उपाधि के साथ नर्सरी शिक्षा में विशेषज्ञता के साथ एल.टी. की उपाधि या विशेष अध्ययन के साथ एम.एड.।
78.	रिप्रोग्राफी आफिसर	1	रु. 2,200-75-2,800 ई.बी. 100-4,000 *रु. 8,000-275-13,500	विज्ञान में स्नातक उपाधि तथा एल.टी. डिप्लोमा या बी.टी. या बी.एड. या समकक्ष।

टिप्पणी : *दिनांक 1.1.1996 से लागू।

परिशिष्ट–V

शैक्षणिक/गैर–शैक्षणिक तथा लेखा संगठन कर्मियों का वेतनमान

(1.1.1986 से प्रभावी)

शिक्षण कर्मी

1.	प्रधानाचार्य (इंटरमीडिएट कॉलेज)	रु. 2200-75-2800-ई.बी.-100-4000 *रु. 8000-275-13500 प्रोन्नत वेतनमान रु. 3000-100-3500-125-4500 (अशासकीय अनुदानिक विद्यालय) *रु. 10,000-325-15200
2.	प्रधानाचार्य (हाईस्कूल)	रु. 2000-60-2300-ई.बी. -75-3200-100-3500 *रु. 6500-200-10500 प्रोन्नत वेतनमान रु. 2200-75-2800-ई.बी.-100-4000 *रु. 8000-275-13500
3.	प्रवक्ता श्रेणी	रु. 1600-50-2300-ई.बी.60-2660 *रु. 5500-175-8650 चयन वेतनमान रु. 2000-60-2300-ई.बी.-75-3200 *रु. 6500-200-10500 प्रोन्नत वेतनमान

	रु. 3300-100-3700
	*रु. 8000-275-13500
4. सहायक अध्यापक (स्नातक वेतनमान) एवं एस-डी-आई-	रु. 1400-40-1800-ई.बी.-50-2300
	*रु. 4500-125-7000
	चयन वेतनमान
	रु. 1640-60-2540-ई.बी.-75-2765
	5500-175-8650
	प्रोन्नत वेतनमान
	*रु. 2840-75-3065-100-3165
	*रु. 6500-200-10500
5. प्रधानाध्यापक, उच्च प्राथमिक विद्यालय	रु. 1450-40-1850-ई.बी.-50-2300
	*रु. 4625-125-7000
	चयन वेतनमान
	रु. 1550-45-1820 ई.बी.-50-2320-60-2500
	*रु. 4800-150-7650
6. प्रधानाध्यापक, प्राथमिक विद्यालय एवं सहायक अध्यापक, उच्च प्राथमिक विद्यालय	रु. 1350-30-1500-ई.बी. -40-1980-45-2070
	*रु. 4250-100-5150 ई.बी.-125-6400
	चयन वेतनमान
	रु. 1450-40-1890 ई.बी.-50-2190
	* रु. 4625-125-6750
7. सहायक अध्यापक, प्राथमिक विद्यालय	रु. 1100-30-1550 ई.बी.-40-1710
	*रु. 3600-85-4450-100-5350
	चयन वेतनमान
	रु. 1250-30-1520 ई.बी.-40-1920
	*रु. 4000-85-4680-100-5780

8.	सहायक अध्यापक (प्राथमिक विद्यालय)		
	सम्बद्ध इंटर कालेज	रु.	1100-30-1550 ई.बी.-40-1710
	हाईस्कूल	*रु.	3600-85-4450-100-5350
9.	सहा-अध्यापक (अप्रशिक्षित)	रु.	850 नियत
		*रु.	2750 नियत
10.	सी.टी. श्रेणी 1989 से मृत संवर्ग।	रु.	1350-30-1500 ई.बी. -40-1980-45-2070
		*रु.	4250-100-5150-125-6400
			चयन वेतनमान
		रु.	1450-40-1890 ई.बी.-50-2190
		*रु.	4625-125-6750
	शिक्षणेत्तर कर्मी		
1.	कार्यालय अधीक्षक	रु.	1400-40-1600-50-2300 ई.बी. -60-2600
		*रु.	5000-150-8000
2.	प्रधान लिपिक	रु.	1400-40-1800 ई.बी.-50-2300
		*रु.	4500-125-7000
3.	वरिष्ठ सहायक	रु.	1350-30-1440-40-1800 ई.बी. 50-2200
		*रु.	4500-125-7000
4.	वरिष्ठ लिपिक/आशुलिपिक	रु.	1200-30-1560 ई.बी.-40-2040
		*रु.	4000-100-6000
5.	कनिष्क लिपिक	रु.	950-20-1150 ई.बी.-25-1500
		*रु.	3050-75-3950-80-4590
6.	दफ्तरी	रु.	775-12-871 ई.बी.-14-1025
		*रु.	2610-60-3150-65-3540
7.	वाहन चालक	रु.	950-20-1150-ई.बी.-25-1500
		*रु.	3050-75-3950-80-4590
8.	चपरासी	रु.	750-12-870-ई.बी.-14-940
		*रु.	2550-55-2660-60-3200

लेखा संगठन

1.	मुख्य लेखाधिकारी	रु. 3700-125-4700-150-5000
		*रु. 12000-375-16500
2.	वरिष्ठ लेखाधिकारी	रु. 3000-100-3500-125-4500
		*रु. 10,000-325-15200
3.	लेखाधिकारी (श्रेणी-2)	रु. 2200-75-2800 ई.बी.-100-4000
		*रु. 8000-275-13500
4.	सहायक लेखाधिकारी	रु. 2000-60-2300 ई.बी. -75-3200-100-3500
		* रु. 6500-200-10500
5.	लेखाकार	रु. 1400-40-1600-50-2300 ई.बी. -60-2600
		*रु. 5000-150-8000
6.	सम्प्रेक्षक (ऑडिटर)	रु. 1200-30-1560 ई.बी.-40-2040
		*रु. 4000-100-6000

टिप्पणी : *दिनांक 1.1.1996 से लागू।

संदर्भिका

जिला गैजेटियर्स विभाग, उत्तर प्रदेश जिला गैजेटियर्स, लखनऊ, उत्तर प्रदेश, 1990।

शिक्षा निदेशालय, उत्तर प्रदेश, सातवीं पंचवर्षीय योजना, 1985-90 और वार्षिक प्रतिवेदन, 1985-86।

शिक्षा निदेशालय, उत्तर प्रदेश, रिपोर्ट ऑफ एजूकेशन फार आल, उत्तर प्रदेश, नवम्बर, 1990।

शिक्षा निदेशालय, उत्तर प्रदेश, शिक्षा की प्रगति, 1997।

भारत सरकार, मानव संसाधन विकास मंत्रालय, शिक्षा विभाग, सेलेक्टेड एजूकेशनल स्टैटस्टिक्स, 1990-91, 1996-97।

भारत सरकार, मानव संसाधन विकास मंत्रालय, शिक्षा विभाग, एजूकेशन इन इंडिया, वाल्यूम I और II,1975-76, 1980-81, 1985-86 और 1990-91।

मानव संसाधन विकास मंत्रालय, शिक्षा विभाग, राष्ट्रीय शिक्षा नीति और कार्य योजना, नई दिल्ली 1986 और 1992

भारत सरकार, मानव संसाधन विकास मंत्रालय, शिक्षा विभाग, एजूकेशन फार ऑल बाई 2000, नई दिल्ली, 1990।

उत्तर प्रदेश सरकार, शिक्षा विभाग, कार्यपूर्ति दिग्दर्शक, 1995-96 (आय व्यय)

एन.सी.ई.आर.टी., तीसरा अखिल भारतीय शैक्षणिक सर्वेक्षण, नई दिल्ली (1973)

एन.सी.ई.आर.टी., चतुर्थ अखिल भारतीय शैक्षणिक सर्वेक्षण, नई दिल्ली (1978)

एन.सी.ई.आर.टी., पंचम अखिल भारतीय शैक्षणिक सर्वेक्षण, नई दिल्ली (1986)

एन.सी.ई.आर.टी., छठा अखिल भारतीय शैक्षणिक सर्वेक्षण, नई दिल्ली (1993)

राष्ट्रीय शैक्षणिक योजना और प्रशासन संस्थान, अखिल भारतीय शैक्षणिक प्रशासन सर्वेक्षण, (1973-74), नई दिल्ली, 1979।

राष्ट्रीय शैक्षणिक योजना और प्रशासन संस्थान, ड्राफ्ट मैटेरियल फॉर द स्टेट सर्वे रिपोर्ट ऑफ द सेकेंड ऑल इंडिया सर्वे ऑफ एजूकेशनल एडमिनिस्ट्रेशन, 1996-97।

तिवारी ए.आर., जियोग्राफी ऑफ उत्तर प्रदेश, नेशनल बुक ट्रस्ट, 1971।

उत्तर प्रदेश बेसिक शिक्षा परियोजना, राज्य परियोजना कार्यालय, अनुॲल बजट इस्टिमेट, 1995-96, लखनऊ।

उत्तर प्रदेश बेसिक शिक्षा परियोजना, राज्य परियोजना कार्यालय, एनुॲल वर्क प्लान एंड बजट, 1996-97, लखनऊ।

उत्तर प्रदेश बेसिक शिक्षा परियोजना, राज्य परियोजना कार्यालय, स्टॉफ एप्रैजल रिपोर्ट, मई, 1993।

अनुक्रमणिका

अकादमिक सहायता प्रणाली, 125
अभिभावक-शिक्षक संघों का अध्ययन, 70-71
अपर्याप्त सुविधाएँ, 162-164
अनौपचारिक शिक्षा, 46
अनुसूचित जातियों की शिक्षा, 73-75
अनुसूचित जनजातियों की शिक्षा, 76
अल्पसंख्यकों की शिक्षा, 78
अशासकीय प्रयासों को गुरुत्तर करना, 168
अशासकीय संस्थाएँ, 69-70
आच्छादित जनपदों की संख्या (टी. एल. सी. एवं पी. एल. सी.), 154
आय-व्ययक व्यवस्था, 91-92
आँकड़ा संकलन प्रणाली, 102-105
आंग्ल भाषा शिक्षण संस्थान, उ.प्र., इलाहाबाद, 128
आपरेशन ब्लैकबोर्ड, 44,111-112
आश्रम पद्धति विद्यालयों की स्थापना, 80
आचार संहिता, 86
उप विद्यालय निरीक्षकों के निरीक्षण हेतु विद्यालयों की संख्या, 118, 120
उर्दू एवं प्राच्य भाषाएँ निदेशालय, 59,63
उच्च शिक्षा निदेशालय, 55,57
उच्च शिक्षा, 27-32
उत्तर प्रदेश बेसिक शिक्षा परियोजना, 43-44
उत्तर प्रदेश बेसिक शिक्षा अधिनियम-1972, 36-38
उत्तर प्रदेश माध्यमिक
शिक्षा सेवा आयोग चयनबोर्ड अधिनियम-1982, 33
उत्तर प्रदेश माध्यमिक शिक्षा अधिनियम-1921, 33-35
उत्तर प्रदेश शिक्षा संहिता1958, 41
उत्तर प्रदेश हाईस्कूल और इण्टरमीडिएट कॉलेज अधिनियम, 1971, 36
उत्तर प्रदेश पाठ्य पुस्तक अधिनियम-1979, 38-39
उत्तर प्रदेश राज्य, 5
उत्तर प्रदेश शैक्षिक संस्थाएँ (आस्तियों का अपव्यय निवारण) अधिनियम-1974, 38
उत्तर प्रदेश जूनियर हाईस्कूल वेतन भुगतान अधिनियम-1978, 38
कम्प्यूटर का प्रयोग, 109
कल्याण और प्रोत्साहन योजनाएँ, 85
कठिनाइयों का निवारण, 86
कार्य निष्पादन का मूल्यांकन, 88-89
केन्द्र पुरानिधानित योजनाएँ, 79-81, 111-114
कैरियर का विकास, 89
कोचिंग केंद्र, 81
गुणवत्ता सुधार और कार्य संपन्नता, 158
छात्र सेवाओं का प्रबंधन, 149
छात्रवृत्तियाँ, 79-80
छात्रावासों का निर्माण, 80
जन्म दर, 9,12
जनघनत्व, 6
जनपदवार छात्र नामांकन, 20-23
जनांकिकीय स्वरूप, 6